Daniela Trauthwein

Kellerwald

Mit Edersee

Wandern für die Seele

20 Wohlfühlwege

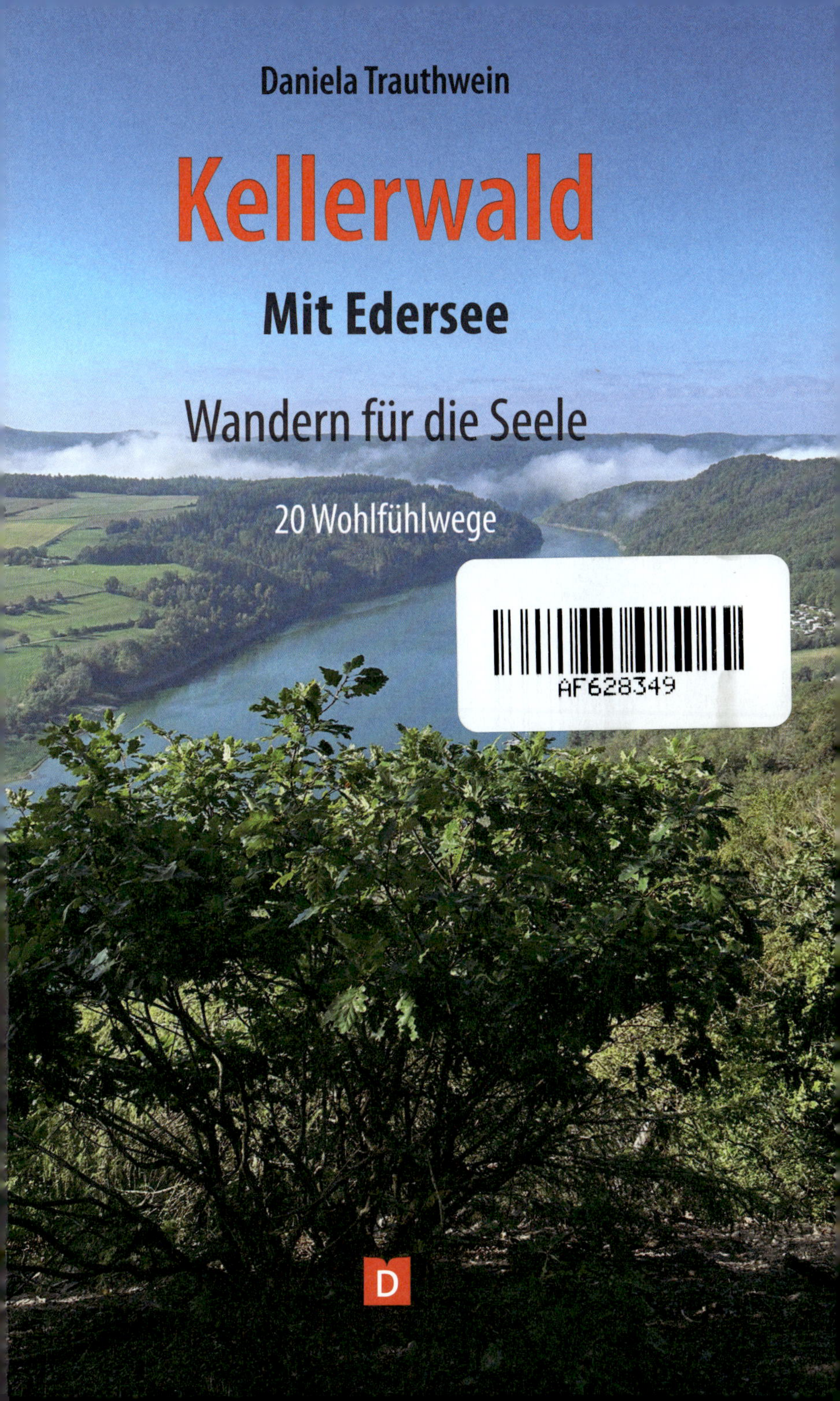

Alle Touren auf einen Blick

AUSZEITEN

1 **Aussichtsreich** 7
Über den Urwaldsteig nach Waldeck
8,5 km | 315 Hm | 2–3 Std. | Strecke

2 **Heideglück** 17
Zum Fahrentriesch bei Altenlotheim
11,5 km | 400 Hm | 4 Std. | Rundweg

3 **Waldgeschichten** 27
Der Tannendriesch bei Gellershausen
8 km | 260 Hm | 2,5 Std. | Rundweg

4 **Im Buchenmeer** 35
Zum Hagenstein bei Kirchlotheim
11,3 km | 420 Hm | 3–4 Std. | Rundweg

5 **Urige Gesellen** 47
Hutewald Halloh bei Albertshausen
10 km | 255 Hm | 3–4 Std. | Rundweg

WEITBLICKE

6 **Knorreichenwald** 55
Über die Kahle Hardt nach Scheid
14 km | 500 Hm | 5 Std. | Rundweg

7 **Berg und Tal** 65
Über den Hochstein zum Edersee
10,5 km | 315 Hm | 3 Std. | Rundweg

8 **Seeblick** 73
Von Waldeck zur Edertalsperre
7,5 km | 350 Hm | 2 Std. | Strecke

9 **Talrunde** 83
Im Wesetal bei Kleinern
8,3 km | 260 Hm | 2,5 Std. | Rundweg

10 **Wanderrausch** 93
Die Lichtenfelser Hochebene
11,5 km | 240 Hm | 3 Std. | Rundweg

GENUSS

11 **Wiesenglück** 101
Auf dem Weg nach Bad Zwesten
8,3 km | 240 Hm | 2–3 Std. | Rundweg

12 **Erlebnisrunde** 111
Rund um Fritzlar
5,5 km | 120 Hm | 1,5 Std. | Rundweg

13 **Naturzeit** 121
Zum Aussichtspunkt Peterskopf
12,6 km | 420 Hm | 3–4 Std. | Rundweg

14 **Quellenreich** 129
Runde um Bad Wildungen
9,8 km | 320 Hm | 3 Std. | Rundweg

ENTSCHLEUNIGUNG

15 **Besinnlich** 139
Zur Quernst-Kapelle bei Frankenau
7,3 km | 290 Hm | 2 Std. | Rundweg

16 **Klosterblick** 147
Zur Klosterruine Ober-Werbe
7,2 km | 280 Hm | 2 Std. | Rundweg

17 **Mußezeit** 155
Nach St. Brigida in Ungedanken
7,2 km | 215 Hm | 2 Std. | Strecke

ERFRISCHUNG

18 **Erlebnis Fluss** 163
Durchs Orketal bei Niederorke
6,5 km | 190 Hm | 2 Std. | Rundweg

19 **Wilde Wasser** 171
Das Helenental bei Bad Wildungen
7,5 km | 200 Hm | 2,5 Std. | Rundweg

20 **Abenteuer Urwald** 181
Asel-Süd und Bloßenberg
11,5 km | 420 Hm | 3–4 Std. | Rundweg

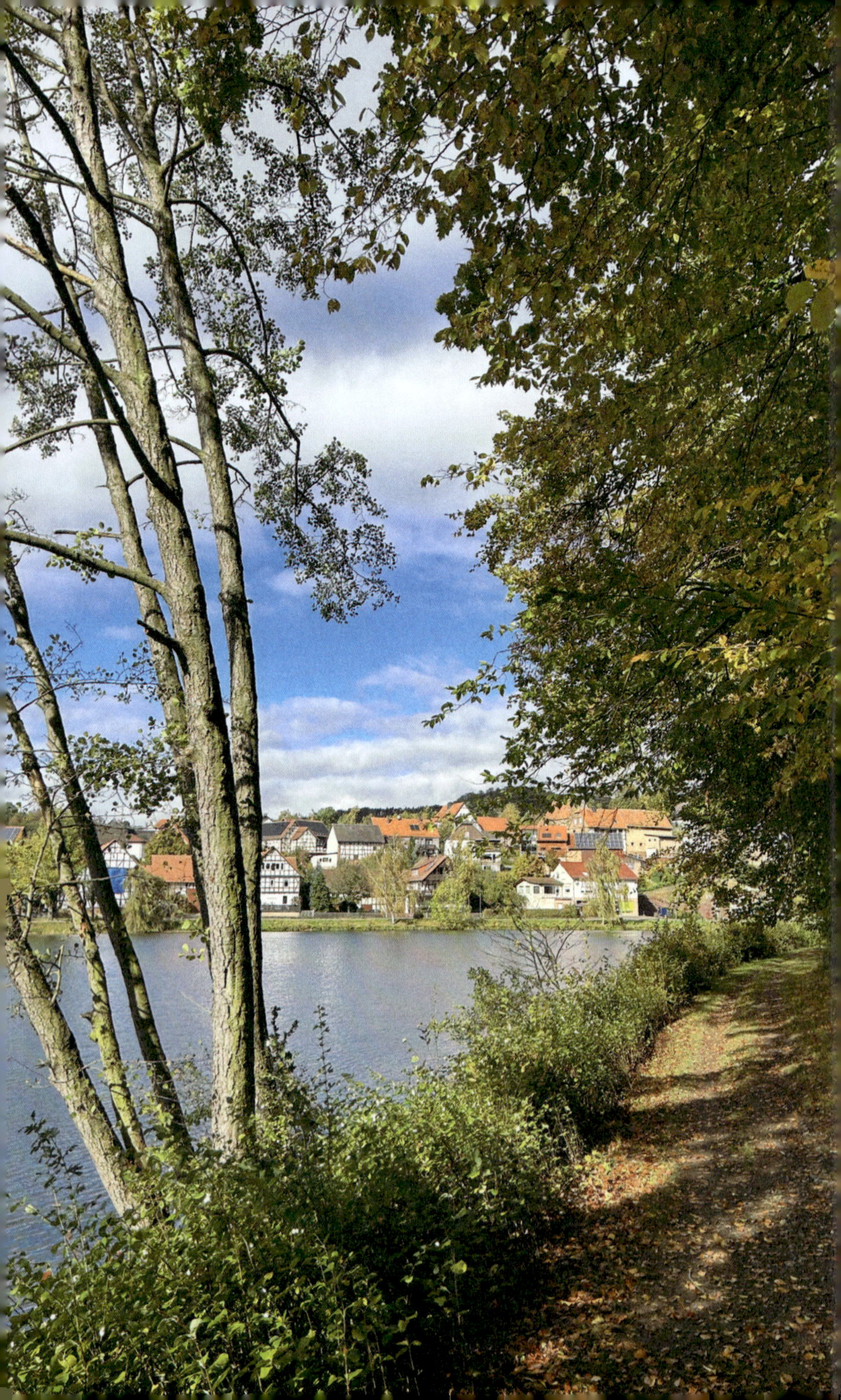

Liebe Wander-begeisterte,

wenn ich an meine erste Wanderung im Kellerwald am Edersee denke, spüre ich noch heute die Begeisterung über die **einzigartigen Naturräume,** die mich damals überkam. Selten hat mich Natur im Inneren so berührt, wie im Herzen des UNESCO-Buchenwalds und auf den felsigen Steilhängen entlang des Edersees.

NATUR
KULTUR
GENUSS
TOUR
GPS-Tracks zum Download

Mit jeder neuen Wanderung ist mir die Kellerwald-Region mehr und mehr ans Herz gewachsen. Die knorrigen Eichen, die wie skurrile Kunstwerke auf den Felshängen wachsen, haben mich ebenso begeistert wie die sanften Wogen des Buchenwaldmeers, auf die ich von exponierten Aussichtspunkten geblickt habe. Ausgiebige Wanderungen durch die Rotbuchenwälder haben mir **erholsame Stille und Momente des Glücks** beschert. Kleine Entdeckungen am Wegesrand, wie beispielsweise die rosafarbene Pfingstnelke, offenbarten sich als wahre Naturschätze. Die wildromantischen Bachgründe und Eder-Auen waren mir **kraftspendende Orte,** an denen ich neue Energie schöpfen konnte.

Meine schönsten Entdeckungen und Wandertouren habe ich für Sie in diesem Buch zusammengestellt. Mögen sie auch Ihnen Glücksmomente schenken und Ihre Seele berühren.

Ich wünsche Ihnen viel Freude und wundervolle Wandererlebnisse im schönen Kellerwald am Edersee.

Ihre Daniela Trauthwein

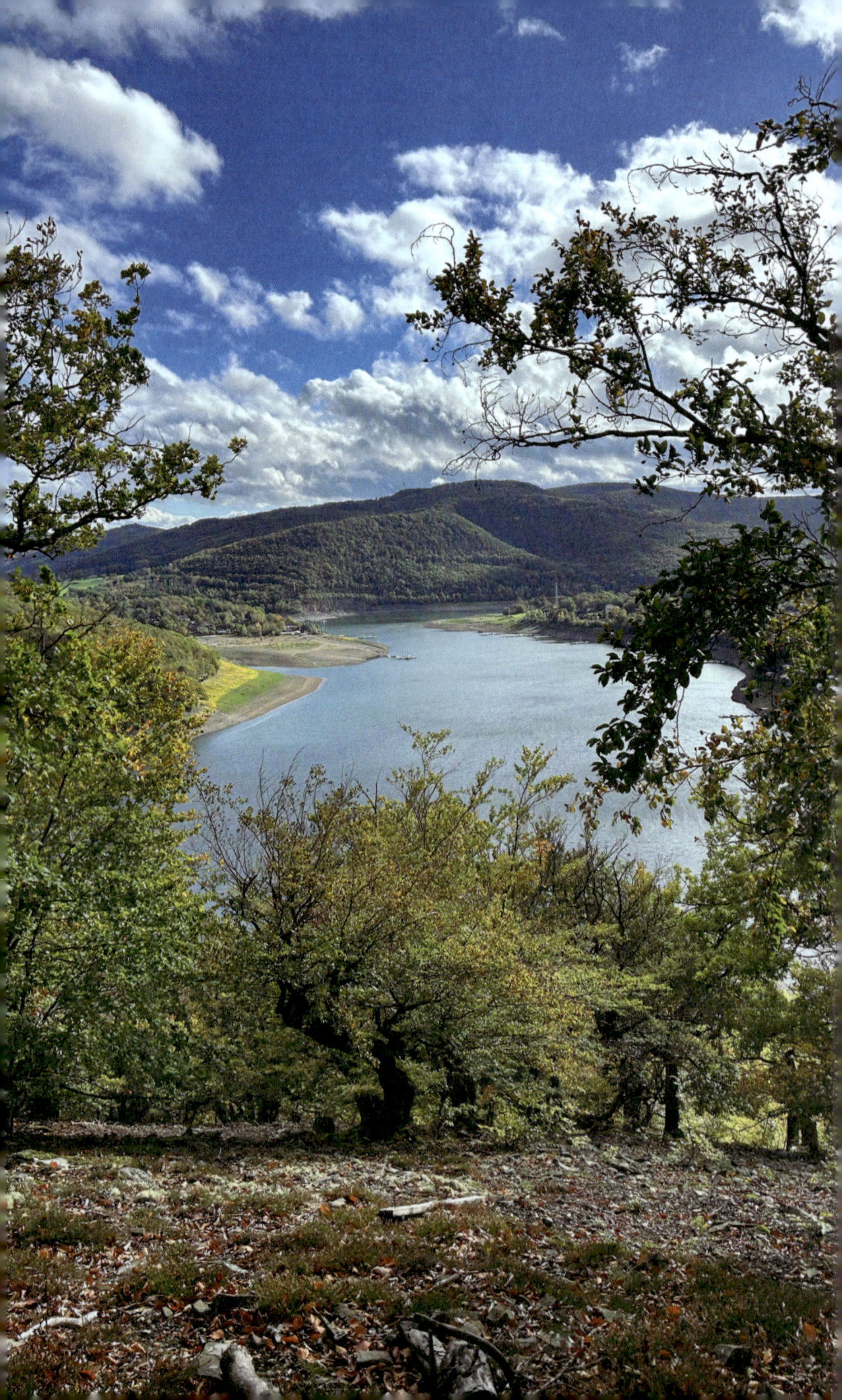

Aussichtsreich

Über den Urwaldsteig nach Waldeck

Unsere erlebnisreiche Wandertour über den Urwaldsteig nach Waldeck beginnt am Wanderparkplatz in Niederwerbe. Vom Parkplatz aus überqueren wir die Straße und stehen am Ufer des Reiherbach-Vorstaubeckens. Erstaunt entdecken wir eine ❶ **Kirche im See,** deren Dachspitze aus dem Wasser herausragt. Infotafeln informieren uns darüber, was es mit dem Kuriosum auf sich hat.

*Die aus dem See ragende **Kirchturmspitze** wurde 2014 am ehemaligen Standort der alten Dorfkirche errichtet, die vor etwa 100 Jahren dem Bau der Edertalsperre weichen musste.*

Unsere Wanderung verläuft größtenteils auf dem **Urwaldsteig,** der mit einem blauen Punkt markiert ist. Vom Kirchturm aus gehen wir nach rechts, an der Uferstraße entlang, überqueren die Brücke und biegen danach nach links auf den Urwaldsteig ab (**Markierung blauer Punkt** mit den weißen Buchstaben UE). Entspannt schlendern wir am Vorstauwerk des Reiherbachs entlang. Mehrere Sitzmöglichkeiten verleiten zu Momenten kurzen Innehaltens. Jeder Platz bietet seinen eigenen Blick auf das Gewässer: mal offen und weit, mal von Uferpflanzen eingerahmt. Steil ragt der Hang zu unserer Rechten auf. Am Einstieg zum Urwaldsteig, der in einer spitzen Kehre nach rechts stramm den Berg hinaufführt, widmen wir dem Insektenhotel unsere Aufmerksamkeit und beobachten das emsige Treiben darin. Dem blauen Punkt folgend, gewinnen wir stetig an Höhe und entdecken immer mehr skurril geformte Bäume. Aus dem felsigen Hang zu unserer Linken ragen riesige Wurzeln wie ineinander verschlungene Tintenfischarme. Die Talseite des Bergs fällt steil ab und aus der Tiefe streben hohe schlanke

Kilometer: 8,5
Höhenmeter: 315
Stunden: 2–3
STRECKE

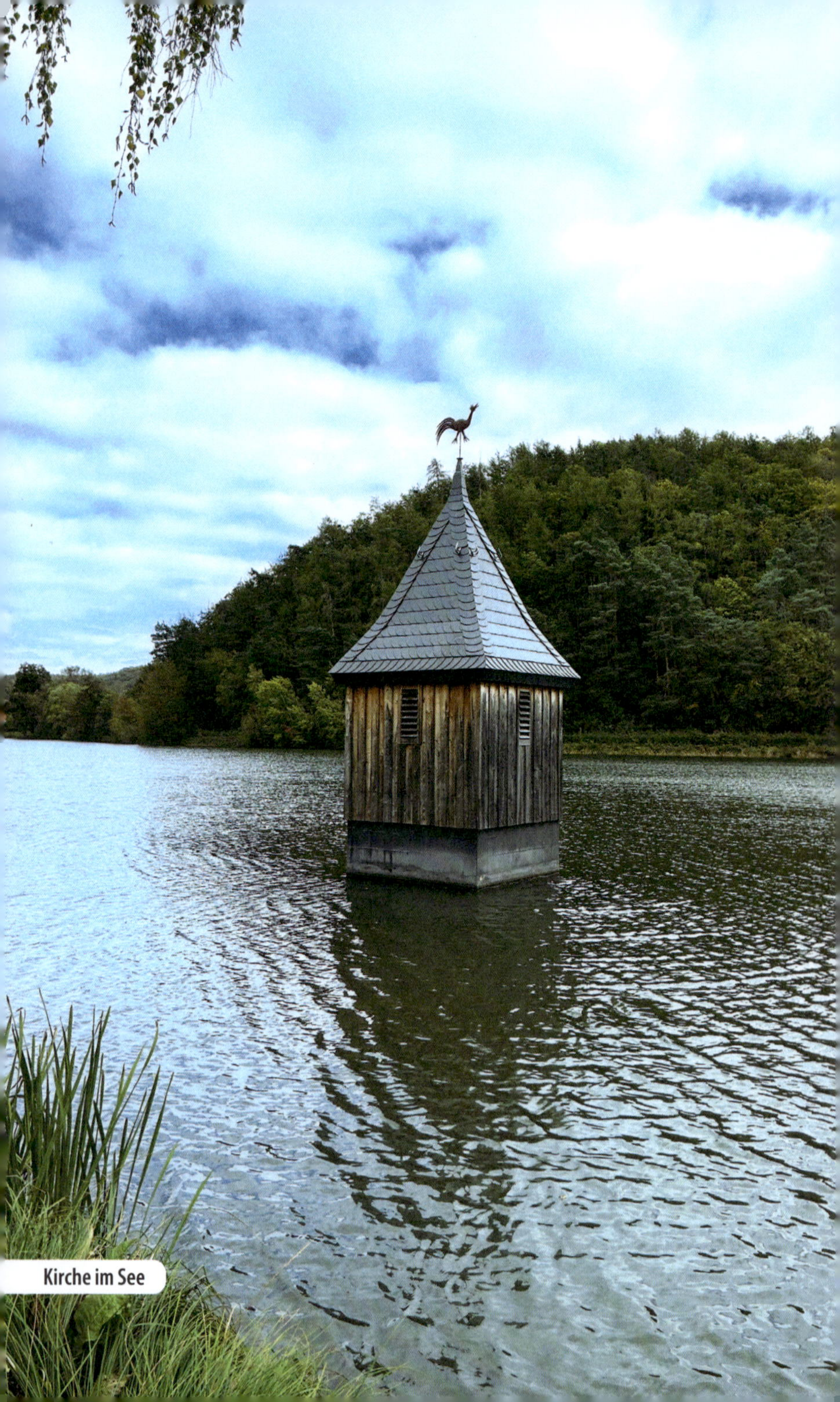

Kirche im See

Buchen dem Licht entgegen. Fasziniert betrachten wir den urwaldähnlichen Wald, in dem Stürme deutliche Spuren hinterlassen haben. Wir nehmen ein paar tiefe Atemzüge und inhalieren den belebenden Duft dieses Naturraums. Nach etwa 2 Kilometern Wanderstrecke sehen wir oberhalb des Wegs ein kleines Holzhäuschen, das den Namen ❷ **Horst-Kühn-Hütte** trägt. Kurze Zeit später erreichen wir die Südflanke des Bergs. Sofort stellen wir eine Veränderung der Vegetation fest. Krüppelig geformte Buchen winden sich in Verrenkungen aus dem felsigen Hang. Darunter haben sich weiche Moosteppiche gebildet. Besonders Anfang Herbst können wir in den Moosteppichen verschiedene Flechtengemeinschaften bewundern, wie beispielsweise die Rentierflechte.

Für die Seele

Von hoch gelegenen Aussichtspunkten schauen wir hinab auf den Edersee und kommen zur Ruhe.

***Flechten** sind Symbiosen aus Algen und Pilzen, die nur in Lebensgemeinschaft miteinander existieren und sich an Extremstandorten wie Blockschutthalden ausbreiten können.*

Zuverlässig leitet uns die Wegmarkierung des Urwaldsteigs weiter bergauf, auf einem Weg, der immer schmaler und steiniger wird. Je höher wir kommen, desto trockener wird das Klima. Die felsigen Steilhänge oberhalb des Edersees sind Extremstandorte. Hier können nur Pflanzen und Tiere existieren, die mit lang anhaltender Trockenheit sowie extremer Hitze und Kälte klarkommen. Durch diese schwierigen Wachstumsbedingungen erhalten die Buchen und Eichen ihre krumme und krüppelige Wuchsform und bilden einen sogenannten Krüppelwald. Ein nach rechts abzweigender, schmaler Pfad führt uns nach etwa 30 Metern zu einer ❸ **Schönen Aussicht** in exponierter Lage. Von dort haben wir einen herrlichen Blick auf den Edersee. Fasziniert bewundern wir die krumm gewachsenen Bäume um uns herum und spüren, wie uns der weite Blick auf den See zunehmend beruhigt und den Alltag vergessen lässt. Leise raschelt das Blätterwerk im Wind, unsere Augen gehen auf Entdeckungsreise, beobachten kleine Boote und Schiffe, die auf dem See herumschippern.

Ausgeruht machen wir uns wieder auf den Weg und gehen auf dem Pfad zurück zum **Urwaldsteig,** auf dem wir eine Windbruchfläche passieren. Eine uralte Eiche mit beeindruckendem Stammumfang lässt uns kurz verharren. Während sich unser Blick nach oben in die stark verzweigte Baumkrone richtet, ertasten unsere Hände die knorrige Rinde. Was könnte uns diese Baumhoheit wohl alles erzählen? Wir gehen weiter, werden kurzzeitig vom See weggeführt und tauchen in einen dichteren Buchenwald ein. Erstaunt nehmen wir die neue Atmosphäre wahr, angenehme Kühle umgibt uns. An der folgenden Weggabelung halten wir uns rechts und nähern uns wieder dem Edersee. Sogleich schlängelt sich der Urwaldsteig an bizarr geformten Buchen vorbei zu einer **❹ Sitzbank mit Ederseeblick,** die wir über eng bergab führende Kehren erreichen. Ein überwältigender Ausblick auf den Stausee und die Landschaft in seiner Umgebung öffnet sich vor uns. Wir können nicht anders, als uns auf die Holzbank zu setzen, um das Panorama zu würdigen. Das gesamte Gebiet rund um den Aussichtspunkt steht unter Naturschutz und darf nicht betreten werden. Flechten und Moose bedecken den steinigen Boden – eine sensible Gemeinschaft, die sich störungsfrei entfalten soll.

Entspannt und voll positiver Energie gehen wir wieder ein paar Schritte den Weg hinauf, um dann links auf den **Urwaldsteig** abzubiegen. Ein Holzpfosten mit Wegmarkierungen dient uns zur Orientierung. Die ersten 50 Meter führen steil bergab. Bei feuchtem Wetter besteht hier Rutschgefahr. In einer spitzen Kehre werden wir nun unterhalb des eben besuchten Aussichtspunkts am Steilhang entlanggeführt. Staunend richten wir den Blick hangaufwärts und bewundern die einzigartige Natur, die sich an diesem felsigen Standort über Jahrtausende entwickelt hat. Sobald sich der Pfad vom Südhang entfernt, verändert sich die Atmosphäre wieder, es wird merklich kühler und wilder. Begeistert nehmen wir diesen landschaftlichen

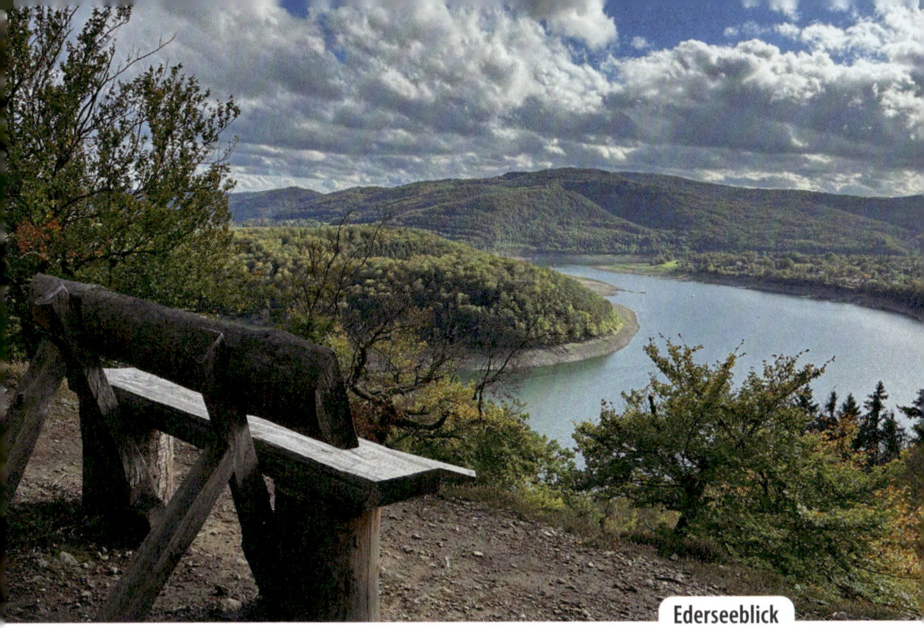

Ederseeblick

Wechsel mit all unseren Sinnen in uns auf. Im Weitermarsch achten wir auf unsere Schritte, denn Wurzeln und loses Geröll können leicht zu Stolperfallen werden. Der schmale Pfad endet auf einem breiteren Waldweg, dem wir – wie es uns die Markierung vorgibt – nach rechts folgen. Schon nach wenigen Metern stehen wir vor einem Schilderbaum. Wir orientieren uns Richtung Waldeck und biegen links ab. Verlässlich leitet uns die Markierung des Urwaldsteigs und wir folgen ihr weiter Richtung Waldeck. Wir durchqueren den schluchtähnlichen **Fischegrund.** Angenehme Kühle umgibt uns, irgendwo plätschert Wasser. Ab hier steigt der Urwaldsteig wieder an. Bereits nach wenigen Gehminuten haben wir die Höhe erneut erreicht und passieren einen weiteren Eichen-Buchen-Krüppelwald. Auch hier ist der Boden übersät mit Moosen und Rentierflechten. Dann kommen wir in einen dichten Buchenwald und sind begeistert von der Vielfalt der Natur, die wir hier erleben. Im Herbst löst dieser Abschnitt einen Farbenrausch aus – das bunte Laub leuchtet in allen Gelb- und Orangetönen in der Sonne. Wir gelangen hinunter ins sogenannte Bärental und auf die **5 Herzogbrücke.** Hier scheint die Natur gerade-

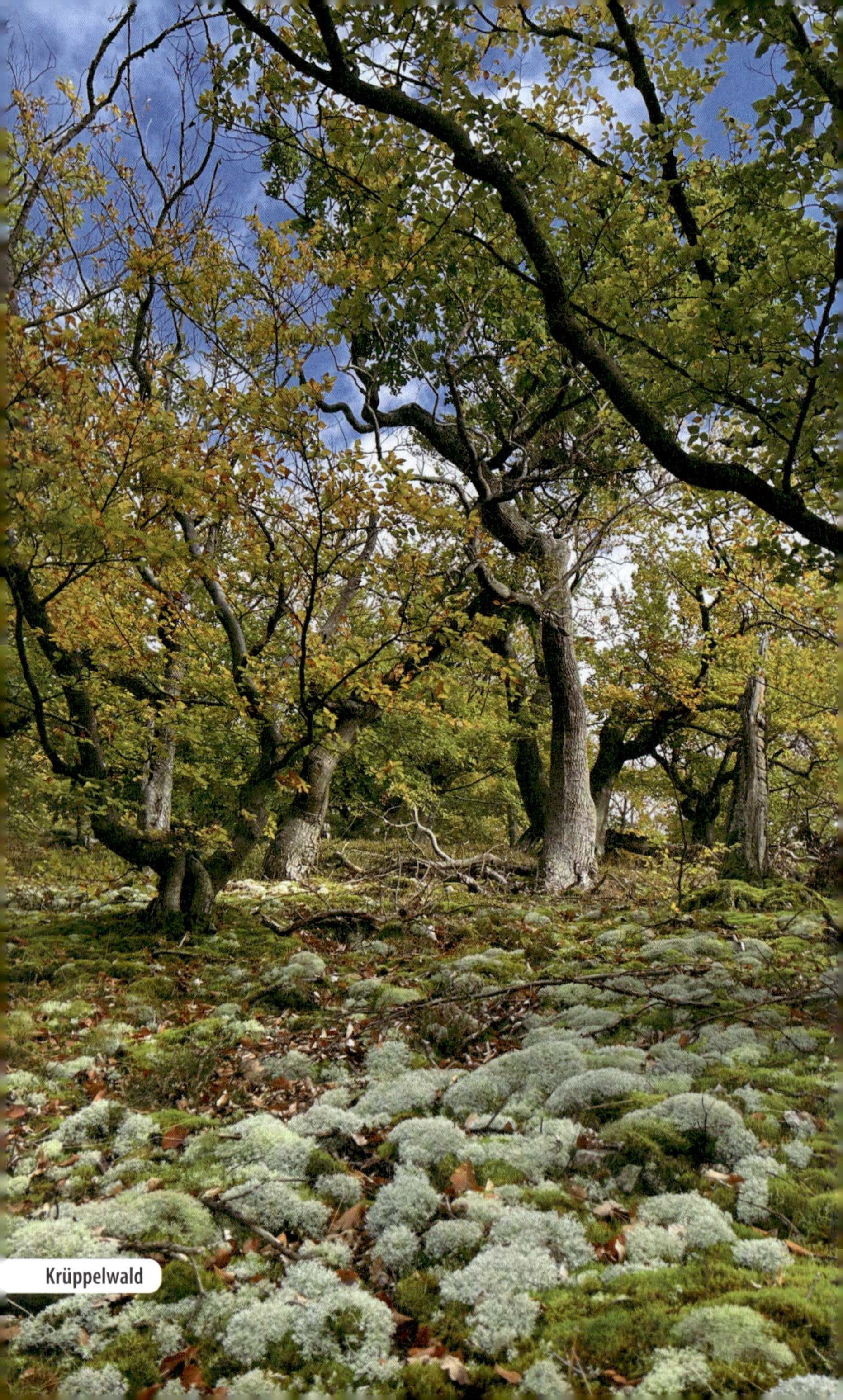

Krüppelwald

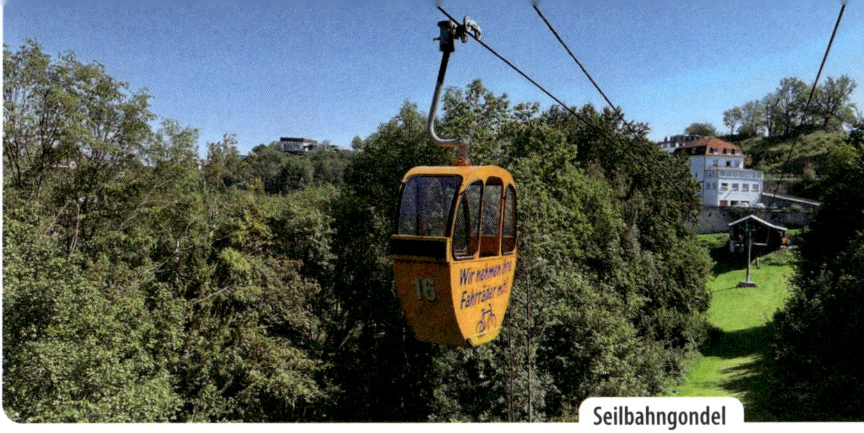

Seilbahngondel

zu entfesselt zu sein. Ringsum liegen Bäume quer, bieten als Totholz wertvollen Lebensraum für kleine und große Waldbewohner. Nachdem wir den Bärentalsbach überquert haben, werden wir nach rechts bergan geleitet. Nach etwa 300 Metern lotst uns die Wegmarkierung links auf die **Jägerstiege.** Für den etwa 700 Meter langen Aufstieg lassen wir uns Zeit. An einer Wegkreuzung halten wir uns links und gehen zwei Steinstufen hinauf, wo unser Pfad fortgesetzt wird. Die Markierungen am Baum vor uns sind verwaschen und schwer zu erkennen. Bergauf geht es weiter auf einem schmalen Pfad, der mit Wurzelgeflecht und losem Gestein durchzogen ist. Achtung, Stolpergefahr! Am Ende der Steigung biegen wir rechts auf einen breiten Waldweg ab. Hier finden wir eine Rastmöglichkeit, wo wir kurz verschnaufen können.

Am Schilderbaum halten wir uns Richtung Waldeck Seilbahn (1,4 km) und folgen weiterhin dem Symbol des Urwaldsteigs. Ohne nennenswerte Steigung wandern wir erneut dem Südhang entgegen, wo uns ein weiterer, schöner Aussichtspunkt mit Panorama- und Seeblick erwartet. Wir gönnen uns jetzt eine letzte Sinnespause und lassen das Panorama auf uns wirken, bevor wir mit dem Abstieg ins Tal beginnen, dem Urwaldsteig Richtung Seilbahn folgend. Auf den letzten Metern, bevor wir die **6 Talstation der Waldecker Bergbahn** erreichen, senkt sich der Weg etwas steiler ab. Wir achten auf unsere Schritte, da der Boden mit losem Geröll durchsetzt ist. An der Talstation angekommen,

*Als älteste Gondelseilbahn Hessens bietet die **Waldecker Bergbahn** eine schnelle Verbindung zwischen der Strandpromenade am Edersee und Waldeck. Die farbenfrohen historischen Gondeln bringen täglich Besucher zum Schloss Waldeck hinauf und wieder zurück.*

können wir einen Abstecher mit der Seilbahn hinauf zum **7 Schloss Waldeck** machen.

Von der Talstation aus laufen wir hinunter Richtung Seeufer und folgen der Beschilderung zur Uferpromenade. An der Promenade haben wir viele Möglichkeiten, den Tag ausklingen zu lassen. Nach Lust und Laune können wir uns in den Sommermonaten im **8 Strandbad** abkühlen oder in einem der Restaurants einkehren. Zurück nach Nieder-Werbe, zum Ausgangspunkt unserer Wanderung, kommen wir mit dem Bus (Haltestelle Strandbad auf der gegenüberliegenden Straßenseite). Dort erwartet uns an der Uferstraße eine gemütliche Einkehr mit kulinarischen Köstlichkeiten im **9 Hotel und Restaurant Werbetal.**

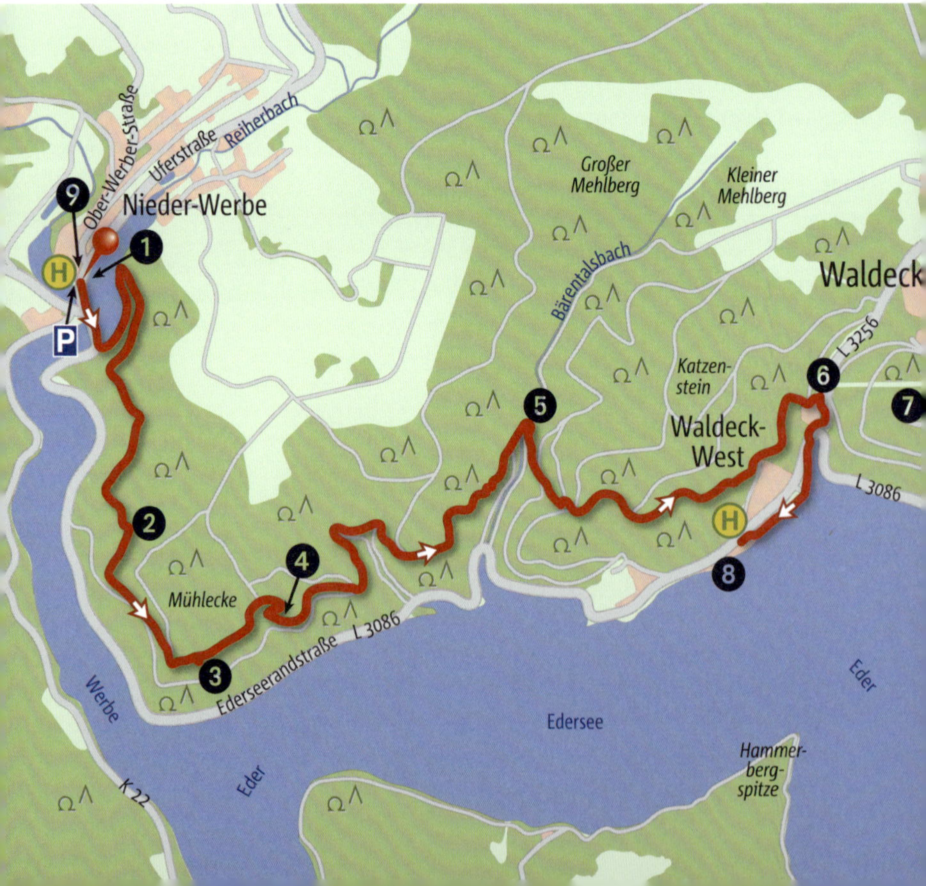

ALLES AUF EINEN BLICK

Entspannung ●●●○○
Abenteuer ●●●●●
Vielfalt ●●●●●

WIE & WANN

Breite Wald- und Schotterwege, schmale Pfade, innerorts asphaltierte Straßen. Beste Wanderzeit von April bis Oktober.

HIN & WEG

Auto: Parkplatz Werbetal Nieder-Werbe, Uferstraße, 34513 Waldeck-Nieder-Werbe
ÖPNV: Haltestelle Nieder-Werbe, Waldeck (Hessen); am Ziel: Haltestelle Waldeck Strandbad

ESSEN & ENTSPANNEN

9 **Hotel und Restaurant Werbetal,** Uferstraße 28, 34513 Waldeck, Tel. (0 56 34) 9 79 60, www.hotel-werbetal.com

ENTDECKEN & ERLEBEN

1 **Kirche im See**
2 **Horst-Hühn-Hütte**
3 **Schöne Aussicht**
4 **Sitzbank mit Ederseeblick**
5 **Herzogbrücke**
6 **Talstation Waldecker Bergbahn,** www.waldeckerbergbahn.de
7 **Schloss Waldeck (mit Museum),** www.hotel-schloss-waldeck.de
8 **Strandbad,** Ederseerandstraße 10, 34513 Waldeck

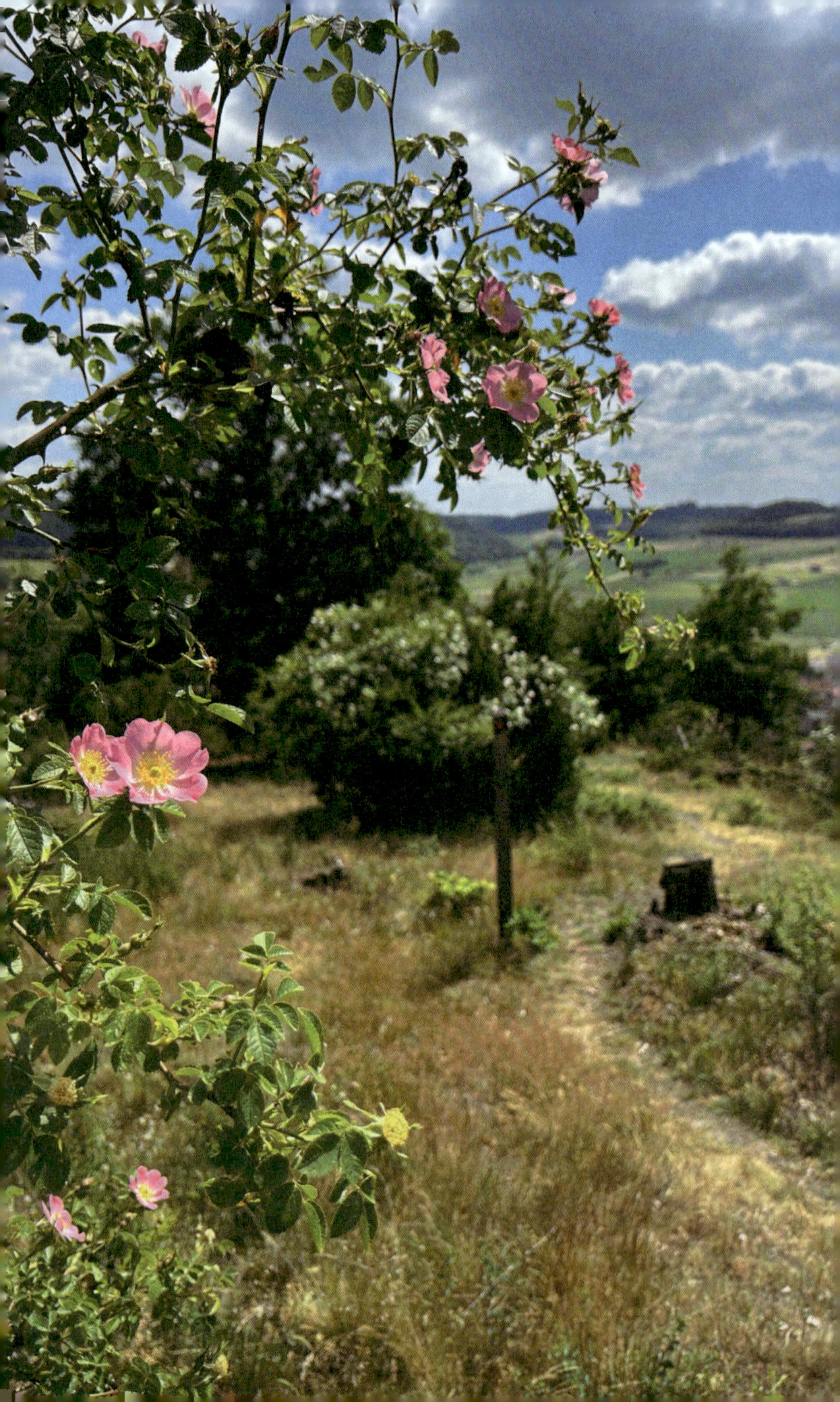

Heideglück

Zum Fahrentriesch bei Altenlotheim

Am Nationalparkeingang „Elsebach" beginnen wir unsere Rundwanderung zum Fahrentriesch. Der ❶ **Pavillon der Vielfalt** hält wichtige Informationen zum Nationalpark und der dort entstehenden Wildnis für uns parat. Unser Weg mit der **Markierung eines Arnikablüten-Symbols** verläuft zu Beginn rechts vom Elsbach, Richtung Sauhütte und Fahrentriesch. In leichtem Anstieg marschieren wir auf einem befestigten Schotterweg. Leise rauscht das Bachwasser, hier und da zwitschern Vögel. Schritt für Schritt kehren wir dem Alltag den Rücken und freuen uns auf unsere Auszeit in der Natur. Nach etwa 800 Metern kommen wir an eine Weggabelung mit einem Schilderbaum. Von rechts, aus der Richtung Fahrentriesch, kommen wir am Ende unserer Tour. Wir laufen geradeaus und folgen dem Wegweiser zur Sauhütte. Am Wegesrand sehen wir eine Sitzbank und den Gedenkstein Siedlung Armesruhe, der an die Rodung des Elsbachtrieschs erinnert. Vor uns öffnet sich der Wald und gibt den Blick auf saftig grüne Bergwiesen frei. Wenige Minuten später kommen wir an der **Elsbachhütte** vorbei, die der Verkehrsverein Schmittlotheim errichtete. Dann überschreiten wir die Nationalparkgrenze. Mittlerweile folgen wir einem schmaleren Waldpfad, der teilweise etwas überwuchert und mit dem Waldökologischen Lehrpfad identisch ist. Das Hauptaugenmerk an diesem Wegabschnitt liegt auf der Natur und wie sie auf sich verändernde Klimabedingungen reagiert. Vereinzelt sehen wir mächtige Altbäume, die man in forstwirtschaftlich geprägten Wäldern selten

Die Triescher sind ehemalige Weiden, die als Magerrasen erhalten geblieben sind. Am bekanntesten ist der ***Fahrentriesch,*** *ein Biotop, das durch Schafbeweidung offengehalten wird. Seltene Kräuter wie Arnika und Besenheide bereichern hier das Artenspektrum im Nationalpark.*

Kilometer: 11,5
Höhenmeter: 400
Stunden: 4
RUNDWEG

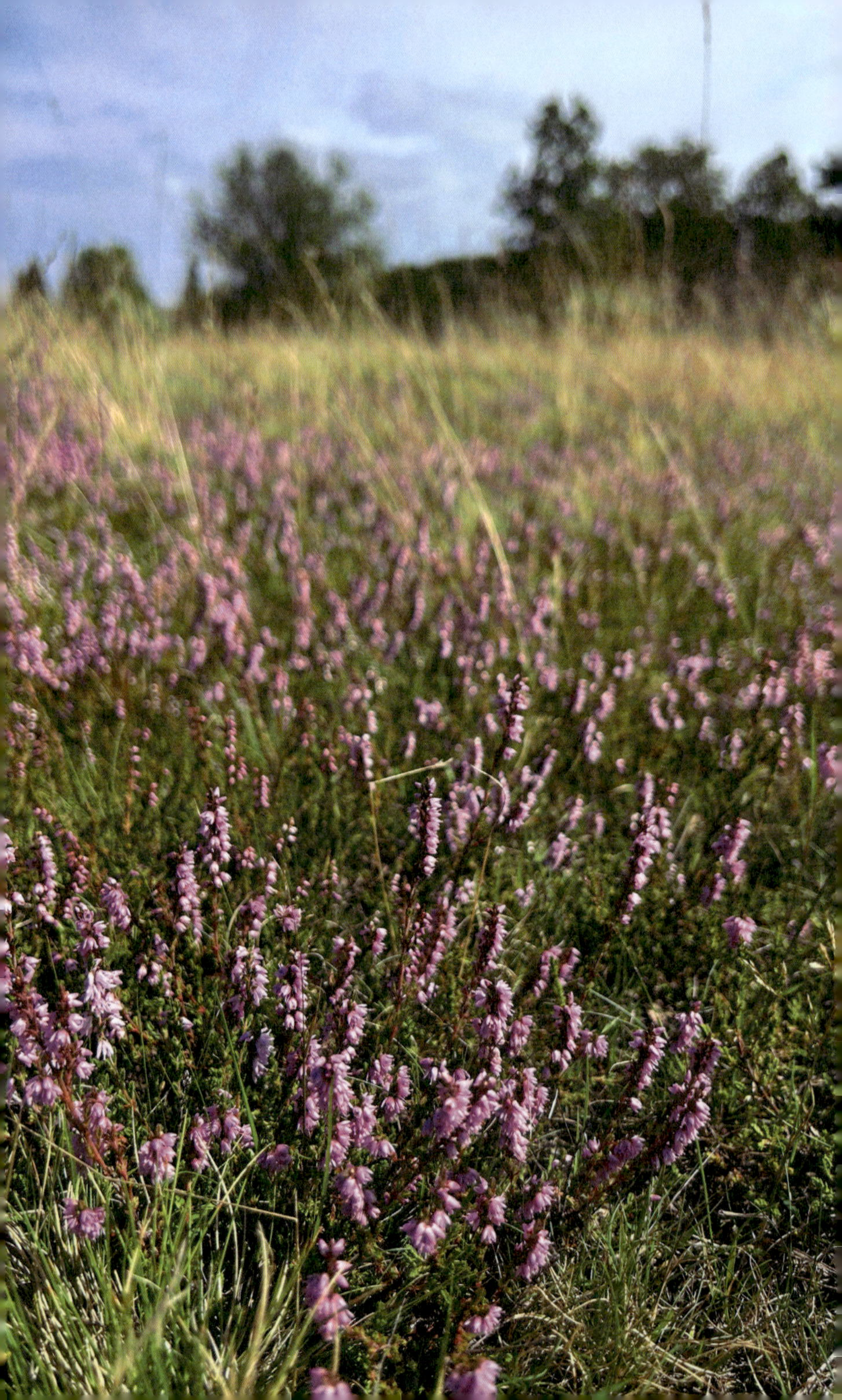

zu Gesicht bekommt. Im Nationalpark dürfen Bäume altern, bis sie als Totholz wieder in den Kreislauf der Natur zurückgelangen. Ein Buchenwald schließt sich an, dessen dichtes Blätterdach uns in heißen Sommermonaten Schatten und angenehme Kühle spendet. Nach etwa 2,5 Wanderkilometern kommen wir am ❷ **Picknickplatz Sauhütte** an. Jetzt haben wir uns eine Pause verdient, bevor wir die nächsten 2,5 Kilometer zum Fahrentriesch angehen.

Für die Seele

In weitläufigen Heidelandschaften finden wir erholsame Orte der Stille und artenreiche Naturräume.

Ausgeruht und gestärkt setzen wir unsere Wanderung fort und laufen von der Sauhütte aus nach rechts auf einen breiten Schotterweg. Verlässlich leitet uns das Symbol der gelben Arnikablüte durch einen Buchenwald, der Teil des UNESCO-Weltnaturerbes ist. Der Wald sieht ungewöhnlich aus: Zwischen unzähligen spargeligen und dicht beieinanderstehenden Baumsprösslingen ragen monumentale Altbäume heraus. Solche Altbaumbestände betrachtet die UNESCO als besonders schützenswert und adelt sie als Weltnaturerbe. Etwa 20 Minuten, nachdem wir von der Sauhütte losgewandert sind, lassen wir den Buchenwald hinter uns und begeben uns in die offene Heidelandschaft am ❸ **Fahrentriesch.**

Im Jahr 2011 wurden die Buchenurwälder der Slowakei und der Ukraine sowie die alten Buchenwälder Deutschlands zum grenzüberschreitenden ***UNESCO-Weltnaturerbe Buchenurwälder der Karpaten und Alte Buchenwälder Deutschlands*** *zusammengefasst.*

Begeistert von dem neuen Landschaftsbild verfallen wir in einen Schlendergang und lassen den neuen Naturraum auf uns wirken. Anfangs geht es durch eine Art Allee, danach finden wir uns in der offenen Landschaft wieder und schauen in die Weite der alten Hutelandschaft mit Heiden, Wiesen und Magerrasen. Vereinzelt sehen wir rechteckige Gatter, in denen Arnikapflanzen vor Störeinflüssen geschützt werden. Im Spätsommer mischt sich das duftige Violett der blühenden Besenheide in das überwiegend erdfarbene Naturbild. Unser Müßiggang endet vorerst am ❹ **Fahrentriesch-Pavillon,** ein wundervoller Ort der Stille, an dem wir eine ausgedehnte Rast einlegen.

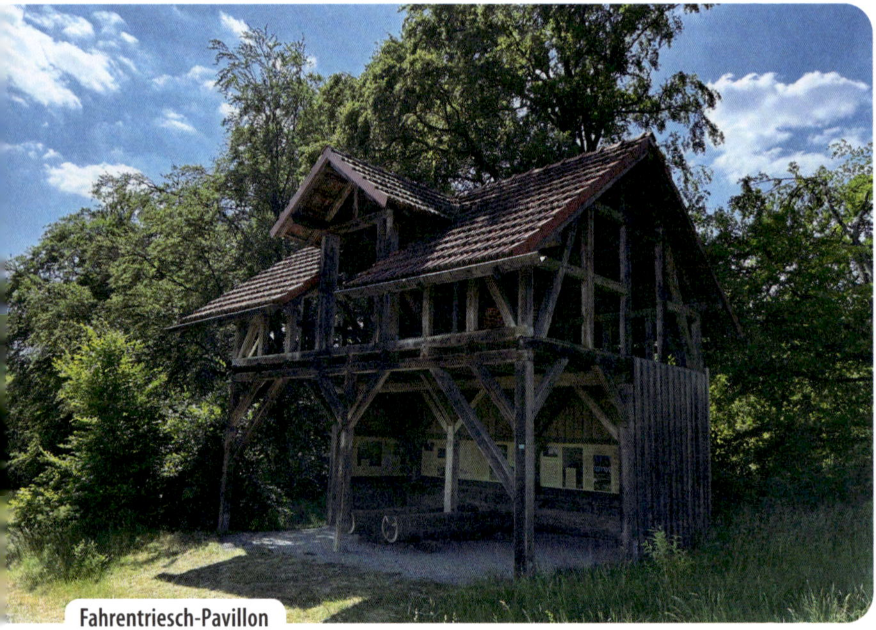

Fahrentriesch-Pavillon

*Als **Fahrentriesch-Pavillon** hat man die ehemalige Henning-Hütte wiederaufgebaut, einen kulturhistorisch wertvollen Wildfutterschuppen komplett aus Holz, einschließlich der Nägel. Innen gibt es Informationstafeln zu den Besonderheiten der Triescher.*

Gefüllt mit neuer Energie gehen wir vom Pavillon aus nach rechts zum Schilderbaum an der Wegkreuzung. Dort biegen wir links ab Richtung Quernst (5,1 km). Nach wenigen Minuten geht es erneut rechts auf einen Grasweg Richtung Parkplatz Koppe (1,6 km). Ab hier folgen wir der Bösenberg-Route, die mit einem gelben Farnblatt markiert ist. Wir wandern auf einem kaum erkennbaren **Trampelpfad.** Zur Bestätigung, dass wir weiterhin auf dem richtigen Weg sind, sehen wir immer wieder die vertrauten Holzpfosten mit dem Farnblatt. Teilweise sind die Markierungen etwas verwittert, sodass wir darauf achten müssen, in welche Richtung wir geleitet werden. Staunend wandern wir durch eine wild anmutende Landschaft, entdecken herumliegendes Gehölz und die ausgetrockneten Skelette gefallener Bäume. Im Spätsommer naschen wir reife Brombeeren von den Sträuchern am Wegesrand. Der Wind wiegt die hellen Gräser in einer kollektiven Wellenbewegung sanft hin und her. Dieser Naturraum wirkt sich auf uns aus wie eine Kraftoase. Wir bekommen immer bessere Laune und können nicht anders, als glücklich zu lächeln. Wir kommen an einer Gruppe Lärchenbäume vorbei und biegen dort links in einen schmalen, schwer erkennbaren Trampelpfad ein. Ein verwitterter Holzpfosten mit Markierung steht in ein paar Metern Entfernung. Kurz darauf werden wir in den Wald geführt. Steil windet sich der **Waldweg** in Serpentinen den Berg hinunter. Die Natur um uns herum ist ungestüm und wild. Mächtige Altbäume ragen aus dem Dickicht. Quer liegende Baumstämme unterstreichen den Wildnischarakter, bilden für uns aber kein Hindernis. Es geht weiterhin steil bergab. Nach der wilden Passage gehen wir durch lichtdurchfluteten Buchenwald. Ein Schilderbaum am Wegesrand macht uns auf einen Abzweig nach rechts aufmerksam. Wir folgen dem schmalen Waldpfad talwärts, Richtung Parkplatz Koppe. Der Pfad endet auf

*Das **Naturschutzprojekt** auf der Koppe dient dem Erhalt des großflächigen Heidenelken-Magerrasens, der Wacholderheide und der Grasfluren. Langfristig soll gezielte Schafbeweidung diese Areale vor Verbuschung schützen.*

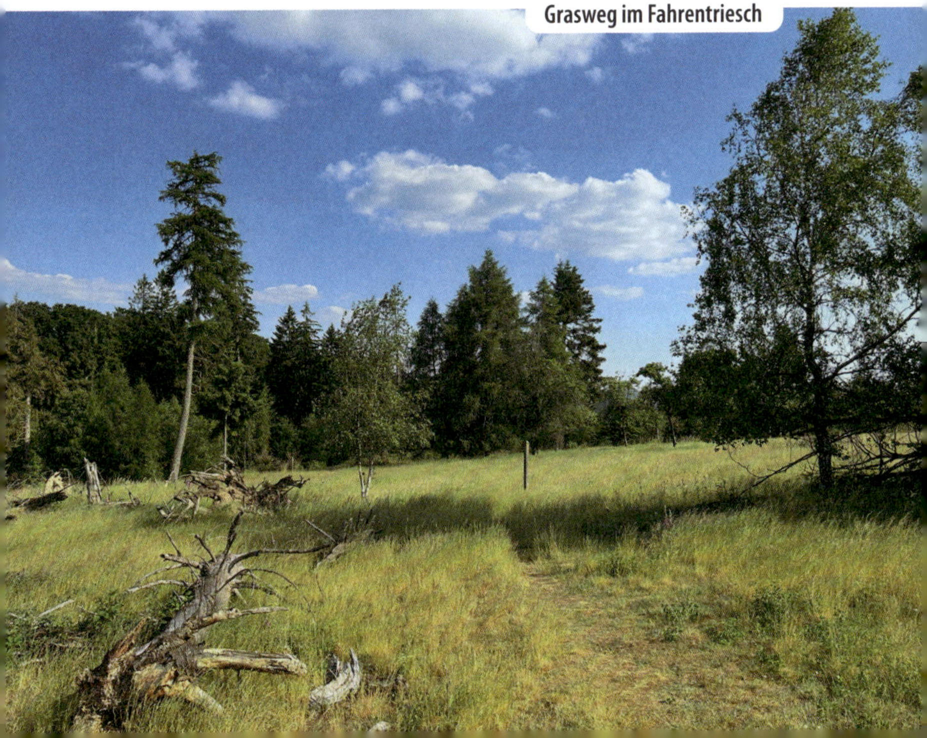

Grasweg im Fahrentriesch

einem breiten Grasweg, dem wir nach rechts folgen. Hier sehen wir auch wieder unsere Wegmarkierung, die uns nach wenigen Minuten zum ❺ **Rast- und Parkplatz am Nationalparkeingang Koppe** leitet. Dort angekommen gönnen wir uns eine kurze Atempause. Hinter dem Parkplatz sehen wir einen kurzen Stichweg, der zu einem kleinen Naturschutzgebiet führt. Auf dem Parkplatz steht ein Schäferwagen des Naturparks Kellerwald-Edersee. Über die Infotafeln erfahren wir etwas über das Naturschutzgroßprojekt im Teilgebiet Koppe.

Um unsere Wanderung fortzusetzen, marschieren wir vom Parkplatz aus nach rechts und folgen ab jetzt der Markierung des Heideerlebniswegs, dargestellt in Form eines Schafskopfs. Nach ein paar Metern werden wir nach rechts gelotst. Steil geht es nun bergauf in die reizvolle ❻ **Wacholderheide.** Für diesen Abschnitt nehmen wir uns Zeit, denn es gibt viel zu entdecken. Über

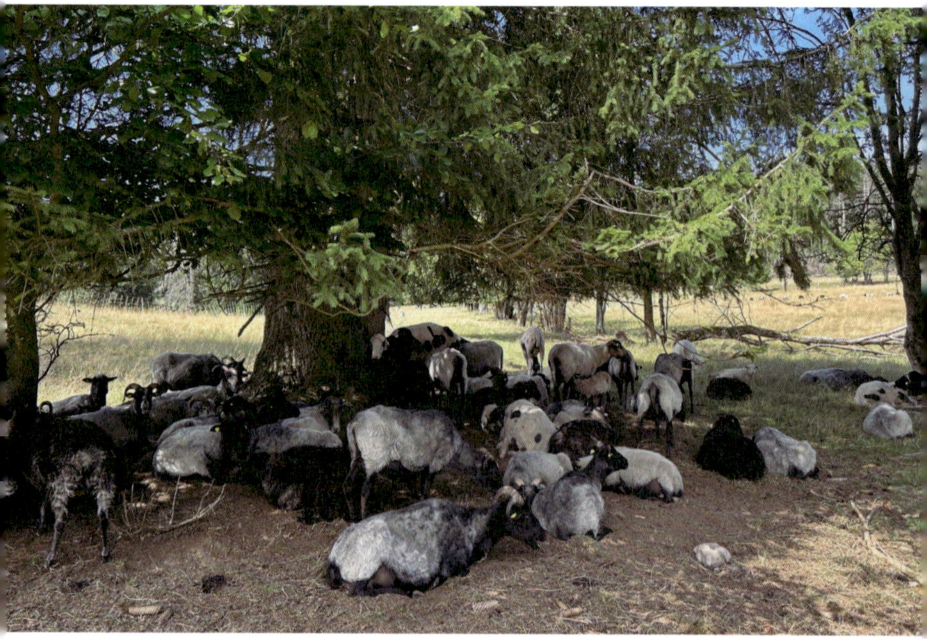

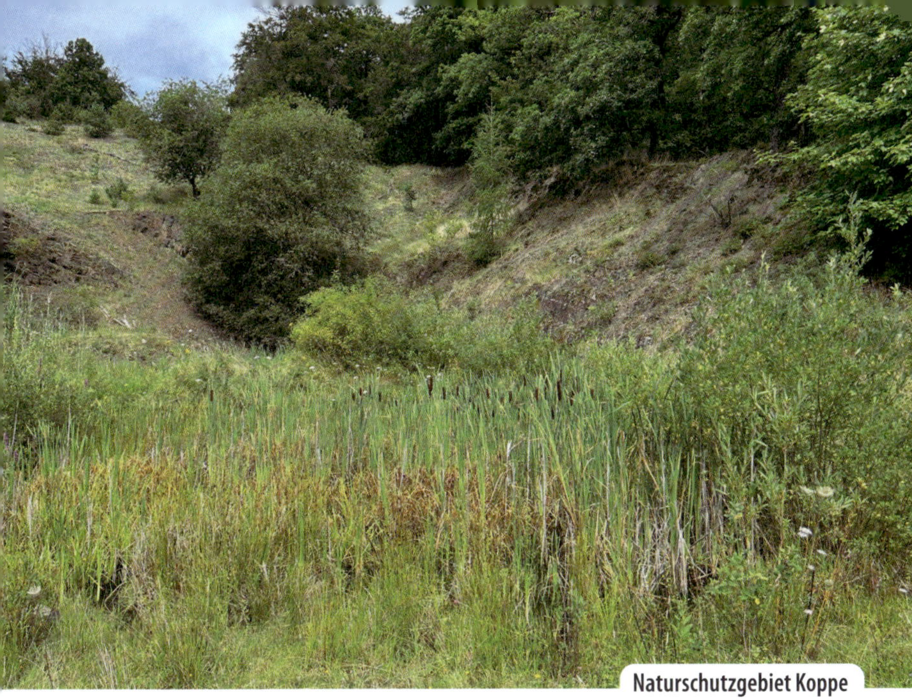

Naturschutzgebiet Koppe

350 Schmetterlingsarten leben in diesem besonderen Schutzgebiet. Wenn wir Glück haben, sehen wir einen Roten Milan am Himmel kreisen, der hier sein Brutgebiet hat. Säulenförmige Wacholderbäume prägen das Naturbild. Während des Aufstiegs blicken wir ab und zu zurück und erfreuen uns am dargebotenen Panorama. Am Ende der Steigung werden wir über den Bergkamm in schattigen Buchenwald geführt. Es dauert nicht lange, bis wir wieder aus dem Wald zurück in die Graslandschaft des Fahrentrieschs geleitet werden. Die Vielseitigkeit unserer Wanderung begeistert uns. Beschwingt wandern wir auf dem weichen Grasweg durch den Fahrentriesch und kommen ein weiteres Mal zur **Wegkreuzung am Pavillon.** Nun treten wir den Rückweg zum Parkplatz Elsbach in Schmittlotheim an. Ein Wegweiser am Schilderbaum mit der gelben Arnikablüte gibt uns die Richtung an. Wir laufen geradeaus über die Kreuzung, verlassen den geschotterten Hauptweg und gehen auf dem schmalen Grasweg weiter. An einem Holzpfosten sehen wir zur Bestätigung die Arnikablüte. Entspannt lassen wir uns leiten,

mal durch schattigen Buchenwald, dann wieder über Lichtungen, ohne auf den Weg achten zu müssen. Wir lauschen dem Wind und genießen die letzten 3 Kilometer, die einem Waldspaziergang gleichen und uns wohltuende Entspannung bringen. Gegen Ende dieses Wegabschnitts haben wir noch einmal einen schönen Blick ins Tal. Keine 5 Minuten später stehen wir auch schon an der Weggabelung beim Gedenkstein. Nach links laufen wir zurück zum Nationalparkeingang Elsebach, wo wir unsere erlebnisreiche Wanderung begonnen haben. Wandern macht hungrig und wir freuen uns jetzt auf eine gemütliche Einkehr im ⑦ **Landgasthof Elsebach,** nur wenige Gehminuten vom Parkplatz entfernt.

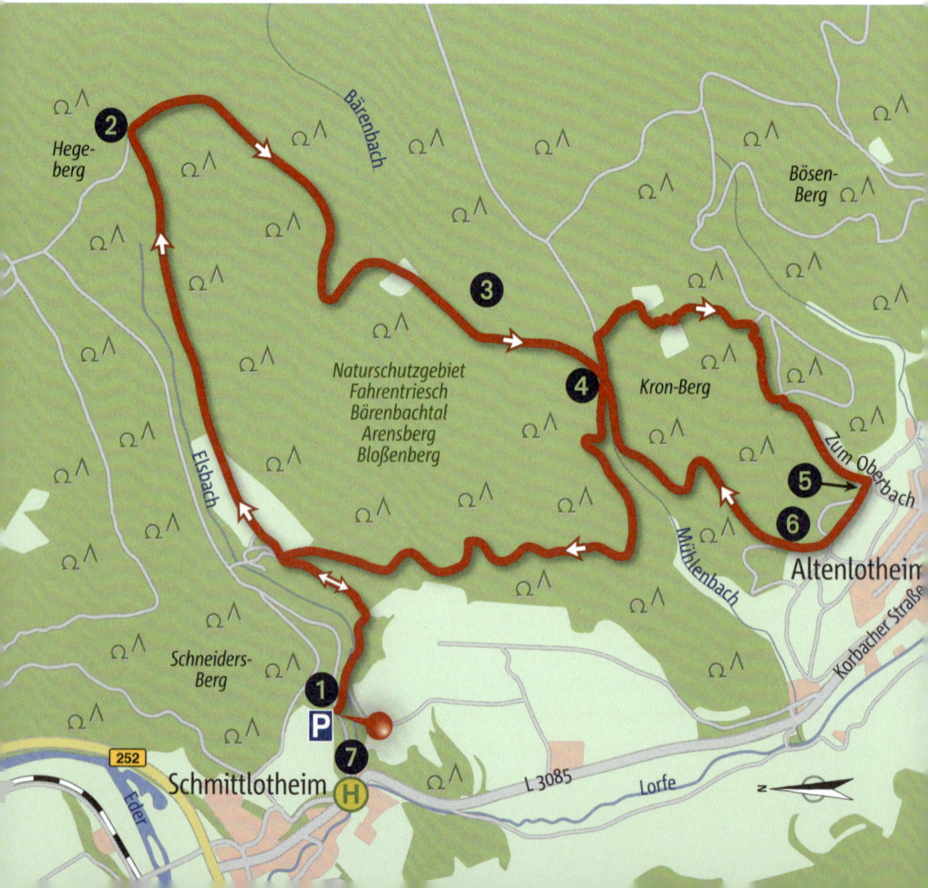

ALLES AUF EINEN BLICK

Entspannung 3/5
Abenteuer 3/5
Vielfalt 5/5

WIE & WANN

Breite und schmale Waldwege, verschlungene Pfade, befestigte Schotterwege, asphaltierte Wege in Ortsnähe. Ganzjährig schön, besonders zur Heideblüte im Spätsommer.

HIN & WEG

Auto: Parkplatz am Nationalparkeingang Elsebach, Schneidersbergweg, 34516 Vöhl-Schmittlotheim
ÖPNV: Haltestelle Vöhl-Schmittlotheim Elsebach

ESSEN & ENTSPANNEN

7 **Landgasthof Elsebach**, Im Elsebach 2, 34516 Vöhl-Schmittlotheim, Tel. (0 56 35) 7 84 98 50, www.landgasthof-zum-elsebach.de

ENTDECKEN & ERLEBEN

1 **Pavillon der Vielfalt**
2 **Picknickplatz Sauhütte**
3 **Fahrentriesch**
4 **Fahrentriesch-Pavillon**
5 **Rast- und Parkplatz am Nationalparkeingang Koppe**
6 **Wacholderheide**

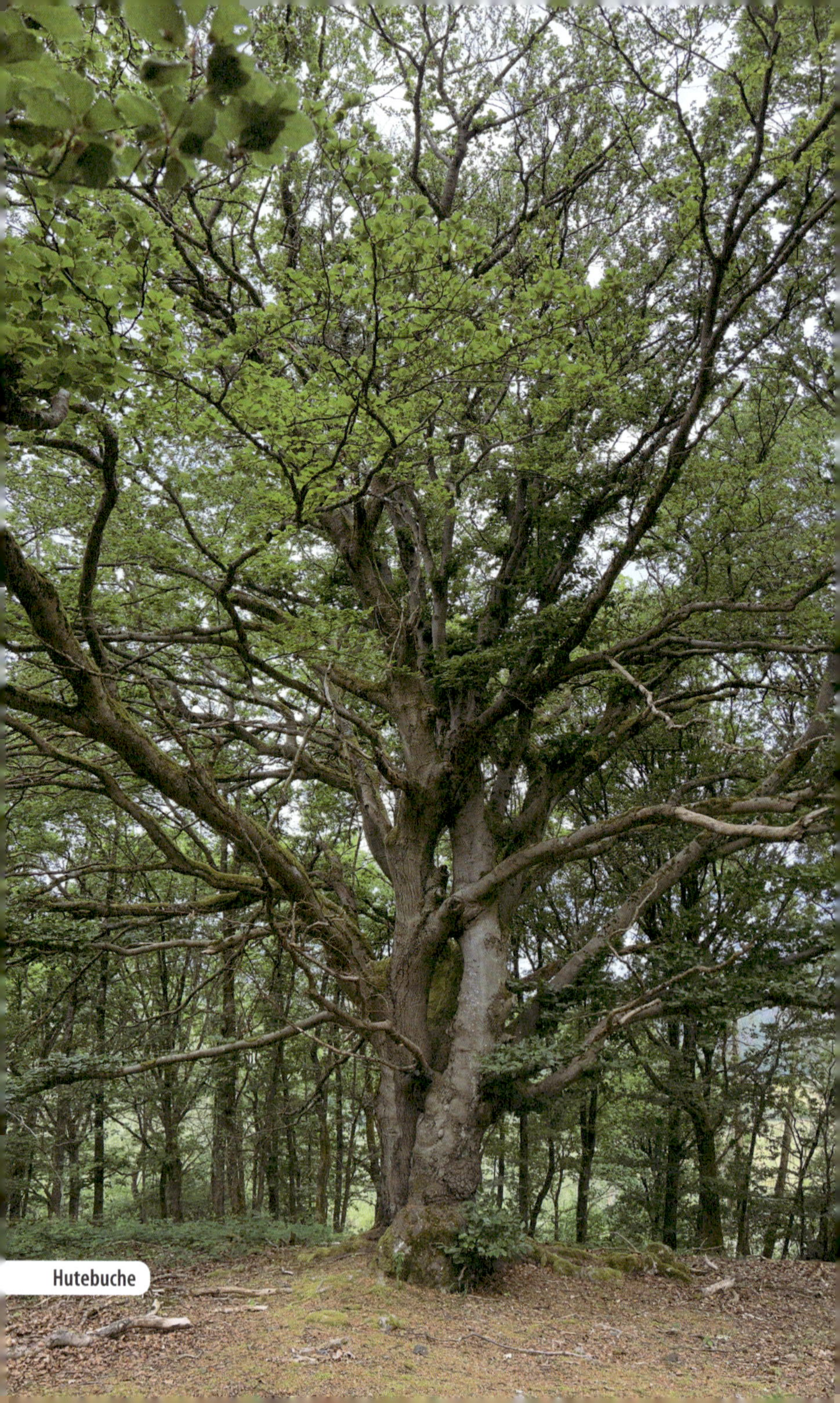
Hutebuche

Waldgeschichten

Der Tannendriesch bei Gellershausen

Unsere Wanderung beginnt am Nationalparkeingang Heinrichshütte. Wir orientieren uns am Schilderbaum Richtung Locheiche (2,6 km) und folgen der **Markierung der Locheichen-Route (gelbes Eichhörnchen)** im Uhrzeigersinn. Es geht nach links, leicht ansteigend auf einen breiten Waldweg. Nachdem wir eine Schranke passiert haben, kommen wir zur ❶ **Heinrichshütte,** mit einem schön gelegenen Rastplatz unter einer alten Eiche. Wenn wir den Blick schweifen lassen, können wir die ❷ **Hutekuppenlandschaft** von Gellershausen erkennen, mit alten Hutebäumen und ihren ausladenden Baumkronen. Das Eichhörnchen lenkt uns auf einen schmalen, ansteigenden Waldweg, auf dem wir den Galgenbusch durchwandern, ein Zeugnis historischer Niederwald- und Hutewaldnutzung. Fasziniert betrachten wir die teilweise bizarren Wuchsformen der Bäume, die sich wie Korkenzieher in die Höhe gewunden haben. Eine alte ❸ **Hutebuche** am Wegesrand weckt unser Interesse. Erstaunt stellen wir fest, dass sie zwei Stämme zu haben scheint, die sich wie in einer Umarmung umschlingen. Wie alt mag dieses Baumwesen sein?

*Die skurrile Form der **Hutebuche** entsteht zum einen aus den zusammenwachsenden Stockausschlägen des alten Mutterbaums, zum anderen durch den knollenförmigen Stamm, der einem Elefantenfuß ähnelt. Man nennt diese Baumgesellschaft auch „Büschelbuche".*

Der Pfad endet auf einem Schotterweg, dem wir nach links folgen, hinaus aufs offene Feld. Von hier haben wir einen weiten Blick über die für den Kellerwald typische, wellenförmige Kulturlandschaft. Am Ende dieser Passage kommen wir an eine **Weggabelung mit einer Sitzbank.** Ein schöner, stiller Ort für eine kurze Atempause. Das gelbe Eichhörnchen lenkt uns in den Wald hinein, Richtung

Kilometer: 8
Höhenmeter: 260
Stunden: 2,5
RUNDWEG

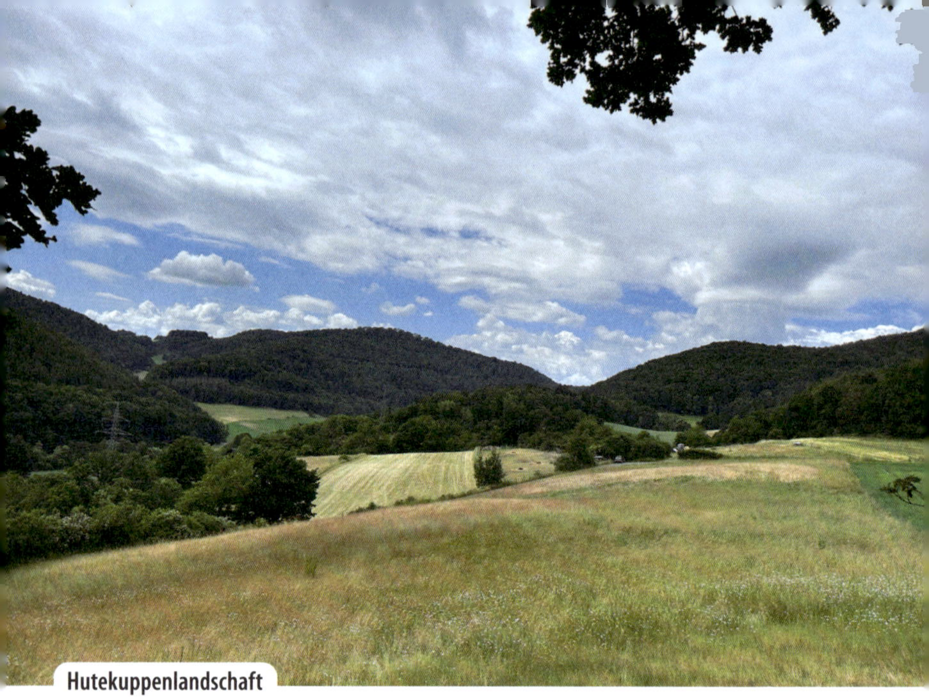

Hutekuppenlandschaft

Etwa 40 Prozent der Nationalparkfläche bestehen aus mindestens 130 Jahre altem **Buchenwald.** In dieser Kompaktheit und Ausprägung ist das in Mitteleuropa eine Besonderheit.

Locheiche (1,8 km). Leicht ansteigend wandern wir durch einen alten **Bauernwald.** Buchen mit zahlreichen Stockausschlägen erzählen die Geschichte früherer Waldnutzung, denn sowohl für die Köhlerei als auch für den privaten Brennholzbedarf wurde bis ins 19. Jahrhundert Wald abgeholzt. Die Fürstentümer Waldeck und Pyrmont haben damals die Wälder des heutigen Nationalparks zu Schutzgebieten erklärt, die ausschließlich der fürstlichen Jagd dienen sollten. So konnte sich ohne forstwirtschaftliche Prägung natürlicher Wald entwickeln. Die Wurzelstöcke der Buchen trieben aus und wuchsen zu knorrigen Baumwesen heran. Auch der Boden zu unseren Füßen erinnert an die Historie dies Gebiets: Das alte Kopfsteinpflaster deutet auf einen alten Handelsweg hin. Noch ein weiteres Zeugnis früherer Waldnutzung können wir auf dem steilen Wegstück zur Locheiche entdecken: alte Köhlerplatten. Sie hinterließen schwarze Erde, die wir unterwegs mehrmals am Wegesrand sehen können. Durch schattigen Buchenwald wandern wir oberhalb des Kerbtals des Klingesebachs. Jahrtausendelang hat sich das Wasser in das Gestein geschnitten und dieses Tal geformt. Angekommen auf der Bergkuppe ❹ **Locheiche** (533 Meter ü. NN) pausieren wir auf einem quer liegenden Baumstamm, der als natürliche Sitzbank dient. Entspannt lassen wir die Atmosphäre auf uns wirken. Himmlische Ruhe herrscht hier oben, lediglich ein paar Vögel durchbrechen mit ihrem Gezwitscher die Stille. Bevor es den Nationalpark gab, war das Waldgebiet auf der Locheiche ein Naturwaldreservat. Seit 1988 wird es nicht mehr forstlich genutzt, entsprechend ist die Wildnis an der Locheiche weit fortgeschritten. Heute liegt dieses Areal im Zentrum der alten Buchenwälder des Kellerwalds, die einen wertvollen Teil des Nationalparks ausmachen.

Für die Seele
In urigen Buchenwäldern erleben wir neue Wildnis und jahrhundertealte Waldgeschichte.

Von der Locheiche aus folgen wir dem gelben Eichhörnchen nun bergab Richtung Tannendriesch (2,4 km). Auf dem Weg dorthin wandern wir durch verschiedene Waldzonen. Nach einem Abschnitt mit

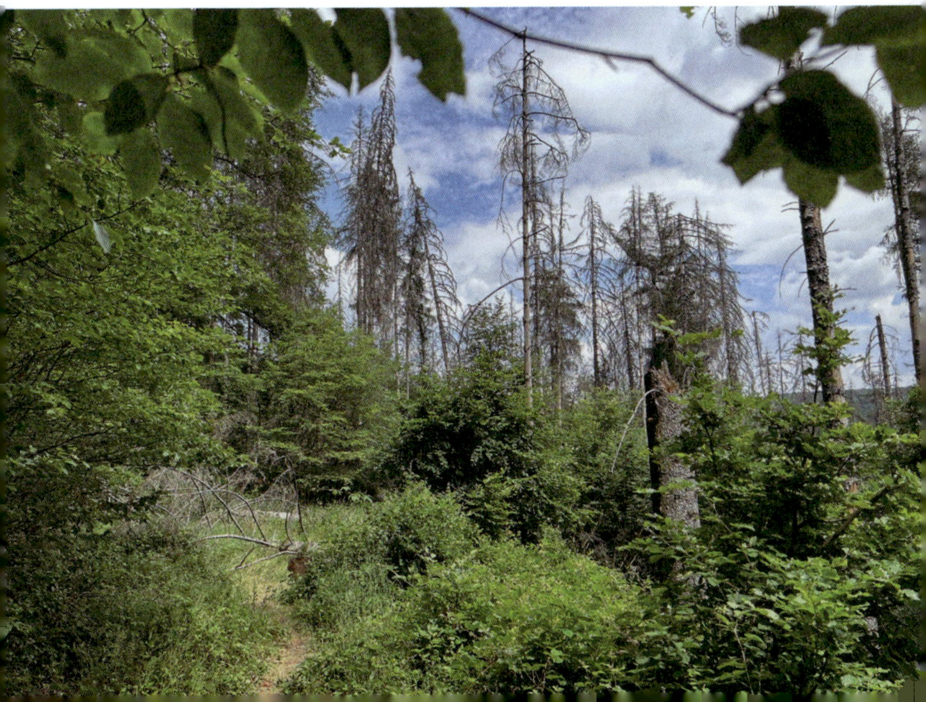

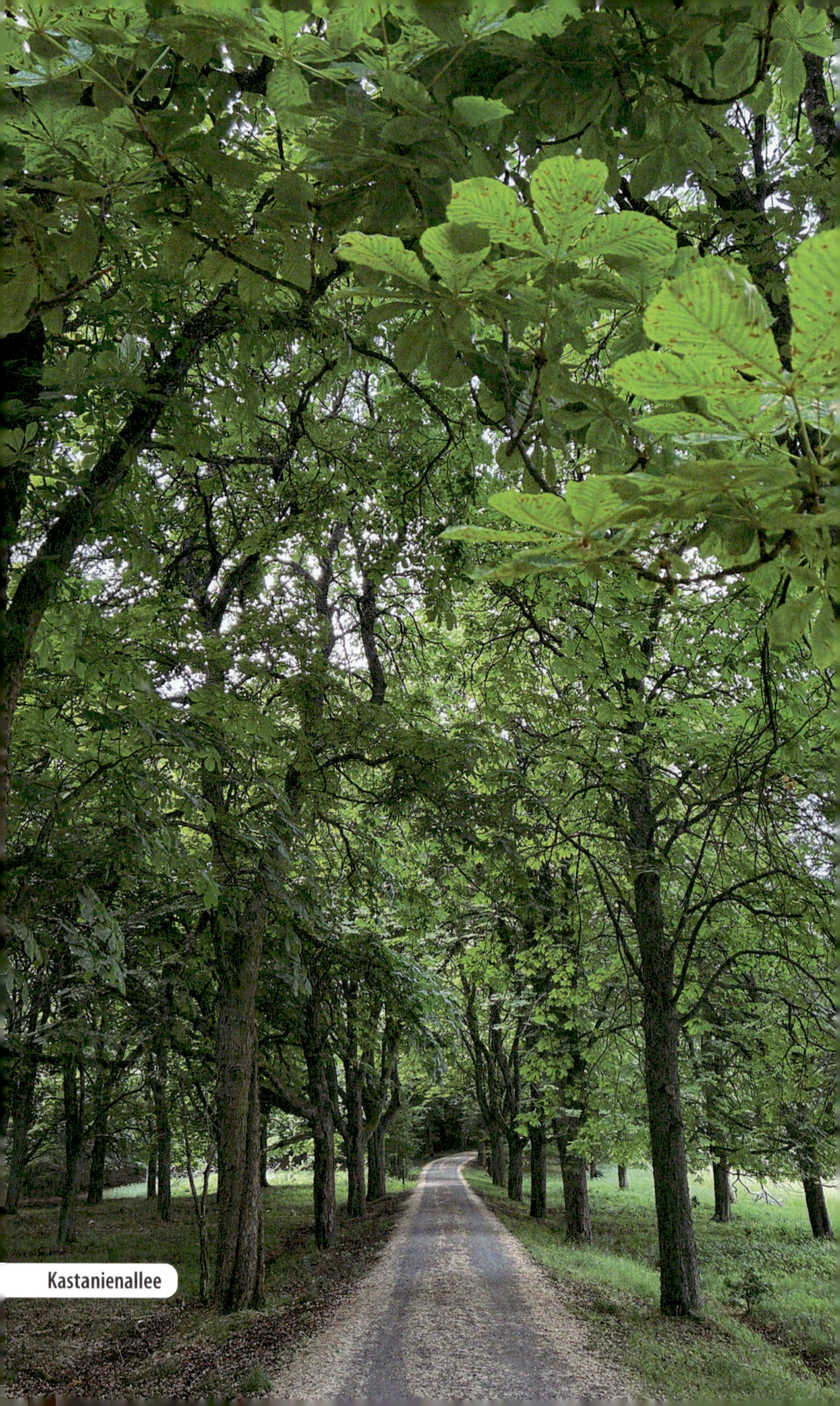

Kastanienallee

Eichen-Buchen-Wald schreiten wir durch eine Nadelwaldpassage, die von Borkenkäferschäden und Sturmbruch gezeichnet ist. Ein schmaler Pfad windet sich durch die entstehende Wildnis. In Totholzstämmen entdecken wir Spechthöhlen, Baumpilze, Flechten und Moose. Stellenweise liegen gefallene Bäume über dem Weg. Wir können sie mühelos überklettern oder schlüpfen unter ihnen hindurch. Freigewordene Flächen sind mit Brombeerhecken überwuchert, im Hochsommer wird dieser Abschnitt zum leckeren Beerenschmaus. Verlässlich leitet uns das **gelbe Eichhörnchen,** wir brauchen nichts weiter zu tun, als dem Pfad zu folgen und die Impressionen im Wald auf uns wirken zu lassen. Wir spüren, wie sich unser Geist beruhigt und wir uns immer mehr im Einklang mit der Natur empfinden. Nach einem herrlichen Wegabschnitt durch lichtoffenen, alten Baumbestand werden wir auf einem **Hohlweg** etwas steiler bergab geführt. Hohlwege, über Jahrhunderte durch Befahren und Begehen entstanden, sind das Ergebnis traditioneller Waldnutzung. Am Ende des Hohlwegs biegen wir rechts ab auf den Fahrradweg Richtung Tannendriesch (0,3 km). Gleich darauf stehen wir vor einem Schilderbaum. Der Wegweiser mit dem Eichhörnchen-Symbol zeigt nach rechts. Hier werden wir später abbiegen, doch zuvor laufen wir geradeaus durch eine Kastanienallee zum **5 Tannendriesch.**

Die ehemalige Wildfütterung ist heute zu einem Infopavillon umfunktioniert, in dem auf Informationstafeln die Geschichte des Orts veranschaulicht wird. Nach einer ausgedehnten Ruhepause laufen wir über die Kastanienallee zurück zum Schilderbaum, wo wir dem gelben Eichhörnchen nach links Richtung Gellershausen folgen. Eine silberne Plakette an einem Holzpfosten macht uns darauf aufmerksam, dass wir nun einen **Altbuchenbestand des UNESCO-Weltnaturerbes** betreten. Einmal mehr staunen wir über die Ästhetik des Buchenwalds, mit seinen schlanken, silbrig-grau

*Am **Tannendriesch** erinnert eine wiederaufgebaute historische Wildfütterung an die ehemalige Weidefläche (alte Bezeichnung: Triesch), auf der damals Kastanienbäume als Futterquelle für das Wild gepflanzt wurden.*

glänzenden Baumsäulen. Ab jetzt geht es nur noch bergab. Nach etwa 700 Metern öffnet sich der Wald und wir haben einen schönen Panoramablick auf die abwechslungsreiche Kulturlandschaft, umrahmt von den sanften Wellen des Buchenwaldmeers. Wir schließen für einen Moment die Augen und lauschen den Geräuschen. Das saftige Wiesengrün tut unserer Seele gut, mit beschwingtem Schritt und einem Lächeln im Gesicht setzen wir unsere Wanderung fort. Waldabschnitte und Lichtungen wechseln sich auf den letzten 2 Kilometern unserer Rundwanderung ab. Das gelbe Eichhörnchen leitet uns dann zuverlässig über Wirtschaftswege zurück zum **Parkplatz an der Heinrichshütte.**

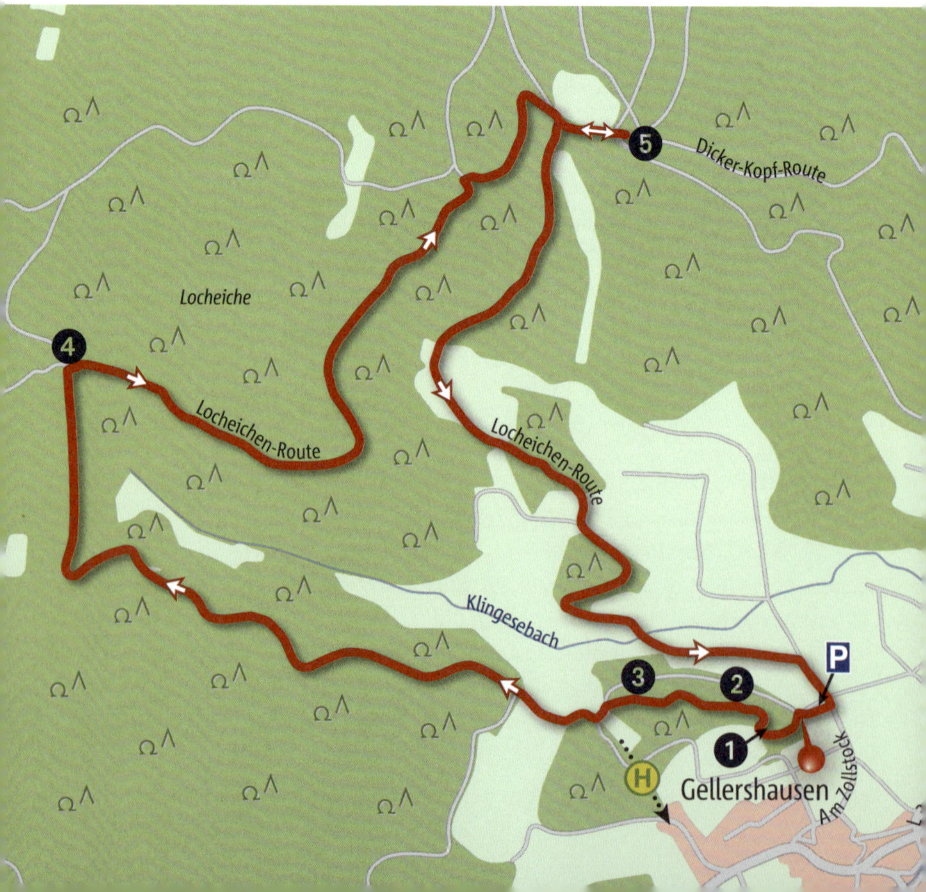

ALLES AUF EINEN BLICK

Entspannung 4/5
Abenteuer 2/5
Vielfalt 3/5

WIE & WANN

Breite und schmale Waldwege, Wiesenwege, befestigte Schotterwege, asphaltierte Wirtschaftswege. Schönste Wanderzeit von April bis Oktober.

HIN & WEG

Auto: Parkplatz am Nationalparkeingang Heinrichshütte, Im Hofe, 34549 Edertal
ÖPNV: Haltestelle Edertal-Gellershausen Försterei

ESSEN & ENTSPANNEN

Bitte an Rucksackverpflegung für unterwegs denken, es gibt schöne Rastmöglichkeiten am Weg.

ENTDECKEN & ERLEBEN

1. **Heinrichshütte**
2. **Hutekuppenlandschaft**
3. **Hutebuche**
4. **Locheiche**
5. **Tannendriesch**

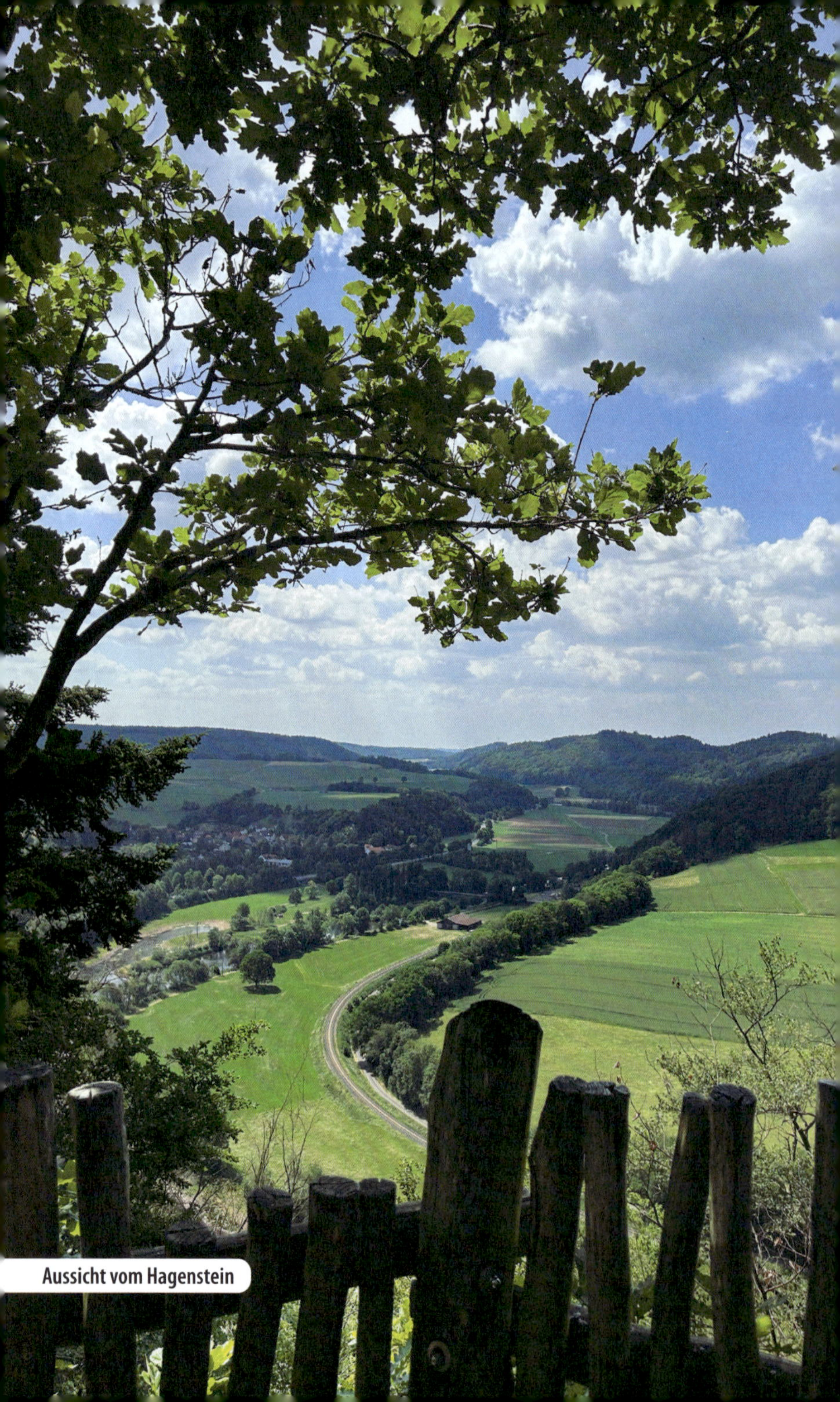

Aussicht vom Hagenstein

Im Buchenmeer

Zum Hagenstein bei Kirchlotheim

Am **NationalparkZentrum Kellerwald** beginnt unsere Rundwanderung durch den von der UNESCO zum Weltnaturerbe geadelten Buchenwald. Wir gehen an der Terrasse des Restaurants vorbei und folgen dem schmalen, leicht ansteigenden Pfad Richtung Hagenstein-Route. Ihre Markierung ist das **Symbol eines Großblütigen Fingerhuts.** Nach wenigen Metern sehen wir eine Gabelung, laufen aber geradeaus an einem Barfußpfad vorbei. Der Pfad endet auf einem breiten Wirtschaftsweg, dem wir nach rechts Richtung Kirchlotheim folgen. Nach etwa 350 Metern erreichen wir das Dorf und werden direkt nach links oben geleitet; durch das Nationalparktor geht es hinauf zur **❶ Grillhütte Kirchlotheim.** Hier beginnt die Hagenstein-Route, die wir entgegen dem Uhrzeigersinn Richtung Schmittlotheim wandern. Bei moderatem Anstieg laufen wir auf einem, mit Steinen durchsetztem Naturweg an einer Pferdekoppel vorbei. Gemütlich grasen Pferde auf der Wiese, beäugen uns neugierig, lassen sich von uns aber nicht in ihrer Ruhe stören. Wenige Gehminuten später betreten wir den Nationalpark, erkennbar am gelben Schild mit der schwarzen Eule, und tauchen in die Atmosphäre des Walds ein.

*Naturschützer in der ehemaligen DDR haben das **Symbol der schwarzen Waldohreule** auf fünfeckigem gelben Grund erfunden. Seit 1950 kennzeichnet es Natur- und Landschaftsschutzgebiete, Naturdenkmäler und Nationalparks.*

Der breite Naturweg geht in einen ansteigenden Waldpfad über. Schon bald kommen wir an eine Gabelung, an der wir uns links **Richtung Wannewiese** halten. Wir befinden uns nun auf dem Zuweg zur Ringelsberg-Route (Markierung gelber Pilz), der über den abenteuerlichen **❷ Brückengrundsteig** erfolgt. Dieser etwa 1 Kilometer lange Steig ist durchgän-

Kilometer: 11,3
Höhenmeter: 420
Stunden: 3–4
RUNDWEG

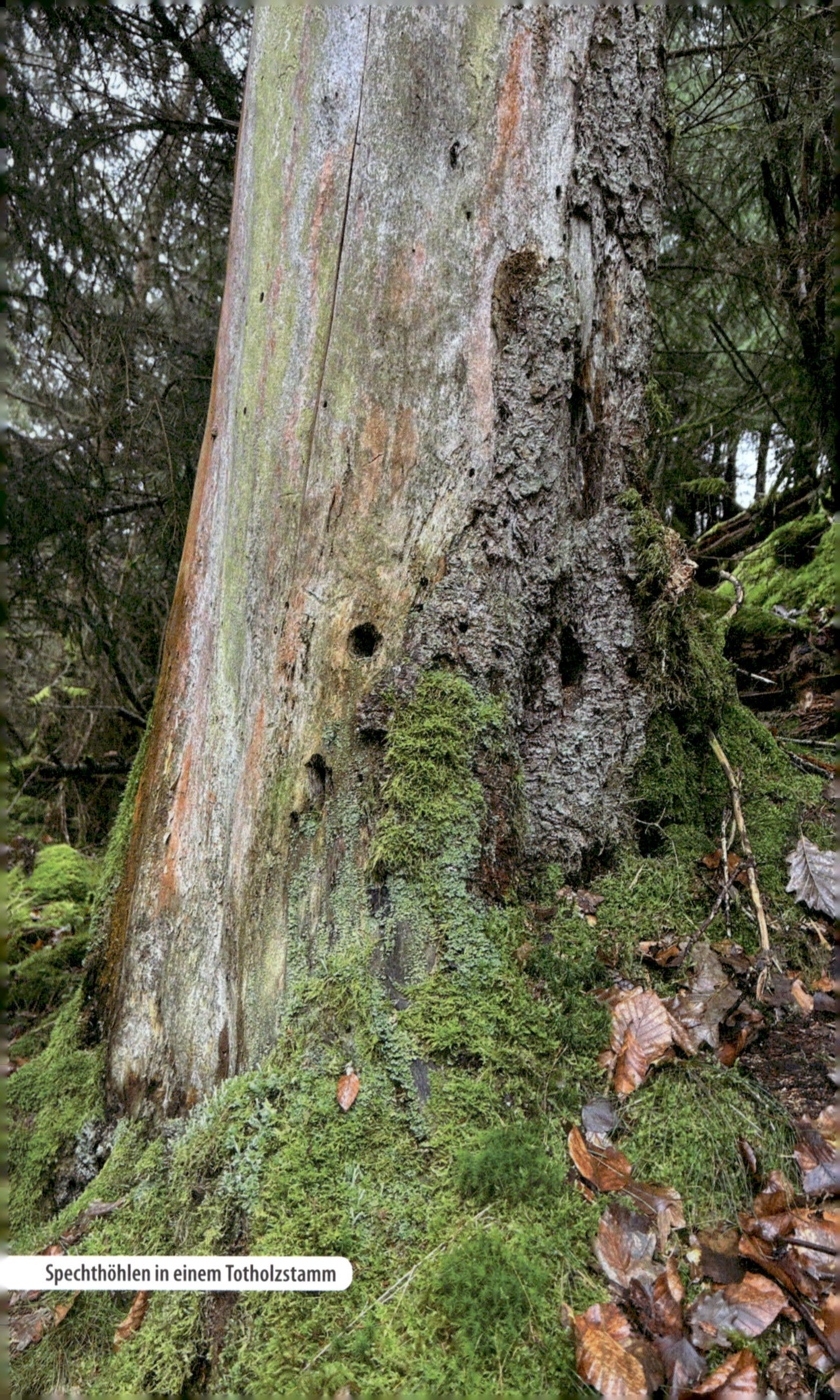

Spechthöhlen in einem Totholzstamm

gig mit dem Symbol eines roten Schuhs gekennzeichnet und führt durch Gebiete, die atemberaubende Einblicke in die entstehende Wildnis erlauben. Doch zunächst geht es steil einen steinigen Berg hinauf, der mit knorrigen Eichen bewachsen ist. Danach wird der Weg wieder etwas flacher und die Natur um uns herum zunehmend wilder. An manchen Stellen liegen Baumstämme quer, bilden für uns aber keine Hindernisse. Dann werden wir steil nach rechts unten gelenkt und passieren eine Windbruchfläche. Auf solchen Flächen im Nationalpark können wir beobachten, welche Entwicklungsphasen Natur durchmacht, bis sie ihr ökologisches Gleichgewicht wiederhergestellt hat. Es folgt eine Passage durch verwunschenen Nadelwald, an deren tiefstem Punkt wir durch ein niedriges Quellgewässer waten. Fasziniert sehen wir uns um, nehmen die natürliche Wildheit wahr und inhalieren die Frische dieses energetischen Kraftorts. In stehenden Totholzstämmen sehen wir etliche Spechthöhlen. Bergan wandern wir nun durch spannende Naturräume, die uns staunen lassen. Am Ende des Steigs durchqueren wir eine letzte große Windbruchfläche. In den Sommermonaten ist der Pfad stellenweise überwuchert und erfordert unsere Achtsamkeit, dafür ist die Orientierung einfach, da nur ein einziger Weg durch diese Wildnis führt. Der Brückengrundsteig endet am ❸ **Rastplatz Wannewiese,** wo wir eine erste Pause einlegen.

Für die Seele

In der wilden Natur des Nationalparks spüren wir die Lebendigkeit und energetische Kraft des Walds.

Ausgeruht und gestärkt setzen wir unsere Wanderung fort und laufen zum Schilderbaum an der Wegkreuzung. Hier wechseln wir geradeaus auf die **Ringelsberg-Route,** die mit dem **Pilzsymbol** markiert ist, Richtung Asel-Süd. Wir kommen an eine Weggabelung, an der wir links auf einen breiten Waldweg abbiegen, weiterhin Richtung Asel-Süd. Fortschreitende Wildnis prägt auch hier den Wald. Wir passieren ein Birkenwäldchen; wie Zahnstocher ragen die mageren

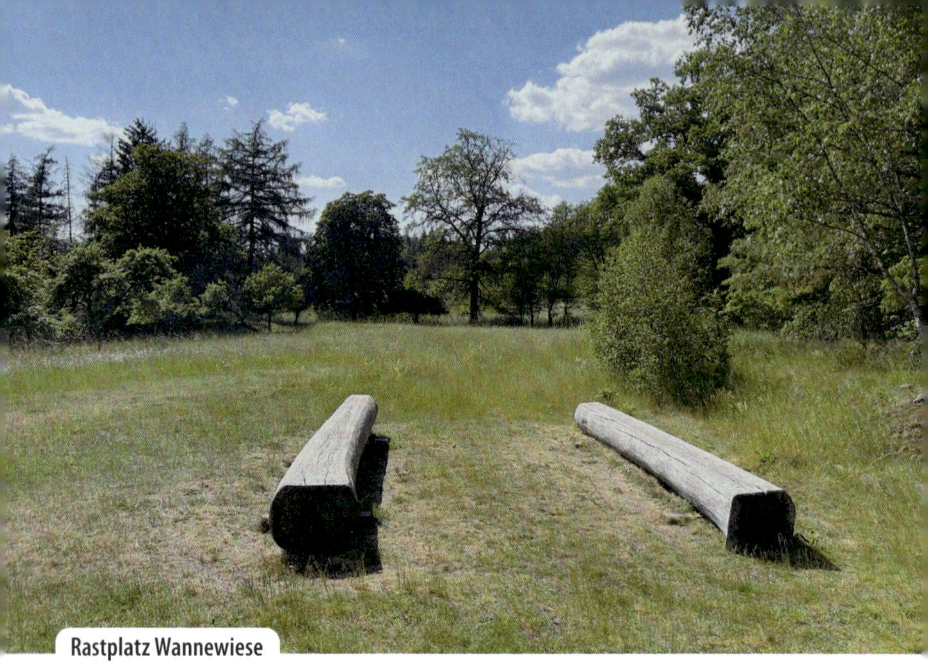

Rastplatz Wannewiese

Die ***Rotbuche (Fagus Sylvatica)*** *gibt es nur in Europa. Nach der Eiszeit hat sie sich aus kleinen Restbeständen ausgebreitet. Dieser Prozess der Wiederbesiedlung durch eine dominante Baumart dauert bis heute an und ist weltweit einzigartig.*

weißen Bäumchen aus dem bemoosten Waldboden. Junge Fichten und Lärchen besiedeln die freigewordenen Flächen und kündigen die neue Waldgeneration an. Rechts am Wegesrand bemerken wir einen Trampelpfad, dem wir hinauf zu den Resten eines 4 **keltischen Hügelgrabs** folgen, das aus der Bronzezeit stammt. Wir bleiben auf dem Pfad, der uns wieder vom Steinhügel hinunterführt und nach rechts zurück auf die **Ringelsberg-Route.** Mittlerweile befinden wir uns im Rotbuchenwald, der zum UNESCO-Weltnaturerbe zählt.

Kurz nachdem wir das Hügelgrab hinter uns gelassen haben, kommen wir an einer **Sickerquelle** vorbei, erkennbar am feuchten, leicht sumpfigen Boden. An diesen Stellen drückt sich Grundwasser durch das Erdreich nach oben. Rings um den Quellbereich wachsen Erlen und Eschen.

Wir kommen an eine Stelle, an der mehrere Baumstämme in Augenhöhe quer liegen. Mühelos können wir unter ihnen durchschlüpfen. Wasserrauschen dringt an unser Ohr. In einer Kurve überqueren wir einen kleinen Gebirgsbach, der zum Hundsbach hinuntersprudelt. Unser Weg verläuft nun ein Stück weit parallel zum Bachverlauf. Fasziniert blicken wir in das tiefe Kerbtal, das über Jahrtausende durch das Fließgewässer in den Berg modelliert wurde. Wenige Minuten später halten wir uns an der Gabelung rechts **(Himmelsbreite kurze Route)** und folgen gemütlich dem Wanderweg, der einen pfadähnlichen Charakter annimmt. Schattige und lichtoffene Waldabschnitte wechseln sich ab, bis wir nach etwa 800 Metern eine Wegscheide erreichen, an der unser schöner Pfad endet. Bevor wir rechts auf den breiten, fein geschotterten **Radweg ER2 Richtung Parkplatz Himmelsbreite** (1,9 km) abbiegen, nutzen wir die zu Sitzgelegenheiten umfunktionierten Baumstämme links von uns für eine erholsame Pause.

Wieder zurück auf dem Weg finden wir uns plötzlich in einer völlig anderen Natur wieder: Fichten, mächtige Weißtannen und vereinzelt ein paar Birken bestimmen das Waldbild. Ohne nennenswerte Steigungen kommen wir an einem Tümpel vorbei, laufen an einer Windbruchfläche entlang und staunen immer wieder über die Baumriesen am Wegesrand. Dann

*Im gesamten Schutzgebiet entspringen über tausend **Sickerquellen** mit Wasser höchster Reinheitsgüte. Ebenso viele Tierarten wurden nachgewiesen, unter anderem der seltene Alpenstrudelwurm und Dunkers Quellschnecke. Beide gelten als Eiszeitrelikte.*

Hügelgrab

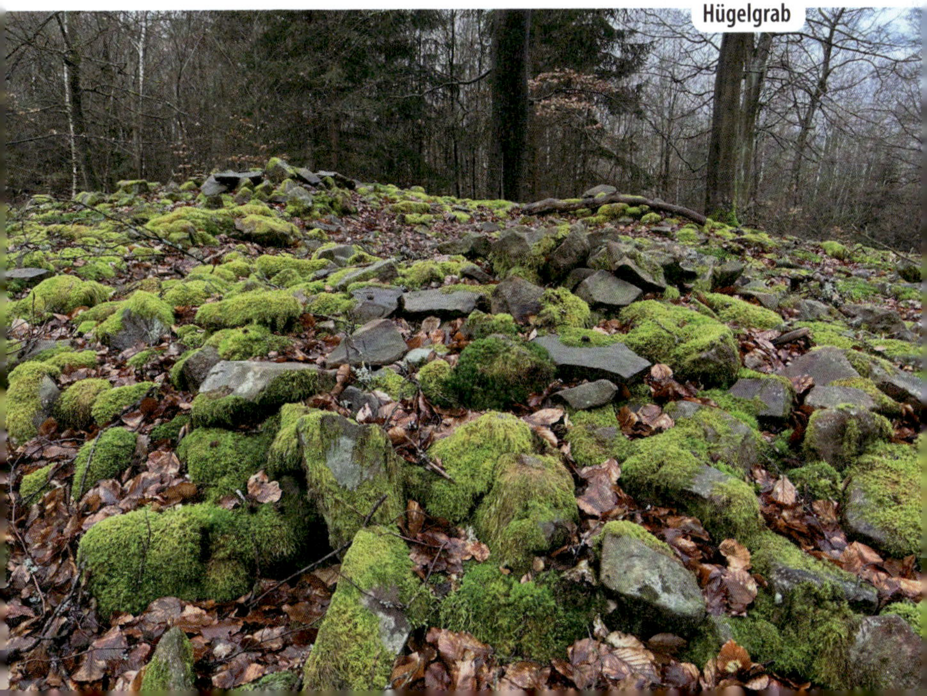

kommt ein Waldabschnitt, der uns völlig verzaubert: Krautiges Moos hängt wie Lametta von den Ästen der ausgemergelten Nadelbäume herab. Es kommt uns so vor, als blickten wir ins Wohnzimmer des Walds. Nach etwa 2,5 Kilometern auf dem barrierefreien Schotterweg, dem wir immer Richtung Parkplatz Himmelsbreite folgen, kommen wir zurück an den Abzweig, den wir bereits vom Beginn der Ringelsberg-Route kennen. Wir gehen geradeaus weiter und kommen zurück zur Kreuzung an der **Wannewiese.** Ab hier begeben wir uns wieder auf die Hagenstein-Route mit dem Fingerhut-Symbol als Markierung, und zwar nach links, Richtung **Hagenstein (1,2 km)** und Schmittlotheim. Entspannt schlendern wir, ohne groß auf den Weg achten zu müssen, am Berghang entlang. Etwas versteckt unter einer großen Kiefer finden wir eine Sitzbank, zu der ein kurzer Trampelpfad führt. An diesem stillen Plätzchen verweilen wir ein wenig, genießen die Aussicht und lassen uns von der Sonne wärmen. Der geröllhaltige Hang vor uns fällt steil ab. Manche Bäume haben skurrile Wuchsformen. Dazwischen stehen Buchen – rundum mit Moos bekleidet – und leuchten im Sonnenschein. Motiviert setzen wir unsere Wanderung fort. Mittlerweile haben wir wieder Waldboden unter den Füßen und erreichen schon nach wenigen Minuten den **❺ Aussichtspunkt Hagenstein,** der auch „Loreley des Edertals" genannt wird. Im Schatten einer Sommerlinde und einer alten Weißtanne finden wir Holzbänke vor. Der ideale Ort für ein ausgedehntes Picknick.

Vom Hagenstein aus folgen wir der Hagenstein-Route **Richtung Nationalparkzentrum** und wandern durch den Buchenwald talwärts. Interessant ist zu sehen, wie die Lebensbedingungen den Baumwuchs verändern. Aus dem kühlen und feuchten Tal ragen die Buchen wie schlanke Säulen empor, auf der steinigen und flachgründigen Bergkuppe hingegen sehen wir niedrig gewachsene Krüppelbuchen, geprägt von einem harten Überlebenskampf an diesem kargen, felsi-

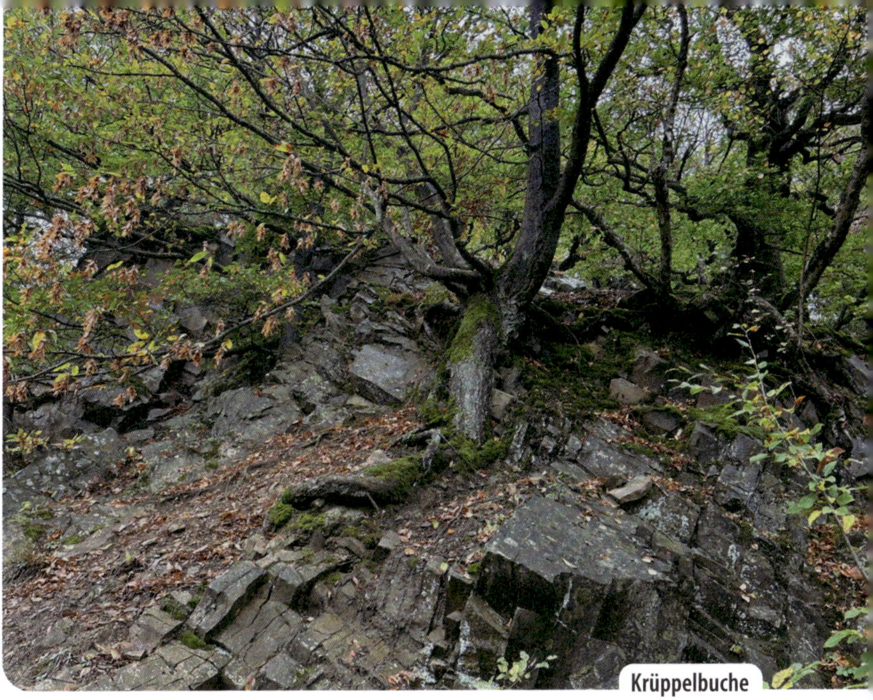

Krüppelbuche

gen Standort. In einer Kurve waten wir durch ein niedriges Fließgewässer, das von entstehender Wildnis umgeben ist. Wo einst Nadelwald stand, haben Stürme eine große Windwurffläche entstehen lassen, auf der wir die natürliche Dynamik der Wiederbewaldung beobachten können. Beschwingt von der Lebendigkeit und Mannigfaltigkeit dieses Waldkomplexes wandern wir weiter talwärts. Zwischendurch entdecken wir majestätische Altbuchen, von denen eine geheimnisvolle Aura ausgeht. Uns präsentiert sich ein bunter Wald aus Buchen, Bergahorn und Eichen. Wir werden an Felsfluren vorbeigeführt, die mit Flechten und Moosen besiedelt sind. Wie Tintenfischarme winden sich die dicken Wurzeln der Bäume über das Gestein und krallen sich im Erdreich fest. Der Wanderweg führt uns wieder hinaus in die Kulturlandschaft und wir marschieren die gleiche Strecke zur **Grillhütte Kirchlotheim** zurück, auf der wir anfangs schon einmal gegangen sind. An der Grillhütte angekommen, halten wir uns rechts und begeben uns auf den leicht ansteigenden Asphaltweg. Wir folgen ihm und marschieren

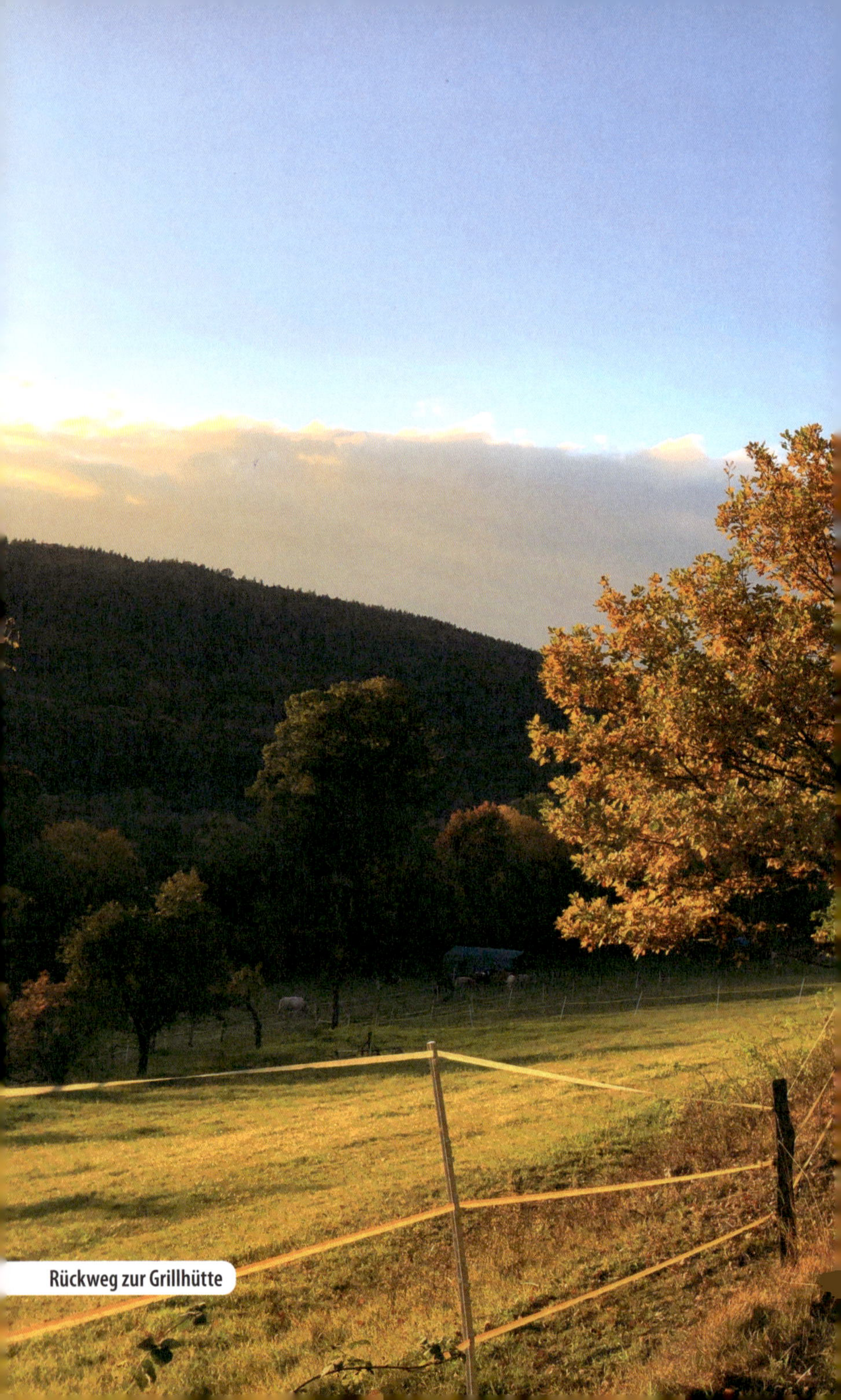

Rückweg zur Grillhütte

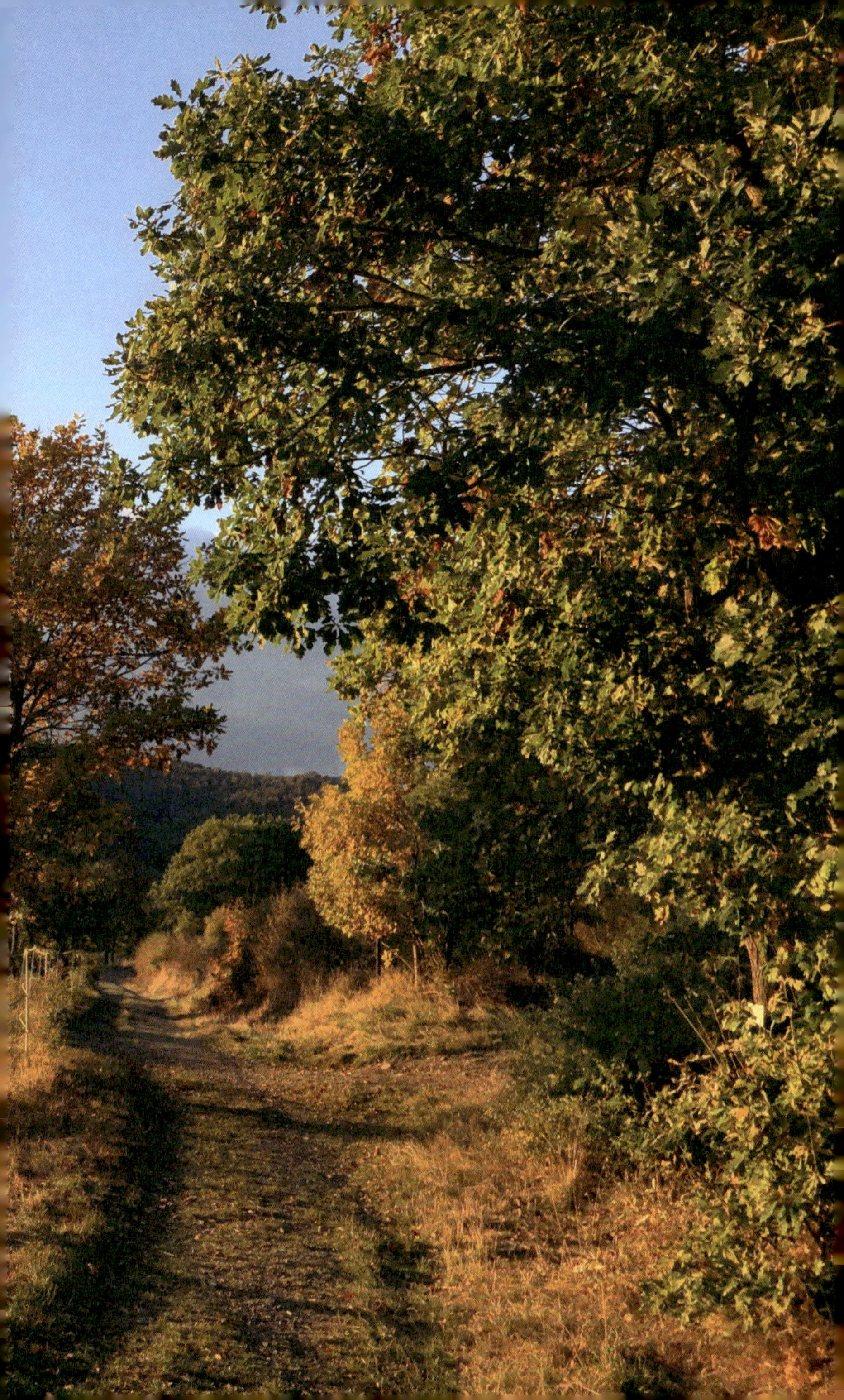

nun parallel zum Weg vom Beginn unserer Wanderung. Bevor der asphaltierte Weg eine Kurve nach rechts macht, biegen wir links auf den **Radweg ER2** ab, dem wir bis kurz vor ein Birkenwäldchen links von uns folgen. Hier sehen wir einen Wegweiser, der uns nach links auf einem schmalen Pfad hinunter zum **6 NationalparkZentrum Kellerwald** führt. Dort informiert eine Dauerausstellung über das Schutzgebiet und seine Besonderheiten. Höhepunkt der Ausstellung ist das 4-D-Sinnekino, das uns Wildnis sinnlich erlebbar macht. Zum Abschluss unseres Wandertags freuen wir uns auf regionale Köstlichkeiten im **7 Gastraum im NationalparkZentrum.**

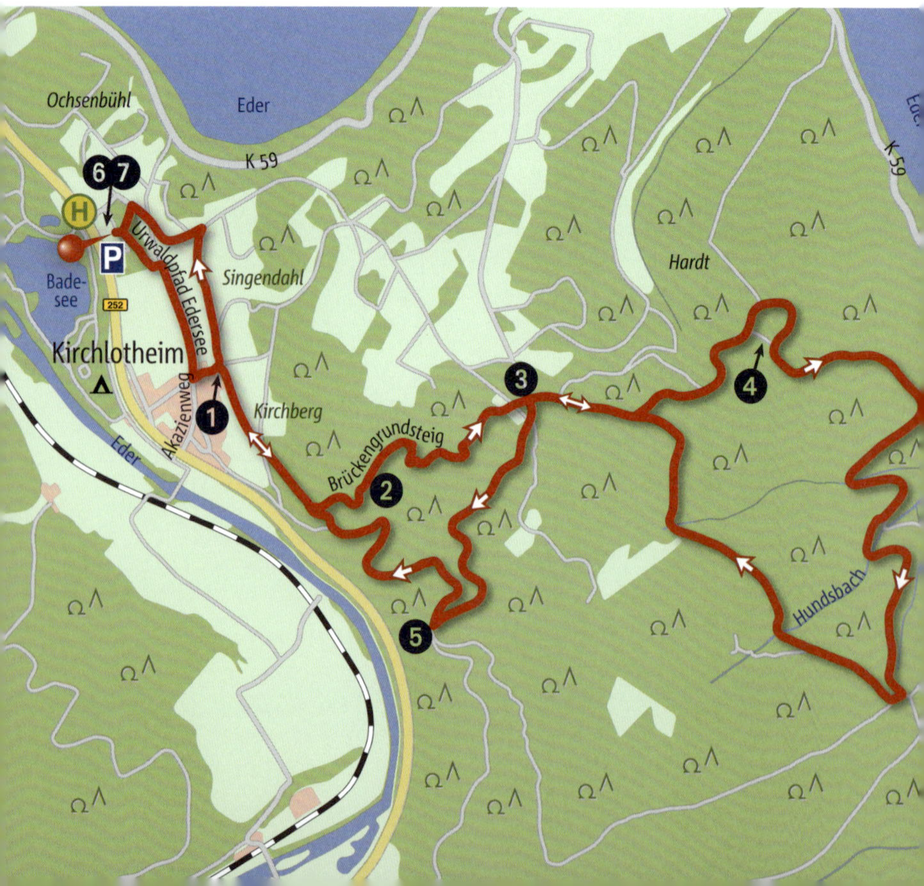

ALLES AUF EINEN BLICK

Entspannung 4/5
Abenteuer 4/5
Vielfalt 4/5

WIE & WANN
Breite und schmale Waldwege, Wiesenwege und Pfade mit Steigcharakter (Brückengrundsteig), geschotterte Radwege (barrierefrei), asphaltierte Wege in Ortsnähe. Beste Wanderzeit von April bis Oktober.

HIN & WEG
Auto: Parkplatz am Nationalparkzentrum, Weg zur Wildnis 1, 34516 Vöhl
ÖPNV: Haltestelle Nationalparkzentrum

ESSEN & ENTSPANNEN
7 **Gastraum im NationalparkZentrum Kellerwald,** Weg zur Wildnis 1, 34516 Vöhl, Tel. (0 56 35) 99 34 57, www.nationalpark-kellerwald-edersee.de

ENTDECKEN & ERLEBEN
1 **Grillhütte Kirchlotheim**
2 **Brückengrundsteig**
3 **Rastplatz Wannewiese**
4 **Keltisches Hügelgrab**
5 **Aussichtspunkt Hagenstein**
6 **NationalparkZentrum Kellerwald**

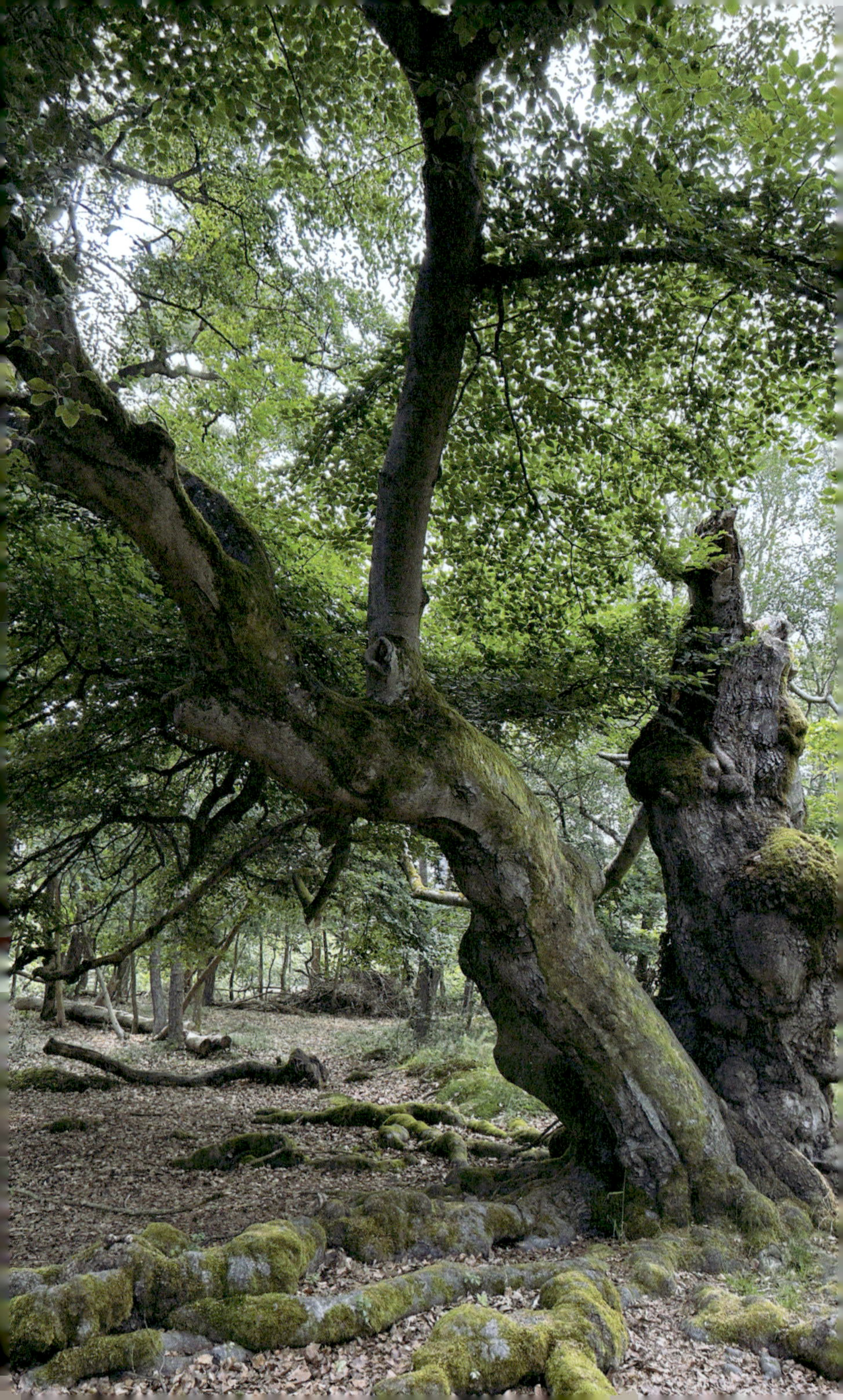

Urige Gesellen

Hutewald Halloh bei Albertshausen

Unsere Rundwanderung zu den knorrigen Gesellen im Hutewald Halloh beginnt am Wanderparkplatz Immelberg. Vom Parkplatz aus begeben wir uns auf den **Kellerwaldsteig** mit der **Markierung weißes K auf rotem Grund** nach links **Richtung Gellershausen.** In leichtem Anstieg erreichen wir nach 600 Metern unseren ersten Wegpunkt, den **❶ Hutewald an Kesting's Hütte.** Er ist eine „herausragende ökologische und kulturhistorische Besonderheit der Waldlandschaft des südlichen Kellerwalds", erfahren wir auf der Schautafel in der Hütte. Das Alter der Hutebuchen in diesem Waldareal liegt zwischen 200 und 300 Jahren. Ab der Hütte geht es auf dem Kellerwaldsteig weiter Richtung Gellershausen und Paradies (2,4 km). Wir folgen dem Wegverlauf in leichtem, kaum spürbarem Anstieg durch einen herrlichen Laubmischwald. Auf den steinigen Hängen wachsen die Bäume teilweise in wilden Verrenkungen, was den widrigen Lebensbedingungen geschuldet ist. An manchen Stellen bedeckt ein grüner Grasteppich den Boden und bietet einen hübschen Farbkontrast, der ein wohliges Gefühl in uns auslöst. Wir kommen zu einer exponierten **Ruhebank,** von der wir einen offenen Blick auf das Dreisbachtal haben. Wie wäre es mit einer Sinnespause?

Das Kellerwaldsteig-Zeichen leitet uns zuverlässig um den Homberg, wir können unsere Gedanken schweifen lassen und die Natur wahrnehmen. Was hören wir? Welche Gerüche nehmen wir wahr? Wir passieren eine **Windwurffläche** mit fortgeschrittener

Kilometer: 10
Höhenmeter: 255
Stunden: 3–4
RUNDWEG

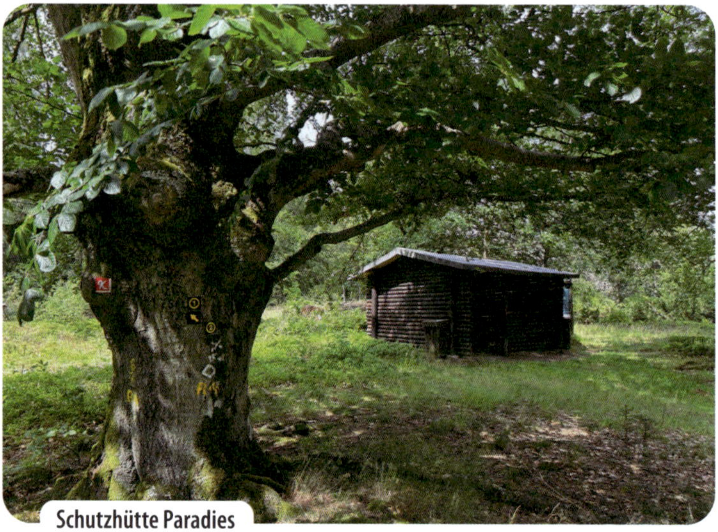

Schutzhütte Paradies

*Das **Naturschutzgebiet Paradies** ist eines der ältesten Schutzgebiete im Landkreis Waldeck-Frankenberg. Insbesondere der Altbaumbestand des ehemaligen Hutewalds mit Buchen, Eichen und Fichten ist von herausragender Bedeutung.*

Verbuschung. In den Sommermonaten können wir köstliche Himbeeren von den Sträuchern naschen. Wenige Gehminuten später kommen wir an eine Weggabelung. Wir wenden uns nach links, folgen dem Kellerwaldsteig Richtung Paradies und erreichen das ❷ **Naturschutzgebiet Paradies** nach etwa 200 Metern. An der Schutzhütte erfahren wir etwas über die Besonderheit dieses Naturraums. Auf einem verwilderten Trampelpfad laufen wir ein paar Meter ins Schutzgebiet und werfen einen Blick ins Paradies. Uralte Birken stehen zwischen ausgemergelten Fichten und alten Hutebäumen. Wacholder und Heidelbeeren haben die Offenflächen großflächig vereinnahmt, Totholz und Baumgerippe lugen aus wildem Gestrüpp – hier darf sich die Natur frei entfalten.

Nach unserem Müßiggang durch den belebend wilden Naturraum setzen wir unsere Wanderung auf dem **Kellerwaldsteig** Richtung Gellershausen fort. Keine 10 Minuten später sehen wir rechts am Wegesrand ein zugewuchertes Naturschutzschild. Davor führt ein kaum zu erkennender Trampelpfad zu einer Holzbank hinauf. Unter einer **Gruppe uralter Buchen** finden wir in völliger Abgeschiedenheit einen **❸ Seelenplatz,** an dem wir uns eine kurze und erholsame Auszeit nehmen. Zurück auf dem Wanderweg kommen wir nach wenigen Gehminuten zur Weggabelung am **❹ Bamberger Eck.** Hier verabschieden wir uns vom Kellerwaldsteig, der nach links abzweigt und laufen geradeaus weiter auf dem **Rundwanderweg Nummer 2** Richtung Spicke (2,2 km). An der nächsten Gabelung halten wir uns rechts und werden nach wenigen Metern gleich wieder nach links auf einen begrünten Waldweg gelenkt. Kurze Zeit später öffnet sich der Wald und schenkt uns einen schönen, offenen Landschaftsblick. Wir laufen talwärts bis zu einer Wegspinne und biegen am Schilderbaum rechts **Richtung Spicke (1,5 km)** ab. Nachdem wir ein schattiges Waldstück durchschritten haben,

Für die Seele

Skurrile Baumwesen beflügeln unsere Fantasie, während wir durch einzigartige Waldlandschaften streifen.

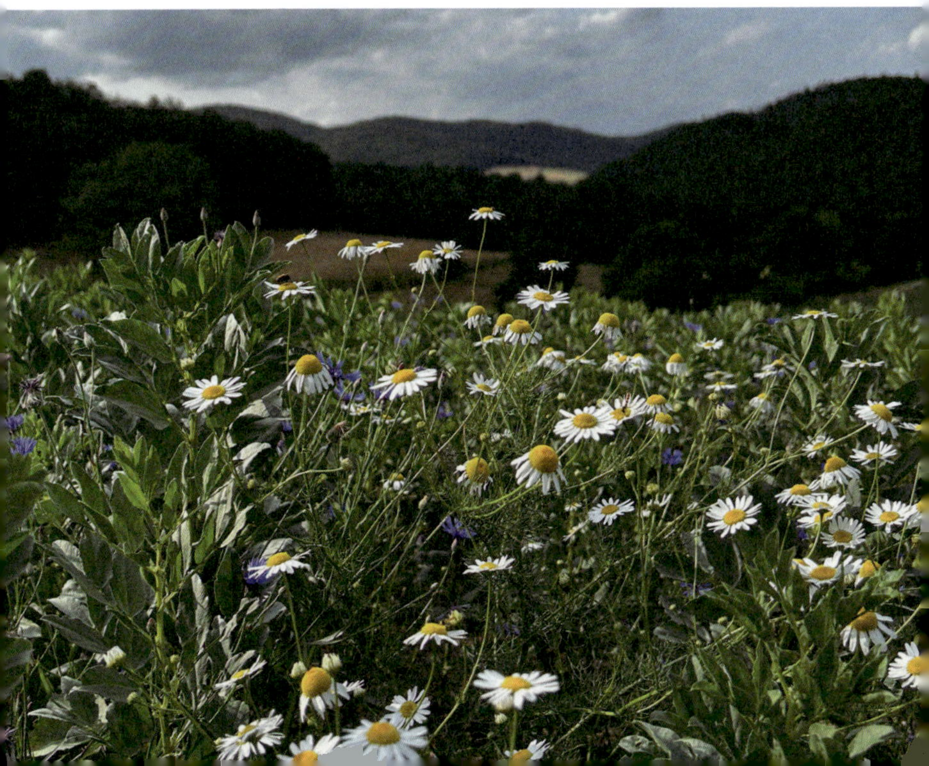

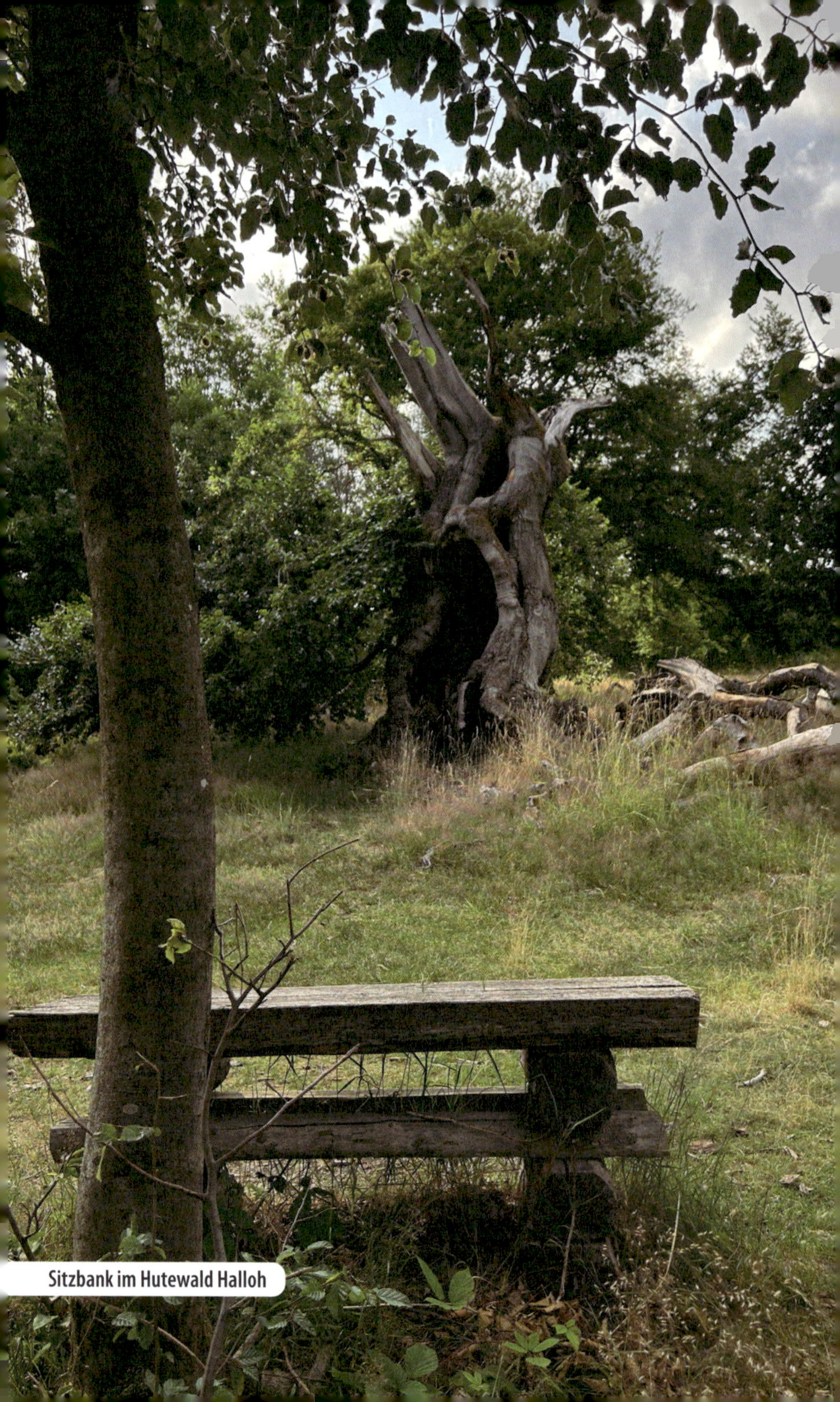

Sitzbank im Hutewald Halloh

laufen wir an einer Bergwiese entlang. Bevor wir Spicke erreichen, bemerken wir rechts am Wegesrand einen Schilderbaum. An dieser Stelle verlassen wir den Rundweg Nummer 2 und begeben uns nach rechts auf den **Premiumwanderweg „Um's Dorf Kleinern"** – Richtung Spicke (2,5 km) – der mit einem **weißen Kirchturm auf rotem Grund** markiert ist. Nun wandern wir auf einem stellenweise stark überwucherten Graspfad, überqueren in einem kurzen Anstieg eine Bergwiese und werden an der folgenden Weggabelung nach links geleitet. Durch schattigen Buchenwald geht es wieder talwärts. Die Wegmarkierung ist lückenlos, somit können wir unseren Fokus auf das abwechslungsreiche Naturbild lenken. Der Grasweg endet auf einem geschotterten Radweg. Hier biegen wir rechts ab und sind wieder auf dem **Rundweg Nummer 2 Richtung Spicke** (1,5 km). Wir folgen dem Weg durch das schöne **Kesselbachtal** in stetem Auf und Ab für etwa 2 Kilometer. Nach einem anstrengenden Anstieg kommen wir an eine Weggabelung mit einem Schilderbaum. An dieser Stelle zweigt der Rundweg Nummer 2 nach rechts ab, wir aber laufen geradeaus weiter **Richtung Albertshausen** (0,5 km). Unser nächstes Ziel ist der Hutewald Halloh. Die Markierungen in Albertshausen sind recht verwirrend. Erschwerend kommt hinzu, dass auf den Wegweisern jegliche Angabe zum Hutewald Halloh fehlt. Kurz bevor wir das Dorf erreichen, halten wir uns an der Kreuzung rechts und gehen an der Häusergrenze entlang. Nachdem wir den Friedhof passiert haben, biegen wir links ab in die Straße **Zum Paradies** und folgen ihr bis zur **Reinhardshäuser Straße.** Auf dieser Straße geht es nach rechts weiter, bis kurz vor das Dorfende. Dort folgen wir einem Abzweig nach links, der hinauf zum Hutewald führt. An einem Straßenschild finden wir nun auch wieder die Markierung Nummer 2. Nach einem etwa 400 Meter langen Anstieg führt uns ein Schotterweg nach rechts direkt in den **⑤ Hutewald Halloh.** Auf eigene Faust erkunden wir das Schutzgebiet mit seinen eigentümlichen Baumgebilden. Vielleicht finden wir ja einen Lieblingsbaum, an dem wir eine Weile pausieren und Energie schöpfen können? Neugierig betasten wir die knorrigen Rinden der seltsamen Baumwesen – allesamt Relikte aus einer längst vergangenen Zeit. An der Schutzhütte verlassen wir den Hutewald nach rechts und folgen dem Weg Nummer 2 **Richtung Hutewald Immelberg** (1,6 km). Zunächst werden wir am Halloh entlanggeführt, danach geht es nach links über das offene Feld. An der folgenden Wegkreuzung halten wir uns rechts, überqueren die Landstraße und gehen hoch bis zum **Parkplatz am Immelberg,** wo unsere abenteuerliche Wanderung begann.

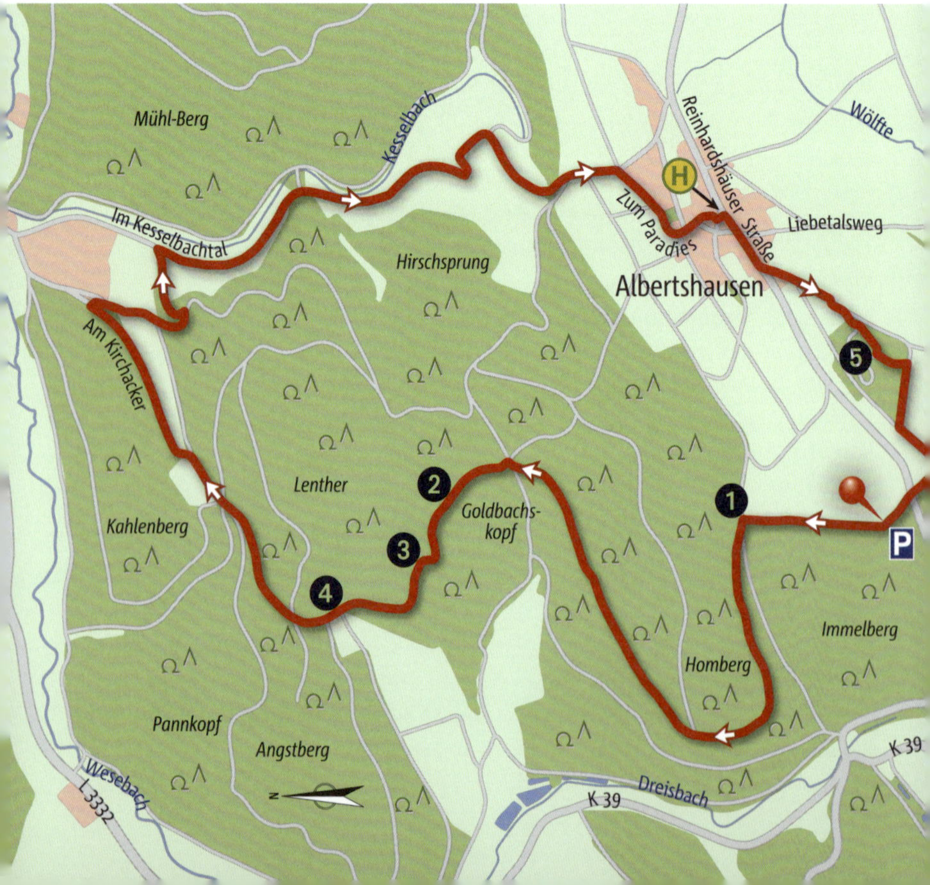

ALLES AUF EINEN BLICK

Entspannung 4/5
Abenteuer 2/5
Vielfalt 3/5

WIE & WANN

Breite und schmale Wald- und Wiesenwege, geschotterte Wald- und Radwege, innerorts asphaltierte Straßen. Ganzjährig schön, besonders zur Wiesenblüte von Mai bis Anfang August.

HIN & WEG

Auto: Wanderparkplatz Immelberg, 34537 Bad Wildungen
ÖPNV: Haltestelle Bad Wildungen-Albertshausen

ESSEN & ENTSPANNEN

Bitte an Rucksackverpflegung für unterwegs denken. Es gibt keine Einkehrmöglichkeit entlang der Strecke, dafür aber schöne Rastmöglichkeiten.

ENTDECKEN & ERLEBEN

1. **Hutewald an Kesting's Hütte**
2. **Naturschutzgebiet Paradies**
3. **Seelenplatz unter uralten Buchen**
4. **Bamberger Eck**
5. **Hutewald Halloh**

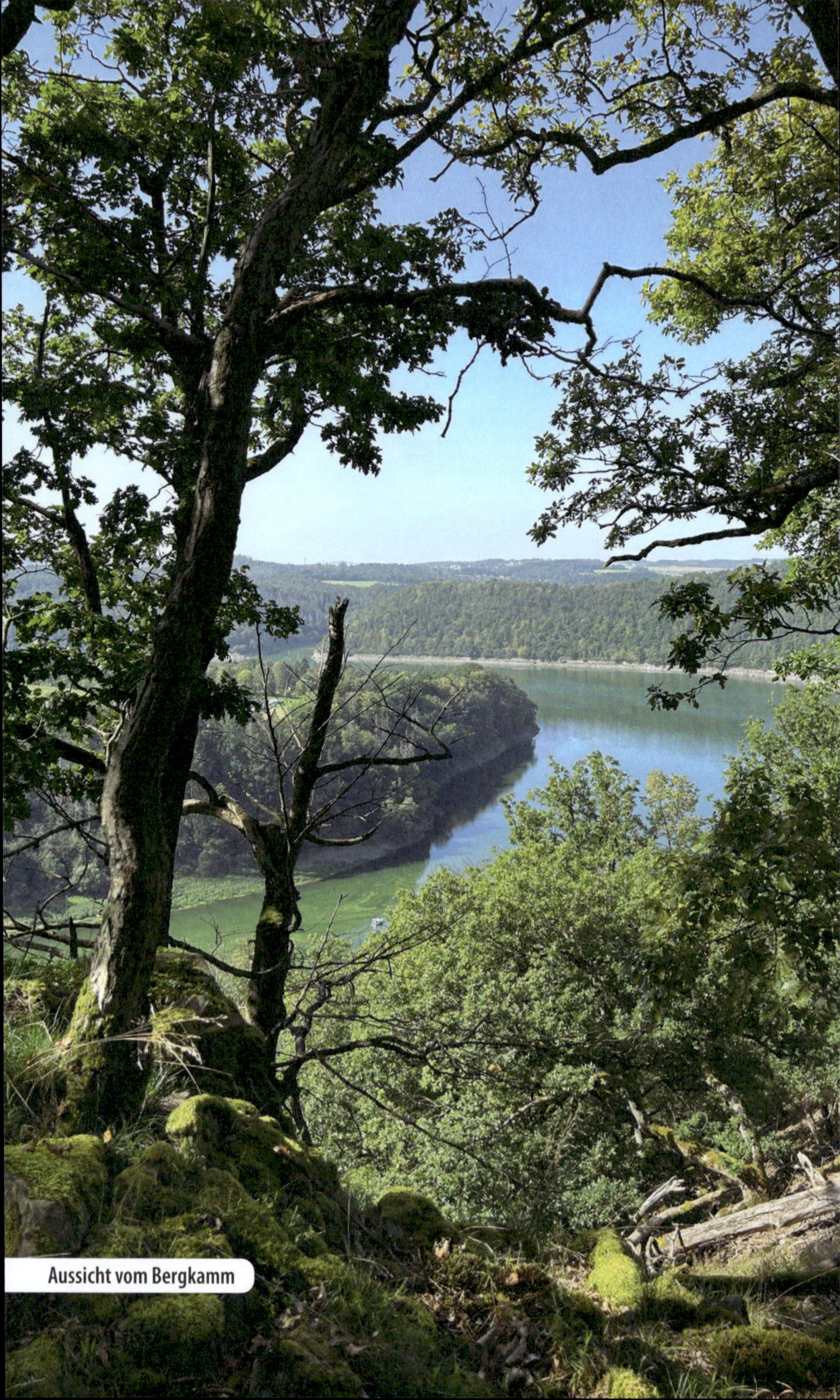

Aussicht vom Bergkamm

Knorreichenwald

Über die Kahle Hardt nach Scheid

Vom Wanderparkplatz aus folgen wir der befestigten Straße ein paar Meter bis wir auf eine geteerte Straße treffen, der wir nach links bis zum nahen Schilderbaum folgen. Fortan orientieren wir uns an der **Lindenberg-Route,** markiert mit einem **blauen Punkt,** die hier nach rechts abzweigt. Zunächst marschieren wir auf einem breiten Schotterweg, der im weiteren Verlauf in einen befestigten Waldweg übergeht. Auf den ersten 2 Kilometern unserer Wanderung kehren wir auf diesem leicht zu laufenden Wegstück dem Alltag Schritt für Schritt den Rücken. Dabei passieren wir eine Windbruchfläche, die 2007 durch den Sturm Kyrill entstanden ist. Ein Gedenkstein erinnert an dieses Naturereignis. Solche Waldflächen sind interessant, da man den Prozess der Wiederbewaldung über Jahre hinweg beobachten kann. Nach 1,4 gewanderten Kilometern kommen wir an eine Weggabelung, an der wir das **gelbe Nationalparkschild** sehen. Hier geht der befestigte Waldweg in einen Schotterweg über. Ihm folgen wir nach rechts und begeben uns in die wilde Natur des Nationalparks Kellerwald-Edersee. Neugierig betrachten wir die vielfältige Natur, durch die wir leicht bergab laufen. Aus dem saftig grünen Mischwald wird nach und nach ein trockenwarmer Traubeneichenwald. In Schleifen wandern wir am steil abfallenden Talhang entlang und erhaschen immer wieder herrliche Blicke auf den Edersee. An einer **❶ Ruhebank mit Seeblick** legen wir unsere erste Pause ein, die freie Sicht auf den fjordähnlichen See ist einfach zu schön. Am felsigen Berghang des Hegekopfs

Kilometer: 14
Höhenmeter: 500
Stunden: 5
RUNDWEG

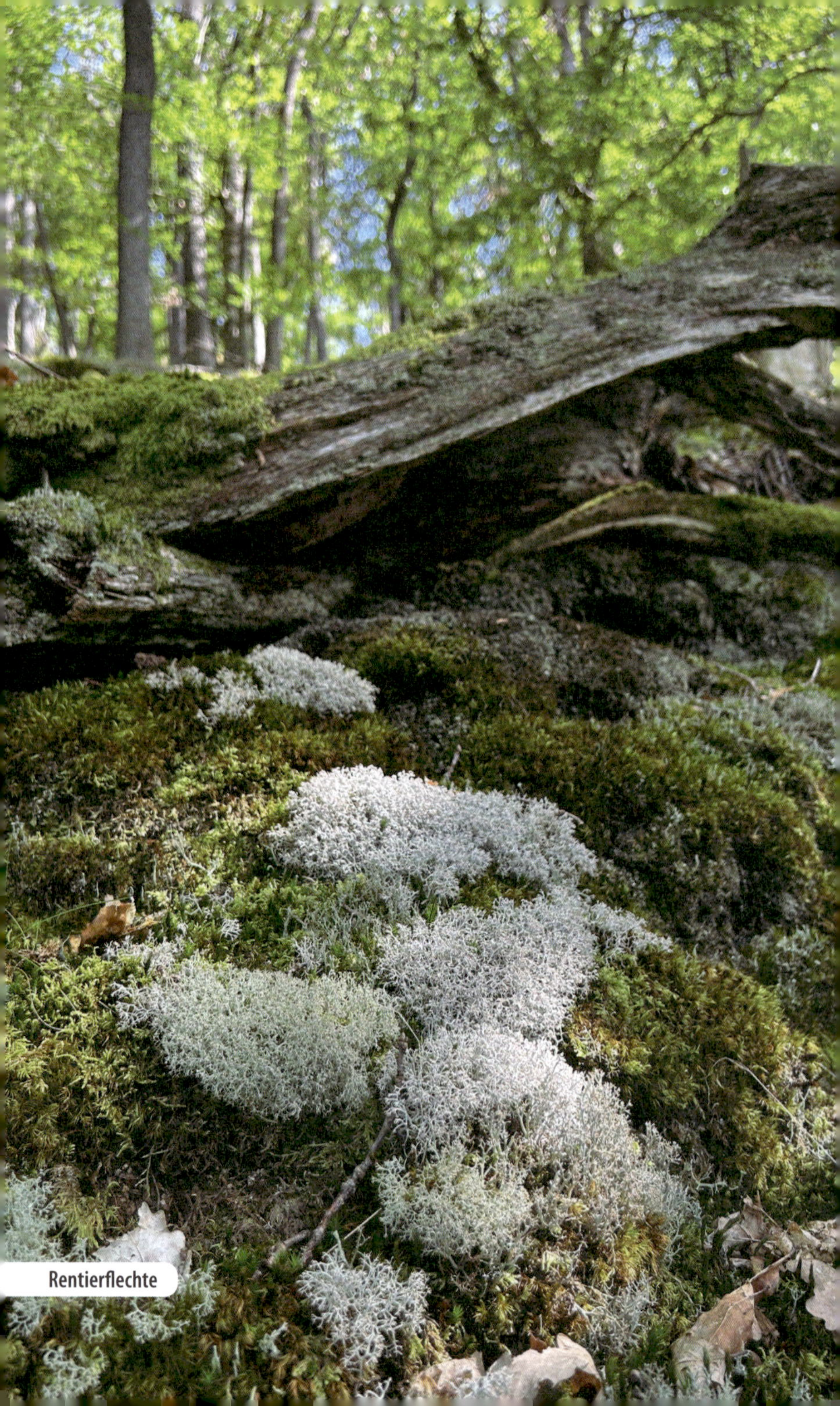
Rentierflechte

hinter uns offenbart sich ein beeindruckender Teil Erdgeschichte. Die schräg liegenden Gesteinsschichten aus Tonschiefer und Grauwacke zeugen von der Entstehung des Mittelgebirges während der sogenannten Variszischen Gebirgsbildung vor etwa 350 Millionen Jahren.

Wir wandern bis zu dem Abzweig mit den Wegweisern, wo wir auf den **Urwaldsteig** treffen. In einer spitzen Kehre folgen wir nun der **Markierung des Urwaldsteigs (weißes UE in blauem Punkt)** nach links, **Richtung Scheid** (9,3 km). Sogleich durchqueren wir eine kühle Bachniederung und werden anschließend auf einem schmalen, weichen Waldweg durch ein herrliches Waldareal geführt. Wir sind verzaubert von der Natur. Aus dem Hang ragen mächtige Felsen heraus. Das Blätterdach hoher Eichen spendet uns Schatten, tief unter uns liegt der Edersee. Nach einer Kurve entfernen wir uns wieder vom See und tauchen in den kühlen und Schatten spendenden Buchenwald ein. Schlanke Baumsäulen ragen in die Höhe. Dann nähern wir uns wieder dem See und spüren sogleich einen Temperaturwechsel: Es wird zunehmend wärmer und steiniger. Der Waldweg geht in einen steigähnlichen Felsenpfad über. Der Hang ist äußerst steil und geröllhaltig. Es handelt sich hierbei um eine ❷ **Blockhalde,** wie sie vermehrt an den Steilhängen des Edersees vorkommen.

Für die Seele

Auf felsigen Steilhängen entdecken wir jahrhundertealte Knorreichen und haben dabei tolle Seeblicke.

*Die **Blockhalden** an den Steilhängen des Edersees entstanden durch Frostsprengung und Erosion während der letzten Eiszeit. An dem trockenen und extremen Temperaturwechseln ausgesetzten Standort können nur spezialisierte Arten existieren.*

Der gesamte Berghang ist mit losem Geröll übersät, ein Paradies für Flechten und Farne. Überall sind Steine mit leuchtend grünen Mooskissen überzogen. Abenteuerlich zieht sich der Steig an der steilen Blockhalde entlang. Buchen und Eichen wachsen in allen möglichen Verrenkungen, manche von ihnen haben bereits ein hohes Alter erreicht und stehen wie Denkmäler am Wegesrand. Am Ende des Pfads erreichen wir eine Weggabelung, an der wir den Urwaldsteig wieder verlassen und nach links der **Markierung blauer Punkt** auf den Bergkamm folgen. Linker Hand befindet

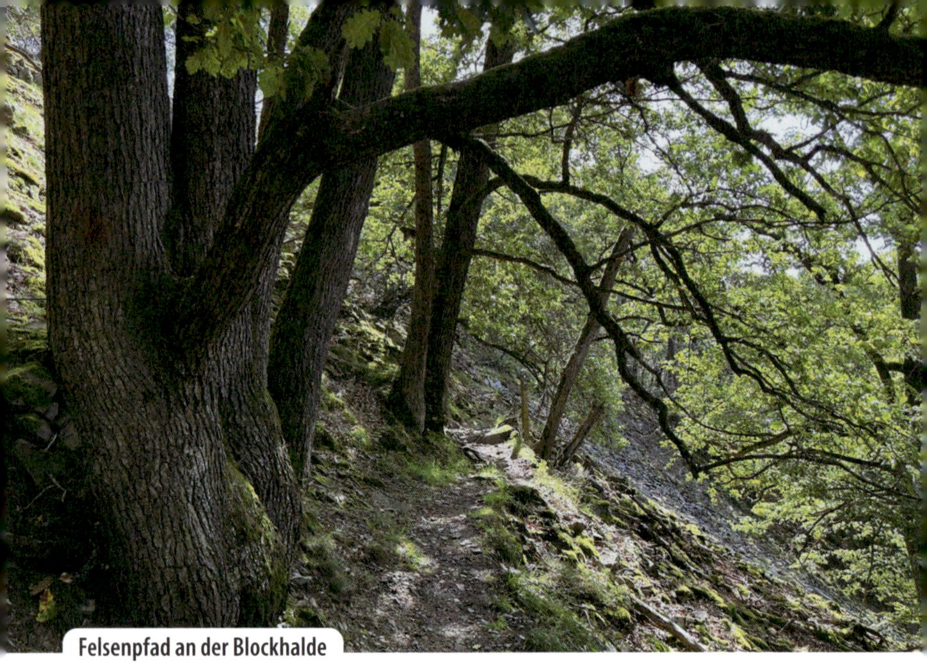

Felsenpfad an der Blockhalde

Auf den Geröllhängen des Lindenbergs und der Kahlen Hardt wachsen hauptsächlich ***Knorreichen*** *(Traubeneichen). Ihre Bestände gehören zu den ursprünglichsten im Nationalparkgebiet.*

sich das historische ❸ **Kulturdenkmal Wallanlage.** Eine Sitzbank lädt zu einer Verschnaufpause ein. Wir laufen an der Wallanlage vorbei und gehen nach links auf den schmalen Trampelpfad. Der breitere Weg rechts daneben ist eine etwas bequemere Alternative. Beide Wege treffen sich nach etwa 400 Metern wieder. Vor uns liegt ein abenteuerlicher Felsenpfad auf dem Lindenberg, der über Steine, Geröll und Felsen auf dem Bergkamm entlangführt, gesäumt von alten Krüppeleichen. An einer Stelle können wir sogar hoch bis zur Felsenspitze kraxeln, um eine noch bessere Sicht zu haben.

Die beiden Wege vereinen sich zu einem breiteren Waldweg. Wir folgen dem blauen Punkt durch herrlichen Buchen-Eichen-Mischwald und kommen zum **Naturschutzgebiet und Bodendenkmal Hünselburg.** Lediglich ein paar Wälle sind noch von der einstigen Befestigungsanlage zu erkennen. In sanftem Auf und Ab gelangen wir nach ungefähr 400 Metern an eine Weggabelung, an der wir scharf nach rechts abbiegen, **Richtung Scheid** (5,3 km). Nun marschieren wir auf einem breiten, teilweise geschotterten Waldweg gemütlich bergab. An der nächsten Gabelung geht es geradeaus weiter und nach etwa 20 Metern rechts auf den **Urwaldsteig, Richtung Scheid und Fürstental Klause** (1,1 km). Es folgt ein steiler Abstieg auf einem weichen Waldpfad. Lose Gesteinsbrocken auf dem Weg erfordern unsere Achtsamkeit. Die letzte Schleife, bevor wir das Ufer des Edersees erreichen, ist mit einem Seil gesichert, das uns als Handlauf dient. Auf dem Uferweg angekommen, werden wir nach links gelenkt und wandern jetzt unter hohen Buchen auf einem herrlichen Waldweg am See entlang. Genüsslich atmen wir den süßlichen Duft des Wassers ein, während unsere Blicke über die spiegelglatte Seeoberfläche gleiten. Mächtige Buchen ragen majestätisch aus dem steinigen Berghang hervor, totes Gehölz liegt verstreut am Boden. Wir sind fasziniert von der entstehenden Wildnis. Beschwingt schlendern wir den Weg entlang und lassen unseren Gedanken freien Lauf. Wir orientieren uns an der Markierung des Urwaldsteigs und gehen an der nächsten Weggabelung geradeaus weiter **Richtung Fürstental Klause.** In leichtem Anstieg erreichen wir den nächsten Schilderbaum, an dem wir nach rechts einen Abstecher zur ❹ **Fürstental Klause**

__Totholz__ unterstützt die natürliche Entwicklung naturnahen Walds. Speziell das Totholz sehr alter Bäume ist wichtig für sogenannte Urwaldreliktarten, die auf urwaldtypische Strukturen naturnaher Wälder angewiesen sind.

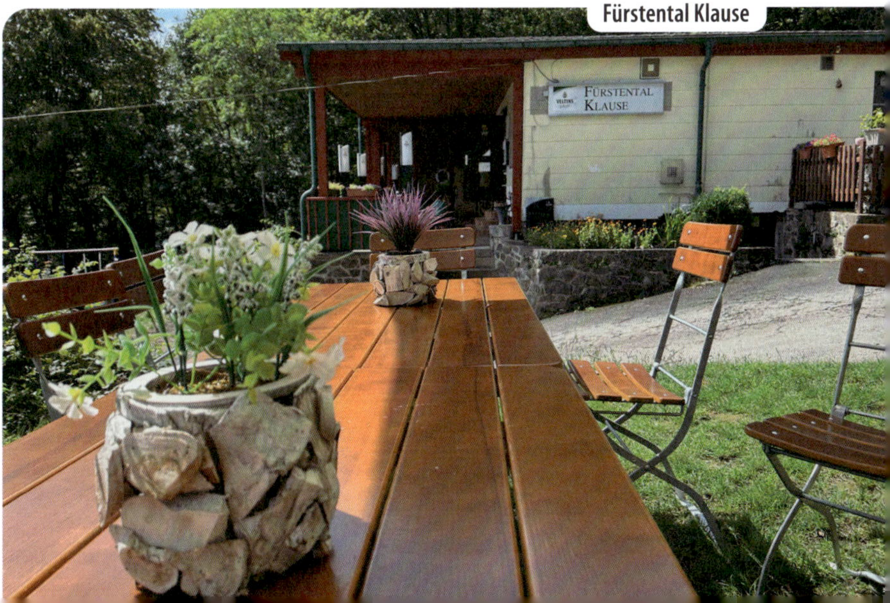

Fürstental Klause

machen, um uns für die bevorstehenden Aufstiege zu stärken.

Mit neuer Kraft und Energie laufen wir zurück zum Schilderbaum und folgen dem **Urwaldsteig Richtung Scheid** (4,1 km). In einer Kurve werden wir leicht bergauf an einem riesigen Totholzstamm vorbeigeführt. Etwa 1,5 Kilometer wandern wir auf dem Urwaldsteig durch urwüchsigen Buchenwald, bis zu einer geteerten Straße, der wir wenige Meter nach rechts folgen, bevor wir wieder nach links zurück auf den Urwaldsteig Richtung Scheid (2,6 km) gelotst werden. Riesige, zerfurchte Altbuchen wachsen teilweise wie Korkenzieher in die Höhe, dazwischen schimmern die glatten Baumstämme der silbrig-grauen Jungbuchen. Unsere geschärften Sinne nehmen die besondere Atmosphäre dieses Waldabschnitts wahr. In einer Kurve fällt uns ein dicker Totholzstamm auf, der im Herbst von einem seltenen Pilz bewohnt wird: dem Ästigen Stachelbart.

*Auf dem Felsensporn **Kahle Hardt** wächst Deutschlands ältester Traubeneichenwald, einer der ältesten Waldbestände Mitteleuropas. Manche Bäume sind mindestens 700 Jahre alt. An dem unzugänglichen Steilhang konnte sich eine naturbelassene Vegetation bilden.*

Bevor der Urwaldpfad auf einen breiteren Waldweg mündet, geht es erst einmal steil den Berg hinab. Für die letzten 10 Meter dient uns ein gespanntes Seil als Abstiegshilfe. Auf einem breiten Waldweg geht es dann links auf dem Urwaldsteig weiter Richtung Scheid. Wir nähern uns erneut den Steilhängen und sehen die charakteristischen Felsfluren und Blockhalden mit ihrer unvergleichlichen Vegetation. Fast senkrecht fällt der Hang zum Edersee hin ab. Am Wegesrand finden wir eine Sitzbank und sind am **5 Aussichtspunkt Kahle Hardt** angekommen. Nichts spricht gegen ein kurzes Päuschen, also nehmen wir Platz und lassen unseren Tagträumen freien Lauf.

Weich und federnd ist der Waldboden unter unseren Füßen. Vereinzelt ragen riesige Wurzelungetüme aus dem Berghang. Fasziniert betrachten wir die wundersamen Baumgebilde, die sich in den felsigen Hang krallen. Bei genauerer Betrachtung können wir an manchen Bäumen erkennen, dass sie ihre Äste in die Erde abgesenkt haben und an anderer Stelle als „neu-

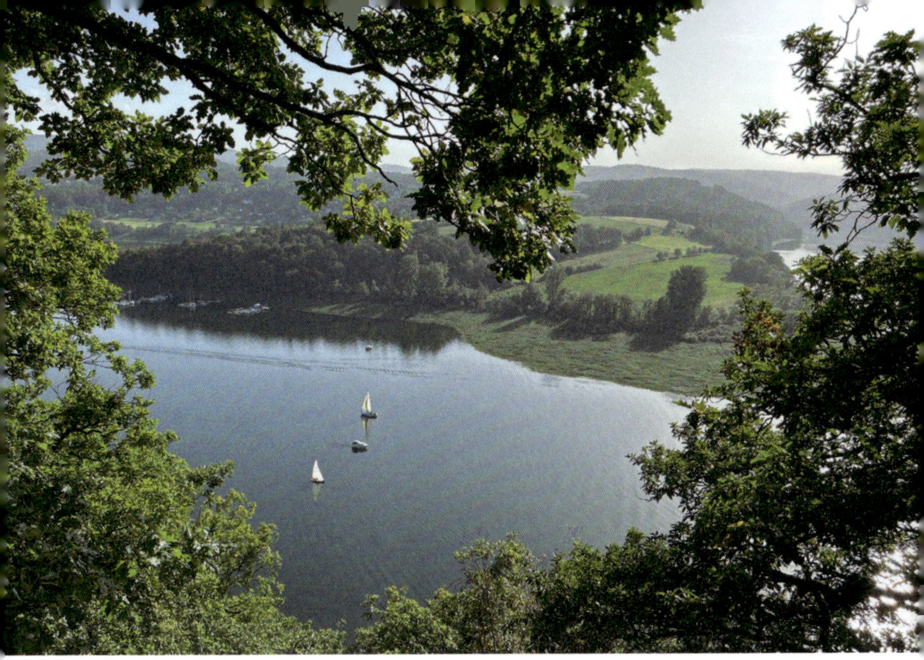

en“ Baum aus der Erde herauswachsen lassen. Unterwegs klärt uns eine Informationstafel über das **Naturschutzgebiet Kahle Hardt** auf.

Zu den bemerkenswerten Entdeckungen auf den Geröllhängen der Kahlen Hardt zählen neben der Pfingstnelke mehrere Käferarten, die als Urwaldrelikte angesehen werden, darunter der Veilchenblaue Wurzelhalsschnellkäfer. Hoch über dem Ufer des Edersees wandern wir durch eine **Kernfläche Naturschutz.** Solche Flächen dienen dem Artenschutz und werden dort ausgewiesen, wo Arten von der natürlichen Dynamik der Urwälder von morgen profitieren. Völlig entspannt lassen wir uns von der Markierung des Urwaldsteigs hinunter nach Scheid führen. Bevor wir dort ankommen, halten wir uns links, **Richtung Nieder-Werbe** (5,7 km). In einem weiten Bogen geht es steil den Berg hinauf bis zu einem eingezäunten Häuschen. Hier verabschieden wir uns vom Urwaldsteig und folgen dem blauen Punkt nach links, **Richtung Schöne Aussicht** (1,3 km). Etwa 1,4 Kilometer wandern wir nun auf dem weichen Waldweg bergauf, bis wir auf einem Plateau die ❻ **Schöne Aussicht** erreichen. Ein atemberaubendes Edersee-Panorama belohnt uns für die Mühen des Aufstiegs. Wir lassen uns auf einem der quer liegenden Baumstämme nieder und blicken mit einem zufriedenen Lächeln über den Edersee hinweg auf das sanft gewellte Buchenmeer. Nach einer wohltuenden Entspannungsphase begeben wir uns zurück auf den Pfad und gehen den letzten Kilometer unserer Wanderung an. Nach etwa 400 Metern sehen wir linker Hand die Straße, die wir vorhin schon einmal überquert haben. Rechts verläuft ein schmaler Pfad, auf dem wir ein Stück laufen, bevor er auf die Straße mündet. Wir folgen der Straße nach rechts zum **Parkplatz Trappenhardt,** den wir nach 600 Metern schließlich erreichen.

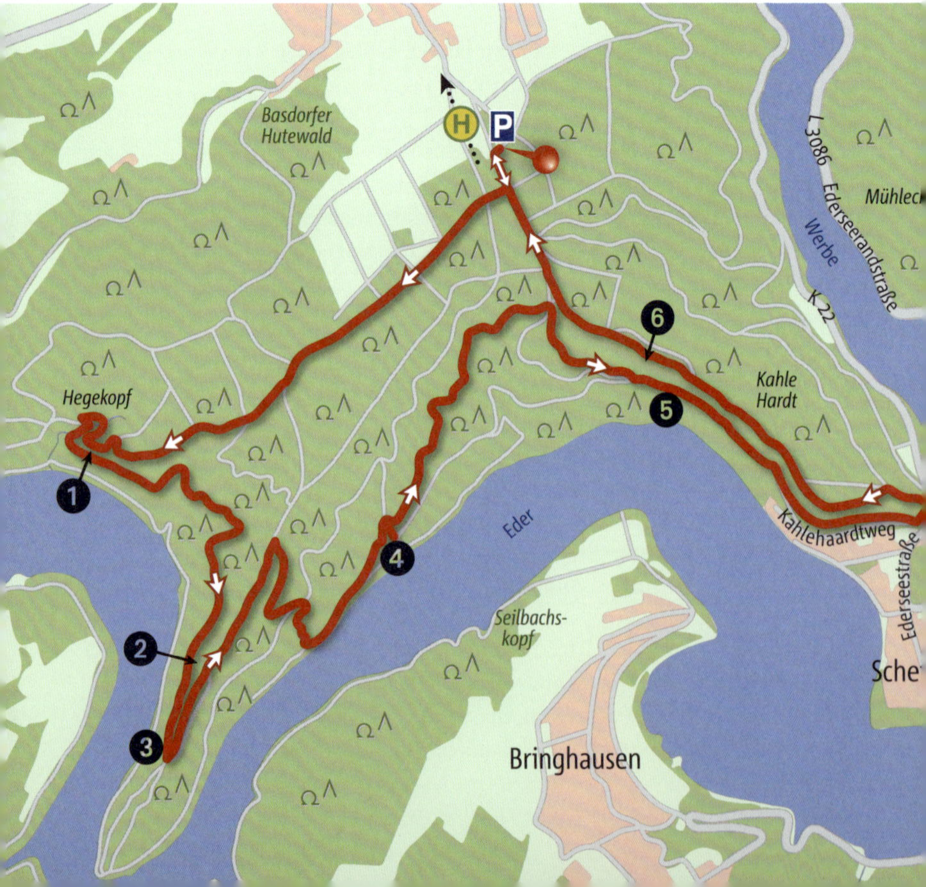

ALLES AUF EINEN BLICK

Entspannung 4/5
Abenteuer 5/5
Vielfalt 4/5

WIE & WANN

Waldwege und schmale Pfade, teilweise mit Steigcharakter, streckenweise Schotterwege, asphaltierte Wirtschaftswege in Ortsnähe. Beste Wanderzeit von April bis Oktober.

HIN & WEG

Auto: Wanderparkplatz am Sportplatz Vöhl-Basdorf, Brunnenstraße 30, 34516 Vöhl
ÖPNV: Haltestelle Basdorf

ESSEN & ENTSPANNEN

4 **Fürstental Klause,** DKV Campingplatz Fürstental, 34516 Vöhl-Basdorf, www.dkv-campingplatz-edersee.de

ENTDECKEN & ERLEBEN

1 **Ruhebank mit Seeblick**
2 **Blockhalde**
3 **Kulturdenkmal Wallanlage**
5 **Aussichtspunkt Kahle Hardt**
6 **Schöne Aussicht**

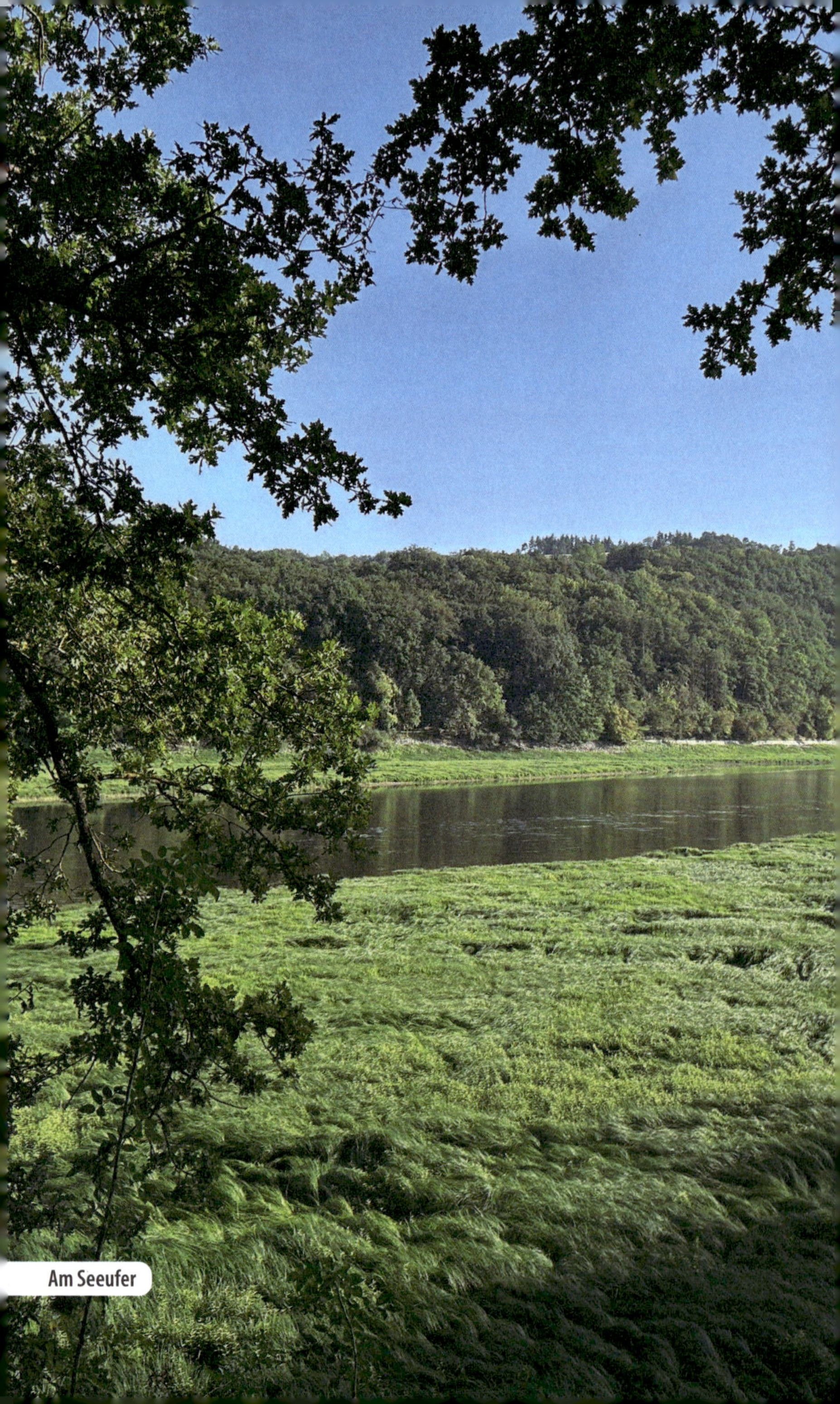

Am Seeufer

Berg und Tal

Über den Hochstein zum Edersee

Unsere Wanderung beginnt am Wanderparkplatz an der Grillhütte Herzhausen. Wir folgen zunächst dem geteerten Radweg, der am Ederufer entlangführt, bis wir nach 400 Metern an eine Abzweigung kommen. Fortan wandern wir auf dem **Urwaldsteig Richtung Asel,** markiert mit einem **weißen UE in blauem Punkt.** Auf einem Naturweg geht es nach links bergan, an einem schönen Wiesenstreifen entlang, bis zu einer Kurve, an der ein Stichweg nach rechts zur **❶ Gedenkstätte Polenkreuz** abzweigt. Unter hohen Fichten finden wir dort eine Sitzbank, auf der wir einen Moment innehalten. Wieder zurück auf dem Hauptweg werden wir an Ackerflächen entlanggeführt. Erneut kommen wir an eine Kurve, an der eine Informationstafel steht. Hier sehen wir unsere Wegmarkierung und begeben uns auf den schmalen Graspfad, der uns am Waldrand entlangleitet. Wenige Minuten später werden wir auf einen Trampelpfad nach rechts in den Wald gelotst. In engen Serpentinen wandern wir steil bergab Richtung Seeufer. Am Ende des Pfads treffen wir wieder auf den Uferradweg, dem wir nach links bis zur Weggabelung am Bachlauf folgen. Hier verlassen wir kurzzeitig den Urwaldsteig und begeben uns auf den unmarkierten Waldweg, der parallel zum Bach links den Berg hinaufführt. An dieser Stelle betreten wir Nationalparkgebiet. Wir folgen dem Wegverlauf links um eine Kurve und überqueren dabei den Bach. Die Steigung wird etwas moderater, links unter uns hören wir das beruhigende Rauschen des Wassers, das über Jahrtausende eine tiefe

Kilometer: 10,5
Höhenmeter: 315
Stunden: 3
RUNDWEG

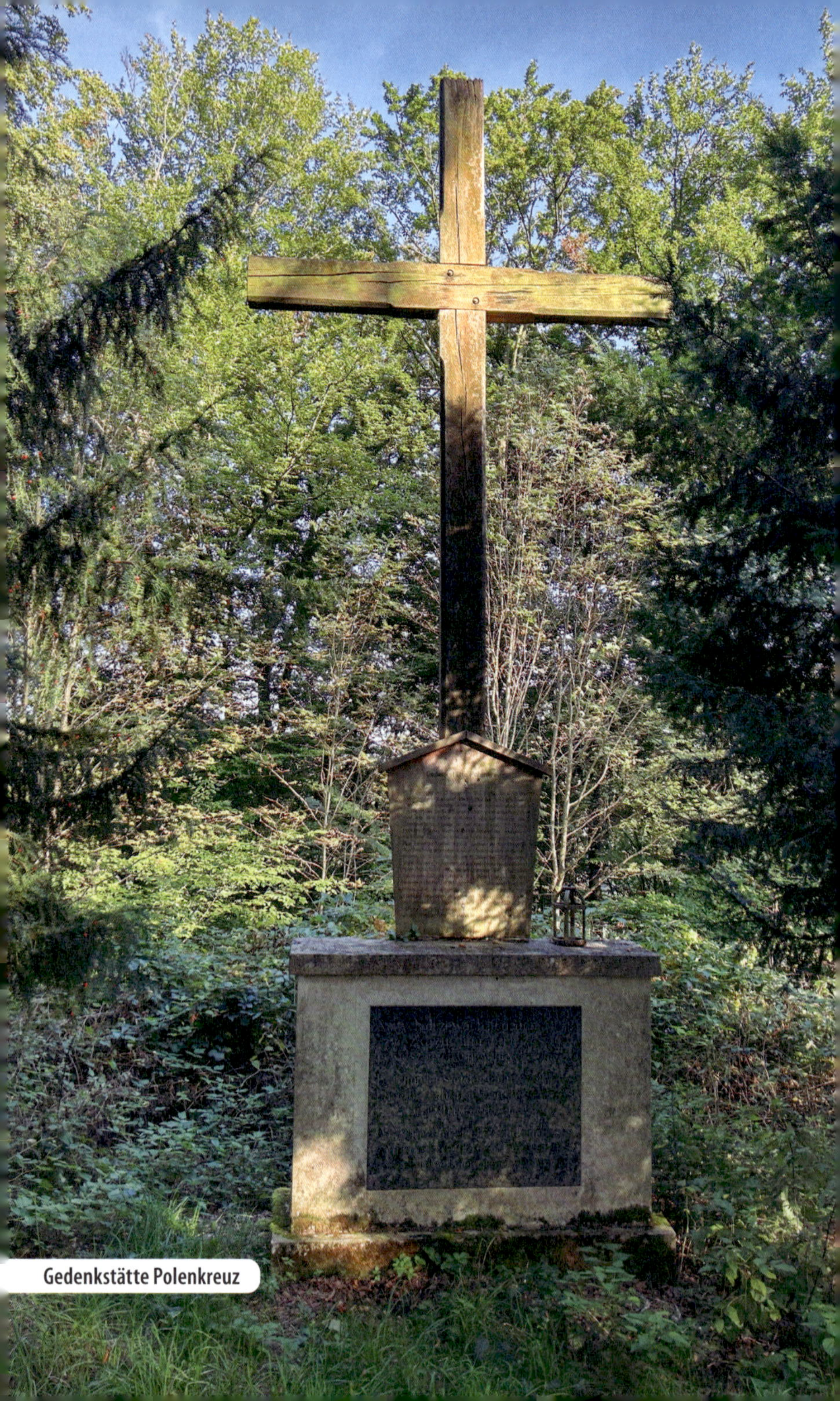

Gedenkstätte Polenkreuz

Kerbe in den Berg geschnitten hat. Etwa nach 1 Kilometer kommen wir an eine Weggabelung, an der wir in einer spitzen Kehre nach rechts abbiegen, **Richtung Ehrenburg.** Jetzt befinden wir uns wieder auf einem markierten Weg und folgen dem blauen Punkt, bis wir zur grünen Informationstafel **Ruine Ehrenburg** auf einem Erdhügel kommen. Zwei Pfeile darüber signalisieren einen Rundweg, der um die Reste der Burg herumführt. Wir folgen dem Rundweg rechtsherum auf einem teilweise überwucherten Trampelpfad, bis wir einen **2 Aussichtspunkt** auf dem Vorsprung des **Ehrenbergs** erreichen. Von hier haben wir einen traumhaften Blick über den Edersee. Unter Buchen und Eichen sitzen wir im Schatten und genießen das süße Nichtstun.

Für die Seele

Wir erleben den Edersee aus verschiedenen Perspektiven und kommen an seinem Ufer zur Ruhe.

Mit dem Blick auf den See gerichtet laufen wir linksherum wieder zurück zur grünen Informationstafel und wandern rechts auf dem Hauptweg weiter. Vom blauen Punkt lassen wir uns mit immer neuen Eindrücken durch abwechslungsreiche Waldabschnitte leiten. Wir achten nur auf die Geräusche und Düfte der Natur und spüren, wie uns Leichtigkeit erfüllt. In einer Kurve finden wir eine weitere Sitzbank, von der aus wir einen verstohlenen Blick auf den Edersee erhaschen. Nach

*Es wird angenommen, dass die **Ehrenburg** in den Franken-Sachsen-Kriegen im 8. Jahrhundert erbaut wurde. Erhalten sind außer Gräben und Wällen die Mauerreste eines rechteckigen Turms und die ringförmige Mauer des Bergfrieds.*

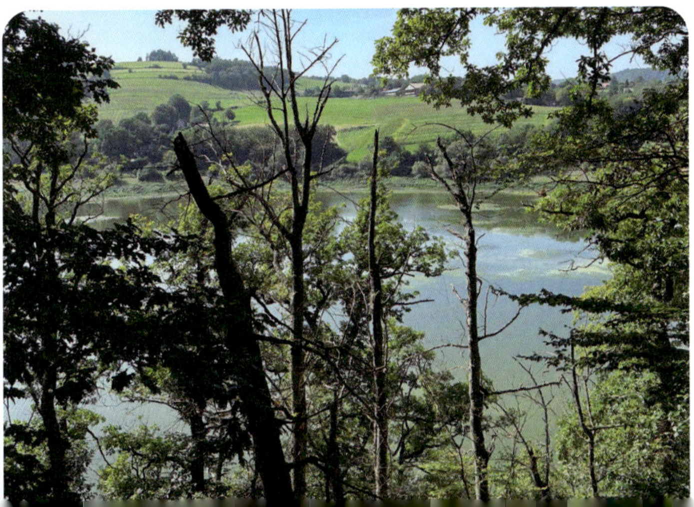

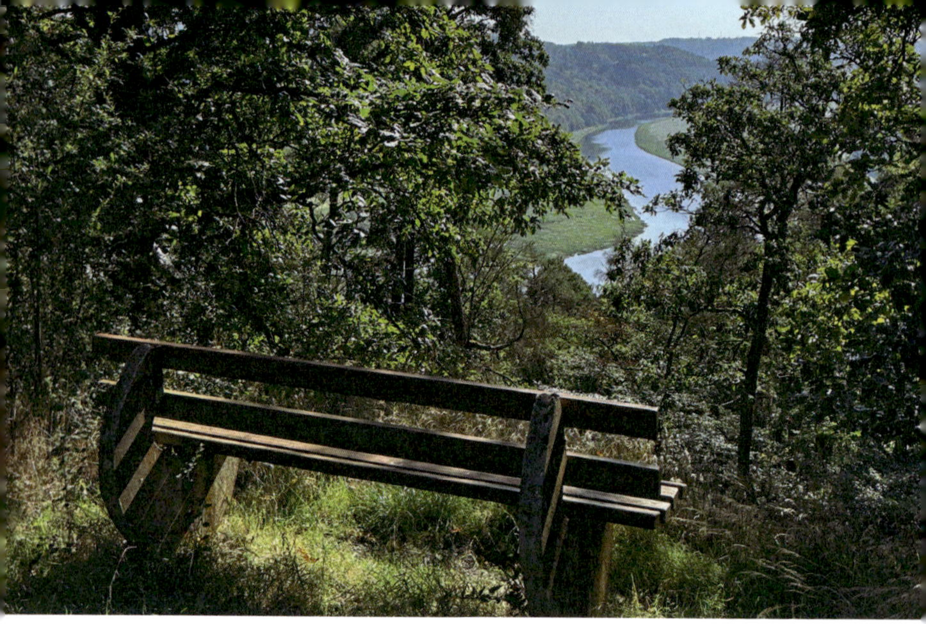

etwa 1,5 Kilometern mündet unser Weg auf einen breiten, befestigten Schotterweg, auf dem wir nach rechts zum Wanderparkplatz am Hochstein gelangen.

Wir laufen am gelben **Nationalparkschild** mit der schwarzen Eule vorbei und biegen nach ca. 20 Metern rechts auf den schmalen **Trampelpfad** ab, der zwar ein wenig zugewuchert, aber mit dem blauen Punkt markiert ist. Etwas versteckt an einem Baumstamm sehen wir die Markierung und einen weißen Pfeil, der uns die Richtung weist. Zuerst wandern wir durch eine wildromantische Natur, dann öffnet sich nach einer Biegung der Wald und wir können auf die gegenüberliegenden Erhebungen blicken. Der Berghang wird zunehmend steiniger und schroffer. Wir nähern uns wieder dem Edersee mit seinen markanten Steilhängen.

Nach einer Biegung sehen wir die glitzernde Wasseroberfläche des Edersees zwischen den Bäumen hindurchblitzen und freuen uns über eine Sinnespause auf einer **3 Sitzbank am Wegesrand.** Knorreichen und Buchen sind hier die Hauptakteure, mit ihrem ausladenden Wurzelwerk krallen sie sich am steinigen Berghang fest. Wenn der Wind durch die Blätter streicht, dringt ein leises Säuseln an unser Ohr – beruhigend und entspannend. Der Weg entfernt sich wieder vom See und führt uns durch herrliche, abwechslungsreiche Waldabschnitte. Lediglich die Geräusche der Natur sind zu hören. Wir passieren eine Wiederbewaldungsfläche, naschen Brombeeren am Wegesrand und spüren, wie wir uns mehr und mehr entspannen. Der Waldpfad endet an einem breiten Schotterweg. Wir folgen ihm ca. 200 Meter nach rechts, lassen den Abzweig nach links außer Acht und wechseln gleich darauf nach rechts auf den Grasweg. Es folgt ein weiterer Abschnitt durch unterschiedlich wilde und abwechslungsreiche Waldkomplexe. Etwa 1 Kilometer wandern wir bergab, bis wir an eine Wegscheide kommen, an der wir einen Schilderbaum erblicken. Ab hier wandern wir wieder auf dem **Urwaldsteig** und halten uns **Richtung Herzhausen** (3,7 km). In einer spitzen Kehre werden wir nach rechts gelotst und wandern vom Bachgrund auf den Edersee zu. Belebende Kühle umgibt uns. Nach ungefähr 10 Minuten erreichen wir einen angenehm zu laufenden Waldweg oberhalb des Edersees und erfreuen uns an den schönen Aussichten auf das Wasser. Etwas mehr als 1 Kilometer schlendern wir gemütlich auf dem Urwaldsteig bis zur Wegscheide am **Haus der**

*An den felsigen **Steilhängen** erreicht die Buche die Grenze ihrer Wuchskraft und Standorttoleranz. Urige Buchen-Naturwaldreste mit bizarren Baumgestalten, Eichen-Trockenwälder, Block- und Schluchtwälder prägen das Bild.*

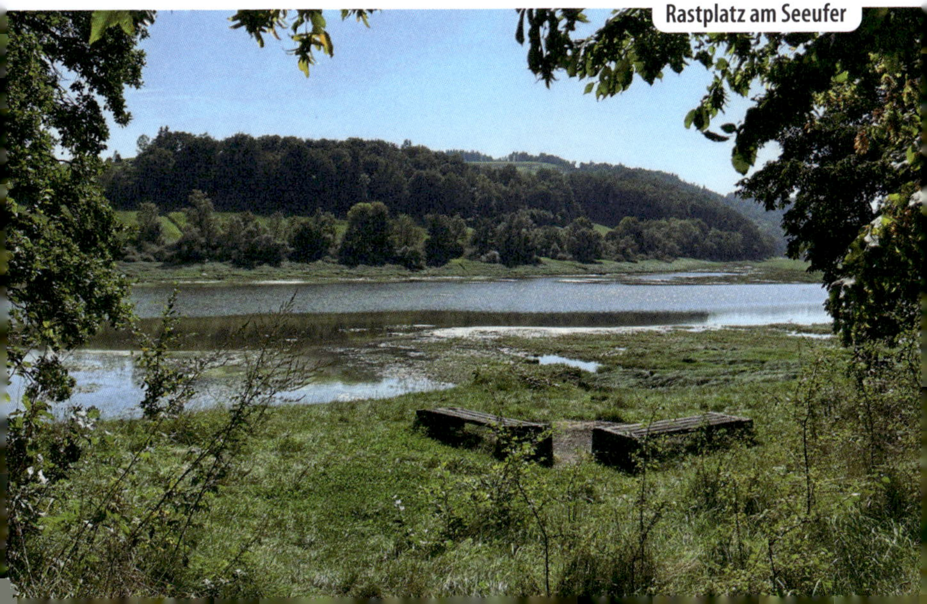

Rastplatz am Seeufer

Sportjugend. Links von uns entdecken wir einen traumhaften ❹ **Rastplatz am Seeufer.** Hier legen wir eine größere Pause ein, beobachten Wasservögel und lassen unsere Blicke über den See schweifen. Wenn im Herbst das Wasser im Edersee immer weniger wird, entsteht ein wahres Feuerwerk an Farben. Auf den Verlandungsflächen wächst nämlich Blutweiderich. Zu Beginn blüht er lila, dann, nach dem ersten Frost, färben sich seine Blätter blutrot. Gefüllt mit schönen Erlebnissen und positiven Gedanken machen wir uns auf die letzten Kilometer unserer Wanderung und gehen entspannt auf dem asphaltierten Radweg am Seeufer entlang, zurück zum Wanderparkplatz **Richtung Herzhausen.**

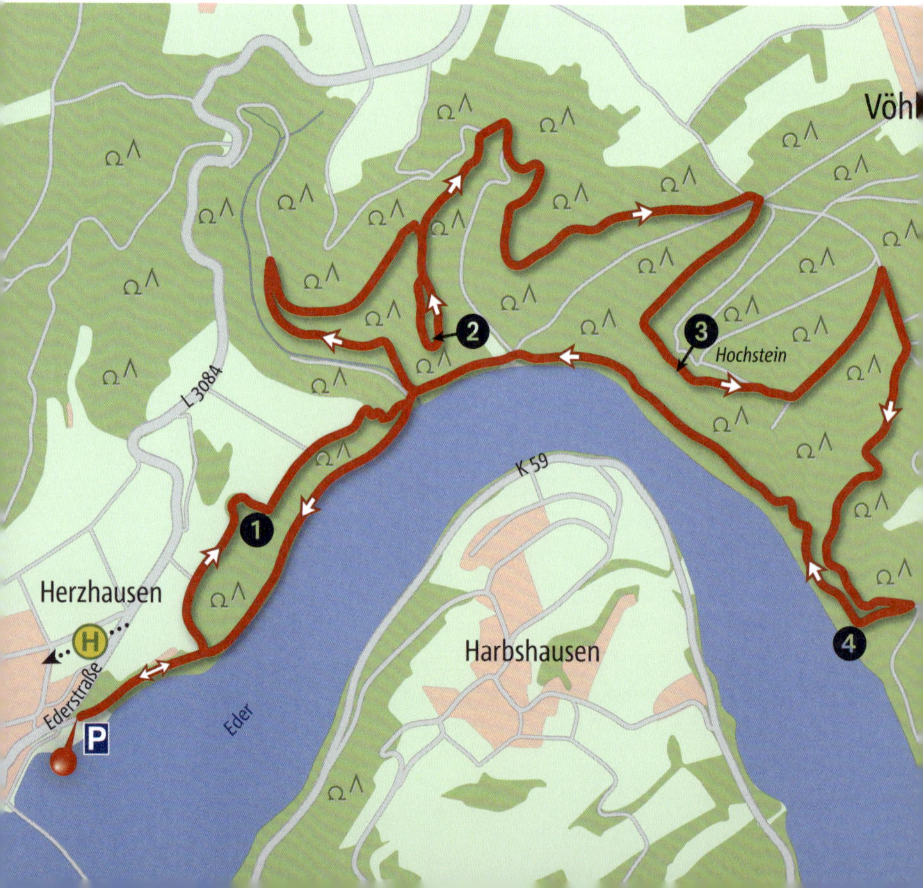

ALLES AUF EINEN BLICK

Entspannung 4/5
Abenteuer 2/5
Vielfalt 4/5

WIE & WANN

Weiche Wald- und Wiesenwege, schmale Pfade, Schotterwege und asphaltierte Radwege am Seeufer. Ganzjährig schön.

HIN & WEG

Auto: Parkplatz am Ederseeradweg (an der Grillhütte Herzhausen), 34516 Vöhl-Herzhausen
ÖPNV: Haltestelle Vöhl-Herzhausen Promenade

ESSEN & ENTSPANNEN

Bitte an Rucksackverpflegung für unterwegs denken, es gibt schöne Rastmöglichkeiten am Weg. Mehrere Gastronomiebetriebe und Einkaufsmöglichkeiten in Herzhausen.

ENTDECKEN & ERLEBEN

1. **Gedenkstätte Polenkreuz**
2. **Aussichtspunkt auf dem Ehrenberg**
3. **Sitzbank am Wegesrand**
4. **Rastplatz am Seeufer**

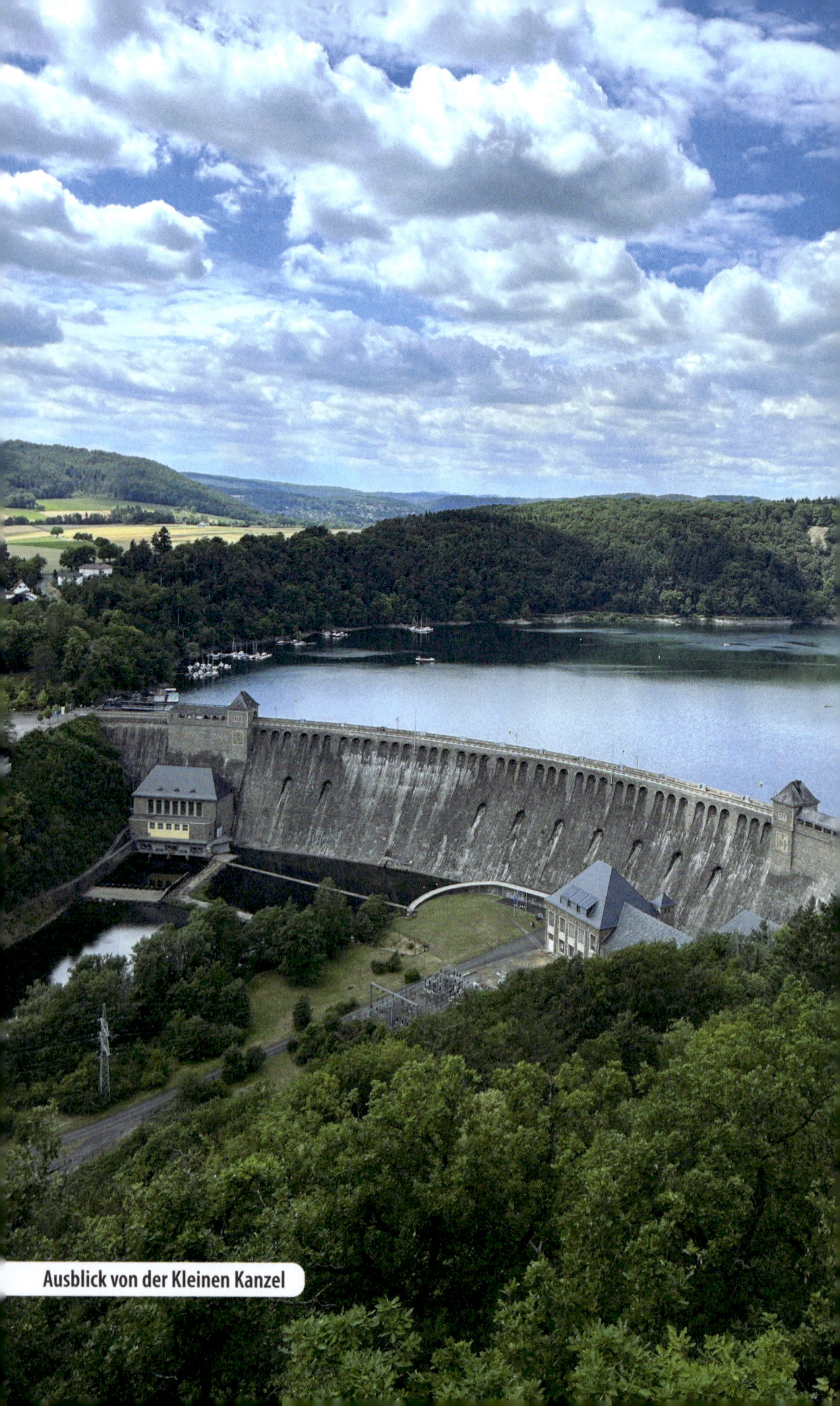

Ausblick von der Kleinen Kanzel

Seeblick

Von Waldeck zur Edertalsperre

Ausgestattet mit festem Schuhwerk und Wanderstöcken (empfehlenswert!) starten wir am Parkplatz Saure Delle unsere ansprechende und technisch herausfordernde Etappenwanderung von Waldeck nach Hemfurth-Edersee. Zunächst geht es nach rechts an der **Ederseerandstraße** entlang Richtung **Waldecker Bergbahn.** Der Weg dorthin ist gut ausgeschildert und dauert nur wenige Gehminuten. An der ❶ **Waldecker Bergbahn** angekommen, freuen wir uns auf die Fahrt in einer der historischen Gondeln hinauf nach Waldeck.

Wir steigen aus, halten uns rechts und machen einen Abstecher zum ❷ **Schloss Waldeck.** Von der Aussichtsterrasse haben wir einen herrlichen Blick auf den Edersee und das Waldecker Land. Vom Schloss aus gehen wir die Straße zurück und kommen auf Höhe der Bergbahn an eine Kreuzung. Wir orientieren uns am Wegweiser zum **Aussichtspunkt Elsterberg** (Markierung Nummer 2) und folgen der **Schlossstraße** geradeaus, etwa 200 Meter bergauf. Dann werden wir in einer steilen Kehre nach rechts auf einen Fußweg gelotst. Dem Pfad folgen wir hinauf zu einem Fragment der alten Stadtmauer und weiter zum ❸ **Aussichtspunkt Elsterberg.** Mehrere Sitzbänke laden uns dazu ein, die Landschaft aus verschiedenen Blickwinkeln wahrzunehmen: Mal blicken wir auf den Edersee, mal zum gegenüberliegenden Schloss Waldeck. Im Frühsommer nehmen wir den betörenden Duft des alten Lindenbaums wahr, in dessen Schatten wir auf einer Sitzbank den Zauber des Augenblicks genießen.

*Die Burganlage und das heutige **Schloss Waldeck** gehen auf den Stammsitz der Grafen von Waldeck aus dem 11. Jahrhundert zurück. Seit 1906 ist das imposante Gebäude ein Hotel. Das Museum in den Kellergewölben kann besichtigt werden.*

Kilometer: 7,5
Höhenmeter: 350
Stunden: 2
STRECKE

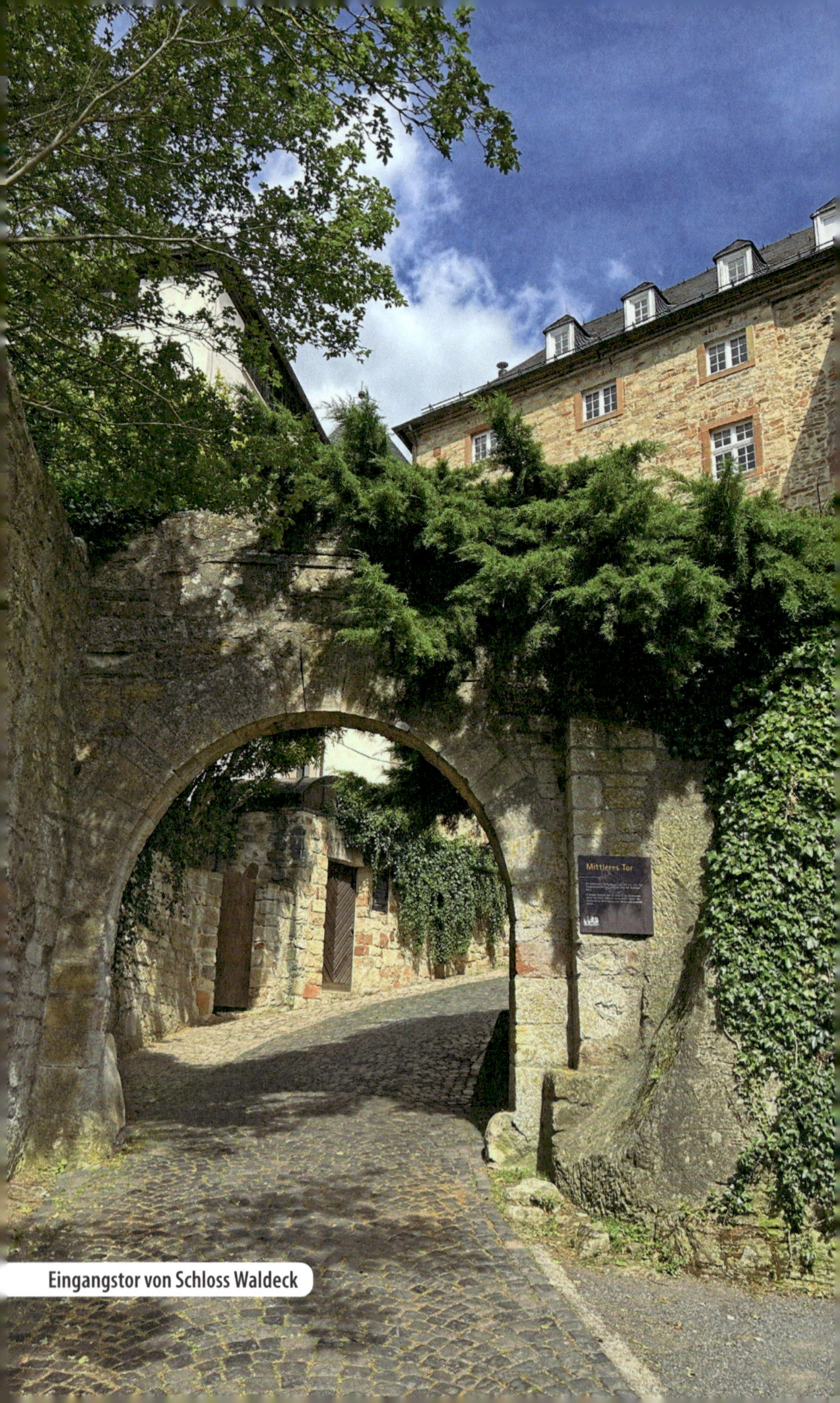

Eingangstor von Schloss Waldeck

Unmittelbar vor der alten Stadtmauer sehen wir einen Wegweiser **Richtung Sperrmauer und Edersee** mit dem **Symbol des Urwaldsteigs** (weißes U auf blauem Grund), der uns nach rechts auf einen Trampelpfad leitet. Sanft absteigend wandern wir auf einem romantischen Pfad zur katholischen **Kirche St. Maria Himmelfahrt.** Unterwegs kommen wir an der **Schnuddelbank** vorbei, eine reizende Sitzgelegenheit mit herrlichem Ausblick. Wenn wir Glück haben, ist die Kirche geöffnet und wir können einen Blick hineinwerfen. Von der Kirche aus gehen wir in einer spitzen Kehre rechts bergab, die Markierung des Urwaldsteigs befindet sich an einem Holzpfosten. Der Fußweg endet an der Bahnhofstraße, die wir geradeaus überqueren. Am Parkplatz etwas unterhalb der Straße sehen wir linker Hand den Nationalparkeingang. Dahinter beginnt ein Steig, der als „schwierig" gekennzeichnet ist. Ab jetzt achten wir auf unsere Schritte, denn der vor uns liegende Abschnitt ist stellenweise schwierig zu laufen. Unsere Wanderstöcke erleichtern uns den Abstieg. Von nun an orientieren wir uns an der lückenlosen Markierung des **Urwaldsteigs.** Hindernisse, wie etwa durch Baumbruch, können wir entweder überklettern oder umgehen.

Für die Seele

Auf dem Urwaldsteig erfahren wir sagenhafte Geschichten und erfreuen uns an herrlichen Aussichten.

*Je nach Wetterlage kann es vorkommen, dass Teile des **Urwaldsteigs** gesperrt und durch eine alternative Routenführung ersetzt werden.*

Wir wandern durch einen atemberaubend wilden Naturraum. Mit etwas Glück entdecken wir im Herbst auf Totholzstämmen am Wegesrand einen besonderen Pilz: den Ästigen Stachelbart.

*Der **Ästige Stachelbart** (auch „Weiße Koralle" genannt) wächst auf den Stämmen alter, morscher Laubbäume. Er ist ein Urwaldzeiger und ein Gütezeichen naturnaher Wälder. Entsprechend selten ist er zu finden.*

Ohne nennenswerte Steigung wandern wir gemütlich an der Flanke des Hexenkopfs entlang und nehmen Veränderungen im Waldbild wahr. Je mehr wir uns der Südseite des Bergs nähern, desto trockener und steiniger wird der Boden, was sich in der Vegetation widerspiegelt. Am Berghang erblicken wir wildwüchsige Knorreichen und Krüppelbuchen und erhaschen erste Blicke auf den tief unter uns liegenden Edersee. Wir genießen das südländische Flair.

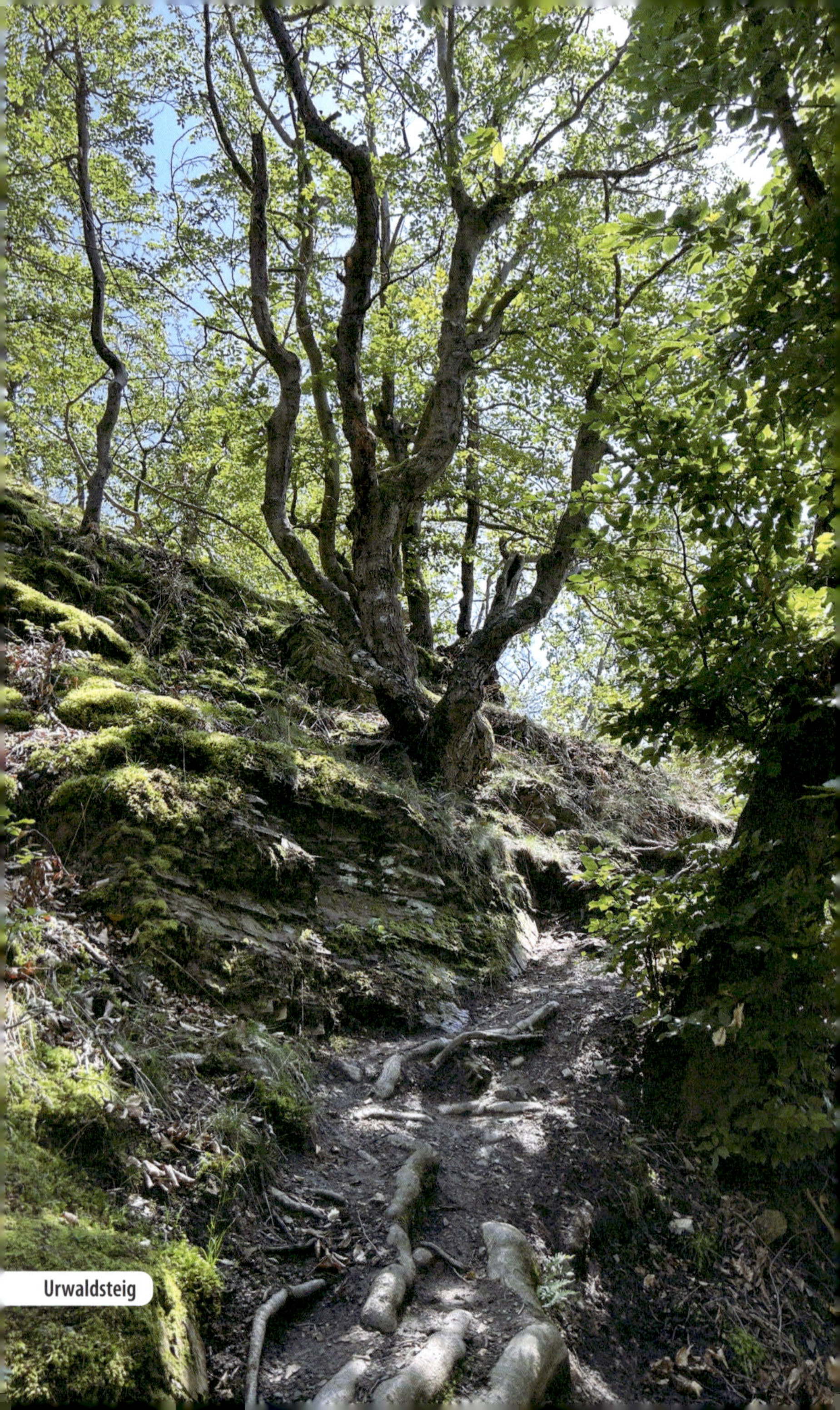

Urwaldsteig

Nach insgesamt etwa 1,5 Kilometern erreichen wir einen traumhaften ❹ **Aussichtspunkt am Hexenkopf.** Eine Holzbank verführt uns zu einer Ruhepause. Unser Blick auf den Edersee ist erhaben und lässt uns den Alltag vergessen.

Auf dem Urwaldsteig geht es nach unserer Ruhepause weiter, durch herrlichen Eichen-Buchen-Mischwald. Nach etwa 15 Minuten verlassen wir den Weg und gelangen rechts über einen Stichweg zum ❺ **Aussichtspunkt Hermannshöhe** (50 m). Wir sind überwältigt von dem Anblick, der sich uns offenbart: Umgeben von knorrigen Eichen liegt ein lauschiger Rastplatz, mit einer malerischen Aussicht auf den See – ein wahrer Seelenplatz. Wir stärken uns mit einer Brotzeit und spüren, wie dieser Ort Lebensfreude und Zufriedenheit in uns auslöst. Wie schön doch Wandern sein kann. Wir laufen den Stichweg wieder zurück und wandern beschwingt nach rechts auf dem Urwaldsteig weiter, wie es uns die Wegmarkierung vorgibt. Zunächst werden wir durch eine Senke geführt, kurz darauf links den Berg hinauf, auf einen etwas verwilderten Pfad. In regelmäßigen Abständen können wir uns an Holzpfosten mit Markierungen orientieren. An einem steileren Wegstück dient uns linker Hand ein dickes Seil als Handlauf. Wenige Minuten später kommen wir an eine Weggabelung. Hier werden wir nach links gelenkt, **Richtung Hemfurth** (4,4 km). Nach wenigen Metern verlassen wir den Nationalpark und laufen auf einem Grasweg hinunter zu einem Schotterweg, auf den wir nach rechts abbiegen. Wir folgen ihm in leichtem Anstieg für etwa 400 Meter. Am Ende der Steigung werden wir nach rechts in den Nationalpark zurückgeleitet. Ein weiterer, etwa 10-minütiger Anstieg steht bevor, den wir gemächlichen Schrittes angehen. Es geht mal bergauf, mal bergab durch herrlichen Mischwald. Nach ein paar Steigungen sind wir schließlich auf dem Bergkamm und gehen geradewegs auf die ❻ **Friedrich Meyer Hütte** auf der Kanzel zu. Ein großartiges Panorama auf den Edersee und Schloss Waldeck ist die Belohnung für unsere Mühen. Von der Hütte aus lassen wir uns vom Urwaldsteig weiter **Richtung Hemfurth** leiten. Alle Anstiege liegen hinter uns, von nun an geht es nur noch bergab. Wir orientieren uns weiterhin an der Markierung des Urwaldsteigs Richtung Hemfurth und Klippen. Etwa nach 30 Minuten Wanderzeit sehen wir links am Weg einen Schilderbaum, mit einem Wegweiser zu den Klippen und zur **Sperrmauer.** An dieser Stelle verlassen wir den Urwaldsteig und folgen fortan der **Markierung Nummer 2,** die uns nach wenigen Metern zur **7 Kleinen Kanzel auf den Klippen** leitet. Zum ersten Mal haben wir einen Blick auf die imposante Sperrmauer der Edertalsperre. Jetzt müssen wir kurz achtgeben, dass wir den richtigen Weg einschlagen. Von der Kanzel aus führt ein schmaler, steiler Steig bergab. Im Zickzack geht es zunächst steil den Hang hinunter, dann flacht der Weg ab, und wir wandern am Berghang entlang durch schönen Eichenwald hinab zur Ederseerandstraße. Wir überqueren die Straße und sehen direkt am Ufer einen Aussichtsspot. Nach links kommen wir alsbald auf die **8 Sperrmauer der Edertalsperre.**

*Die **Edertalsperre** wurde im 19. Jahrhundert erbaut, um die Weser und den Mittellandkanal schiffbar zu halten. Je nach Bedarf wird der Edersee stufenweise abgelassen. In Trockenzeiten ist der See bis auf ein Rinnsal, durch das die Eder fließt, leer.*

Panorama an der Friedrich Meyer Hütte

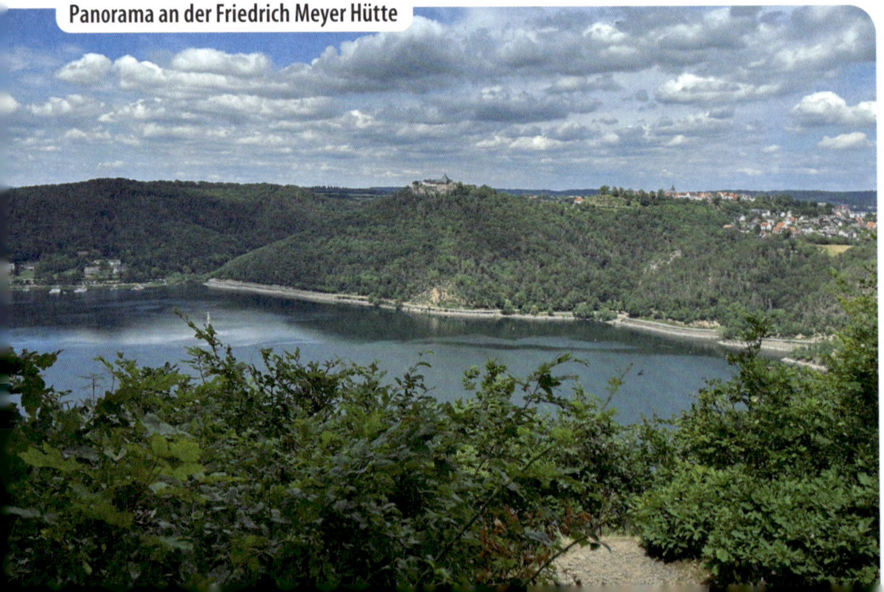

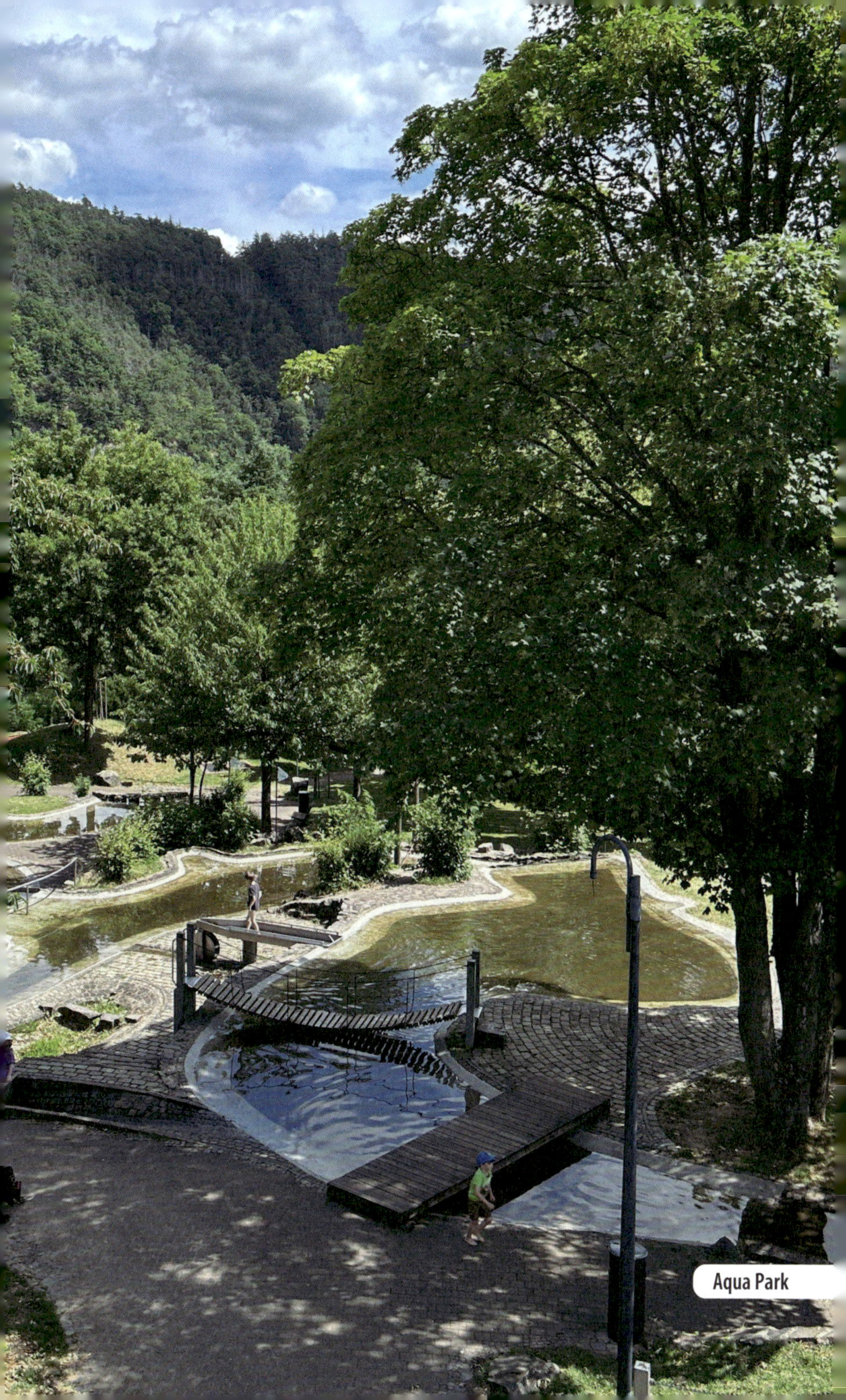

Aqua Park

Gemütlich schlendern wir auf der Mauer bis zum **9 Aqua Park,** der den Edersee in einer Miniaturlandschaft abbildet. Unter den hohen Bäumen finden wir gemütliche Sitzplätze, von denen aus wir das lebendige Treiben im Aqua Park beobachten können. In unmittelbarer Nähe gibt es reichlich Einkehrmöglichkeiten und das Besucherzentrum Edersee.

Zurück zum Ausgangspunkt unserer erholsamen Wanderung kommen wir entweder mit dem Bus (bei Wasserniedrigstand) oder mit dem Schiff – ein besonderes Erlebnis. Angekommen am **10 Strandbad Waldeck** können wir uns an heißen Sommertagen im Edersee abkühlen, bevor wir die Uferpromenade entlang zurück zum Parkplatz schlendern.

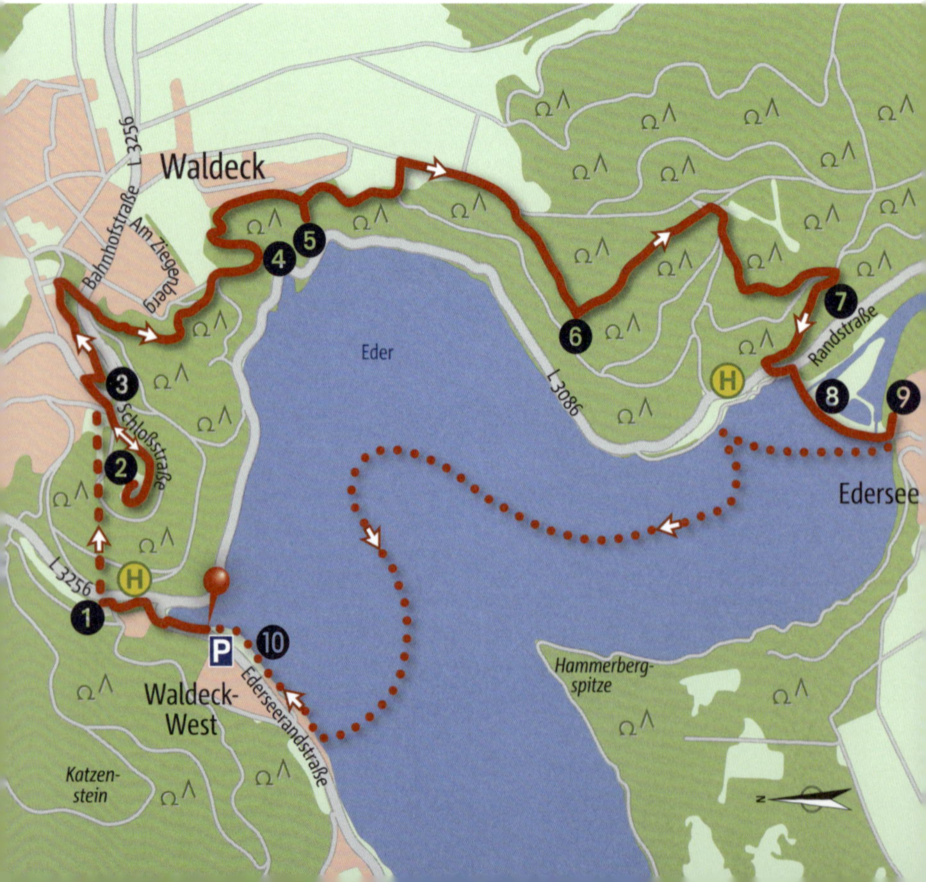

ALLES AUF EINEN BLICK

Entspannung 3/5
Abenteuer 5/5
Vielfalt 5/5

WIE & WANN

Waldwege und schmale Pfade, teilweise mit Steigcharakter, kurze Abschnitte mit Schotter, asphaltierte Straßen innerorts. Beste Wanderzeit von März bis Oktober.

HIN & WEG

Auto: Parkplatz Saure Delle, Ederseerandstraße, 34513 Waldeck (kostenpflichtig)
ÖPNV: Haltestelle Bergseilbahn; am Ziel: Haltestelle Hemfurth-Edersee Sperrmauer Ost. Alternativ kann man mit dem Schiff bis zum Strandbad zurückfahren.

ESSEN & ENTSPANNEN

Verschiedene Einkehrmöglichkeiten nahe Sperrmauer und Aquapark

ENTDECKEN & ERLEBEN

1. **Waldecker Bergbahn,** www.waldeckerbergbahn.de
2. **Schloss Waldeck (mit Museum),** www.hotel-schloss-waldeck.de
3. **Aussichtspunkt Elsterberg**
4. **Aussichtspunkt am Hexenkopf**
5. **Aussichtspunkt Hermannshöhe**
6. **Friedrich Meyer Hütte**
7. **Kleine Kanzel auf den Klippen**
8. **Sperrmauer der Edertalsperre**
9. **Aqua Park**
10. **Strandbad Waldeck,** Ederseerandstraße 10, 34513 Waldeck, www.seen.de

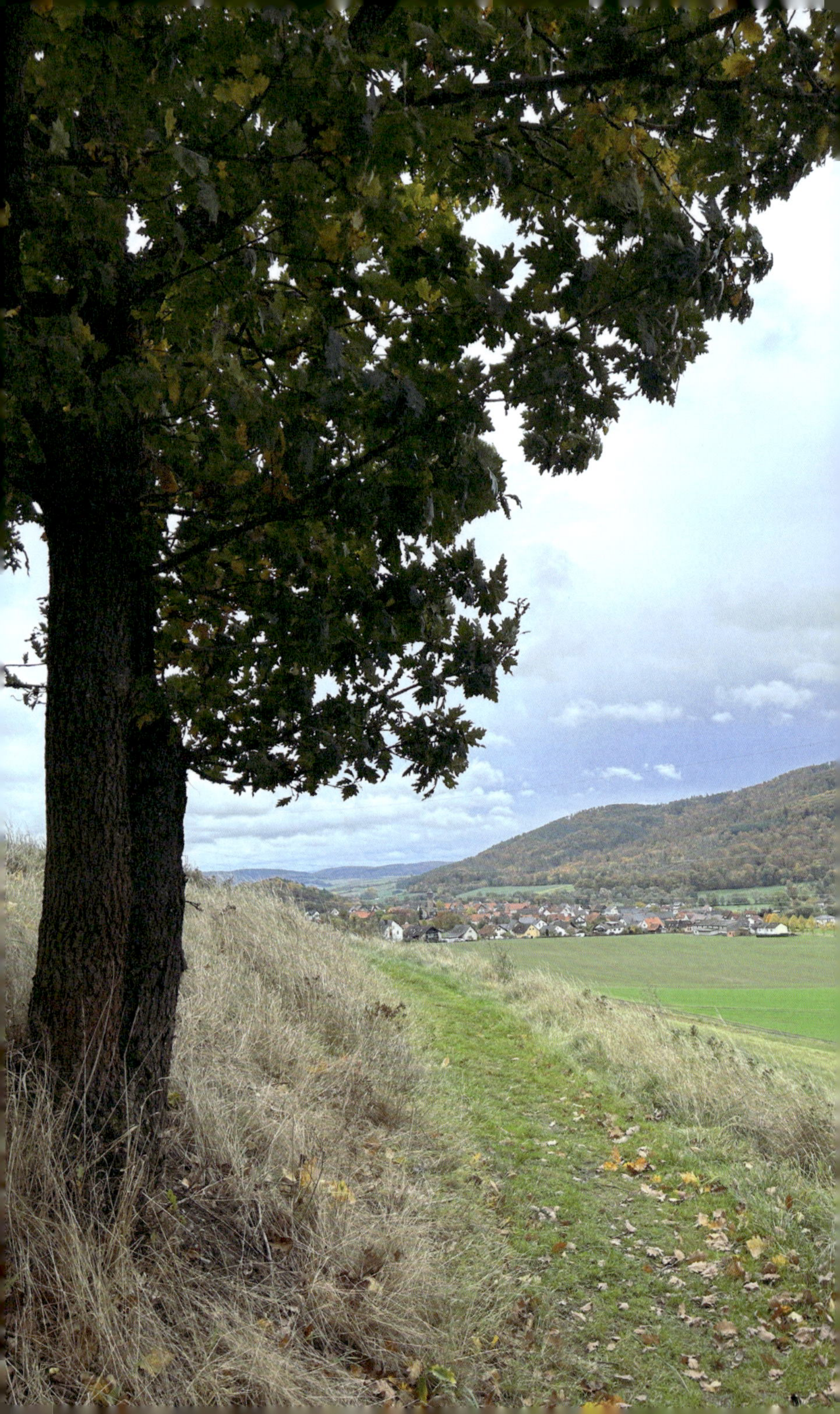

Talrunde

Im Wesetal bei Kleinern

Bevor wir vom Parkplatz Trifthütte zu unserer Wanderung aufbrechen, betrachten wir die Schautafeln am **1 Info-Schmetterling,** um etwas über die Region zu erfahren, in der wir unterwegs sein werden. Unterhalb des Holzpavillons laufen wir anschließend nach links zum Schilderbaum. Größtenteils verläuft unsere Rundtour auf dem **Premiumweg „Um's Dorf",** markiert mit einem **weißen Kirchturm auf rotem Grund.** Wir folgen dem Turmsymbol im Uhrzeigersinn und laufen nach links **Richtung Hochspeicherbecken** in die Elmsbergstraße. Nach etwa 300 Metern kommen wir an eine Gabelung, an der wir uns rechts halten und den Nationalpark betreten. Die Markierung des Wanderwegs ist lückenlos, somit können wir uns vertrauensvoll leiten lassen und den Fokus auf unsere Wahrnehmungen legen. Schritt für Schritt lassen wir den Alltag hinter uns und gehen in der Natur des Nationalparks auf Entdeckungstour. Wir werden am Heimbachtal entlanggeführt, bis zur **2 Wassertretanlage Heimbachtal.** Ein kurzes Erfrischungsbad für unsere Füße wirkt belebend und gibt uns einen Energieschub.

*Der **Heimbach** ist ein für den Nationalpark typischer Mittelgebirgsbach. Wie viele andere Gewässer im Schutzgebiet besitzt er eine ausgezeichnete Wasserqualität und zeichnet sich durch eine naturnahe Bachstruktur aus.*

Über eine Holzbrücke überqueren wir den Heimbach und halten uns rechts. Das muntere Bachgeplätscher lässt uns lächeln, wir spüren, wie wir innerlich zur Ruhe kommen. Fasziniert betrachten wir die prächtigen Buchen entlang des Gewässers, deren Baumkronen sich wie ein Gewölbe über uns ausbreiten. Mit etwas Glück sehen wir Feuersalamander, die entlang des Heimbachs zu Hause sind.

Kilometer: 8,3
Höhenmeter: 260
Stunden: 2,5
RUNDWEG

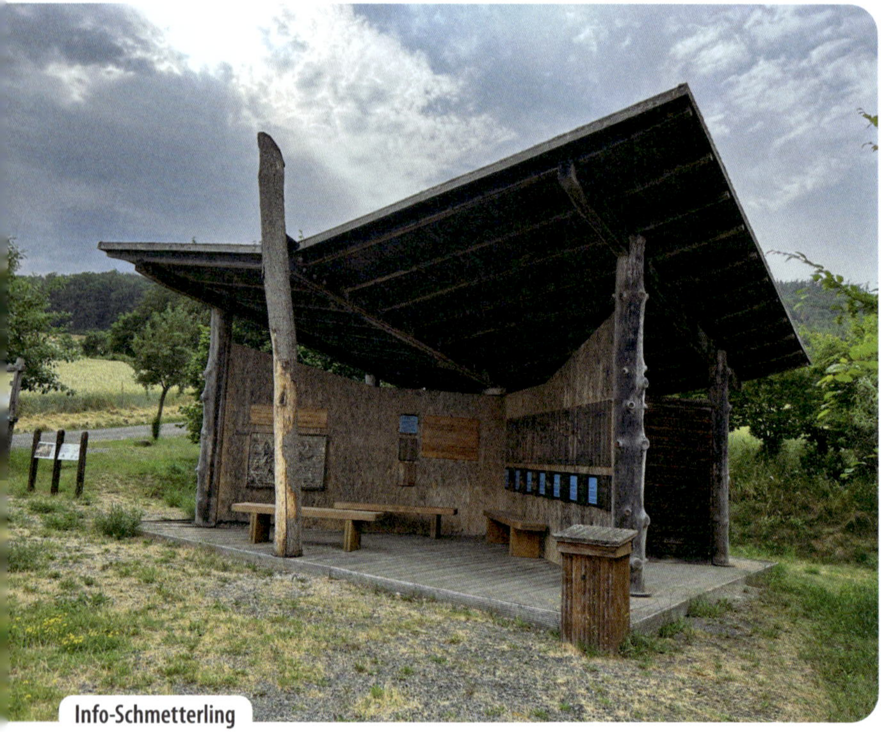

Info-Schmetterling

An den Quellen und naturnahen Waldbächen im Nationalpark findet der ***Feuersalamander*** *ideale Lebensbedingungen. Im Heimbachtal sind die gelb-schwarz gescheckten Lurche in Scharen zu finden.*

Im Herbst verwandelt sich dieser Wegabschnitt in einen bunten Farbenrausch. Nach etwa 10 Gehminuten zweigt ein Pfad nach links oben ab, ihm folgen wir **Richtung Kleinersches Tor.** Den Anstieg lassen wir langsam angehen. An der steilsten Stelle erleichtert uns ein Holzgeländer den Aufstieg. Die Steigung ist schnell geschafft und wir wandern im Schlendergang den Waldpfad entlang. Nach rechts öffnet sich der Blick auf den Ort Kleinern und seine Umgebung. Aus dem Waldweg wird ein Grasweg, rechts und links flankiert mit Hagebutten, Weißdorn, Schlehen und Brombeerhecken. Oberhalb einer Sitzbank endet der Grasweg. Wir gönnen uns eine kurze Pause auf der Bank, lassen die **3 schöne Aussicht** auf uns wirken und lauschen dem Wind.

Nun folgt ein Abschnitt auf einem breiteren Weg, mit schönen Ausblicken ins Wesetal. Es gibt reichlich Sitzgelegenheiten unterwegs, sodass wir an reizenden Plätzen kurze Sinnespausen einlegen können. Der Naturweg endet auf einem asphaltierten Wirtschaftsweg, auf den wir nach links abbiegen, weiter Richtung Kleinersches Tor. Wenige Minuten später sehen wir linker Hand einen Holzpfosten mit der roten Markierung. Er lotst uns nach rechts auf einen abschüssigen Grasweg. Am Ende dieses Wegabschnitts sehen wir eine Sitzbank und das **gelbe Eulenschild des Nationalparks.** Dort biegen wir rechts ab und wandern unter den ausladenden Ästen der Eichen und Rotbuchen, die den Waldweg säumen. Vereinzelte Kiefern verströmen einen angenehm süßlichen Nadelholzduft. Dumpf klingen unsere Schritte auf dem weichen Waldboden.

Für die Seele

Idyllisch gelegene Aussichtsplätze und abwechslungsreiche Wegabschnitte erfreuen unser Herz.

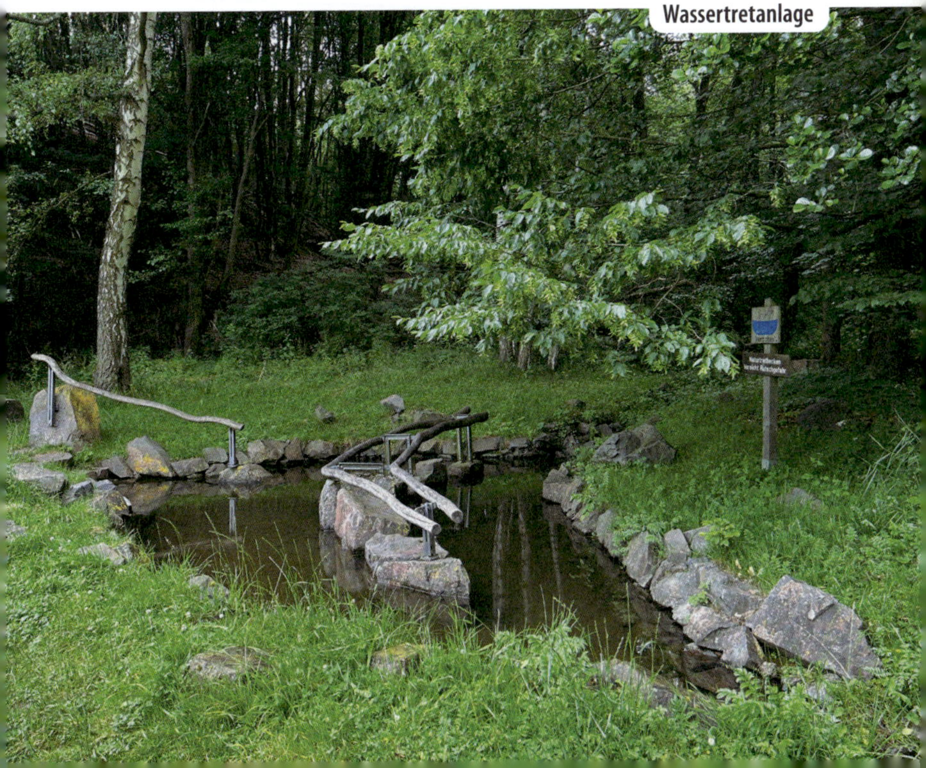

Wassertretanlage

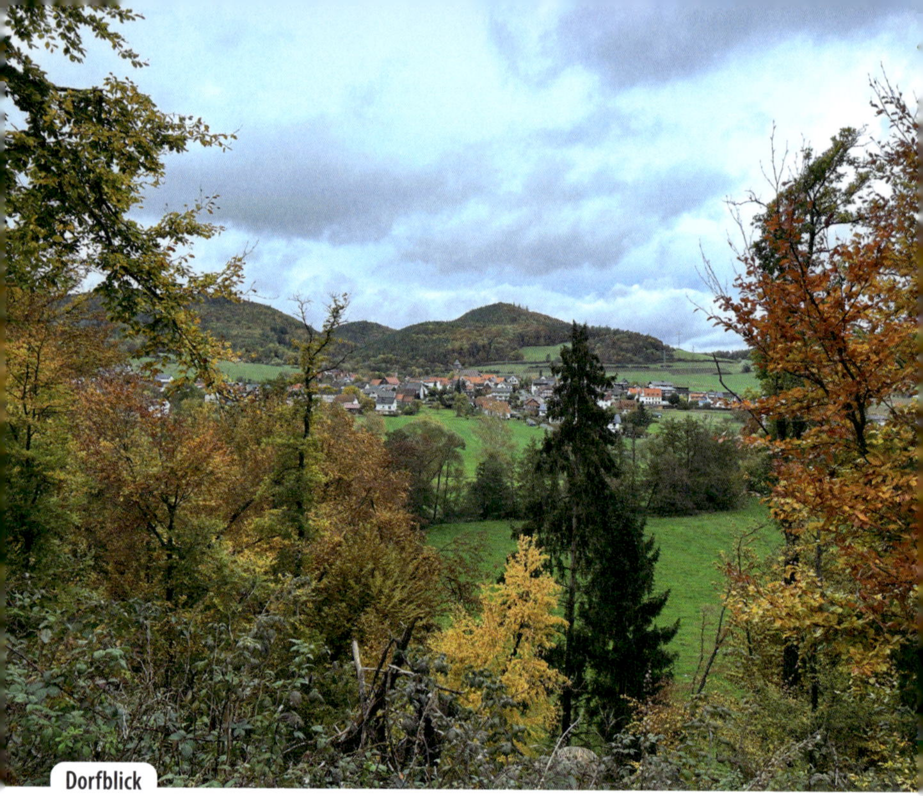

Dorfblick

Nach rechts haben wir weite Blicke auf die Kulturlandschaft und das Dorf Kleinern. Grasweg und Waldweg wechseln sich ab und führen uns am Waldrand entlang. Am Ende dieses abwechslungsreichen Abschnitts halten wir uns an der Gabelung links und folgen einem Hohlweg bergauf, der uns auf offenes Feld führt. Nach etwa 300 Metern werden wir nach rechts auf einen leicht ansteigenden Grasweg geleitet. Es geht über eine Kuppe, dann nach rechts leicht bergauf zum **Aussichtspunkt Hasenlauf.** Auf dem Weg dorthin genießen wir das schöne Panorama. Unter einer kleinen Baumgruppe finden wir eine Sitzbank, die uns zu einem Moment der Stille einlädt. Weiter geht es auf dem weichen Grasweg bis zu einer Weggabelung, an der uns ein Markierungspfosten nach links leitet. Wir folgen dem breiten Weg talwärts zur Landstraße, die wir schräg nach links überqueren. Dann geht es sogleich rechts auf einem asphaltierten Wirtschaftsweg weiter.

Über Wiesen und Felder folgen wir dem Wegsymbol, überqueren den **Wesebach** und finden uns in einer idyllischen Wiesenlandschaft wieder. Nun haben wir feinen Schotter unter den Füßen. An einer Gabelung legen wir auf einer Bank eine kurze Pause ein und lassen die Wiesenatmosphäre auf uns wirken. Weiter geht es nach rechts **Richtung Spicke** (1,9 km). Wir kehren in den Laubwald zurück, zunächst steigt der Weg leicht an, dann geht es wieder talwärts. Zuverlässig leitet uns die Markierung Richtung Spicke. Lichtungen, die durch Windbruchflächen entstanden sind, ermöglichen Blicke auf das Dorf Kleinern und die umliegenden Erhebungen. Als zweithöchster Berg des Nationalparks ragt der Dicke Kopf (603 m) aus der geschwungenen Bergkulisse. Dieser Wegabschnitt macht richtig Freude, die vielen pittoresken Aussichten sind Balsam für unsere Seele. An einer Stelle macht uns eine Informationstafel auf eine kurze Treppe aufmerksam, die rechts hinab zum **4 Dorfblick am Invalidenweg** führt, einem lauschigen Seelenplätzchen. An

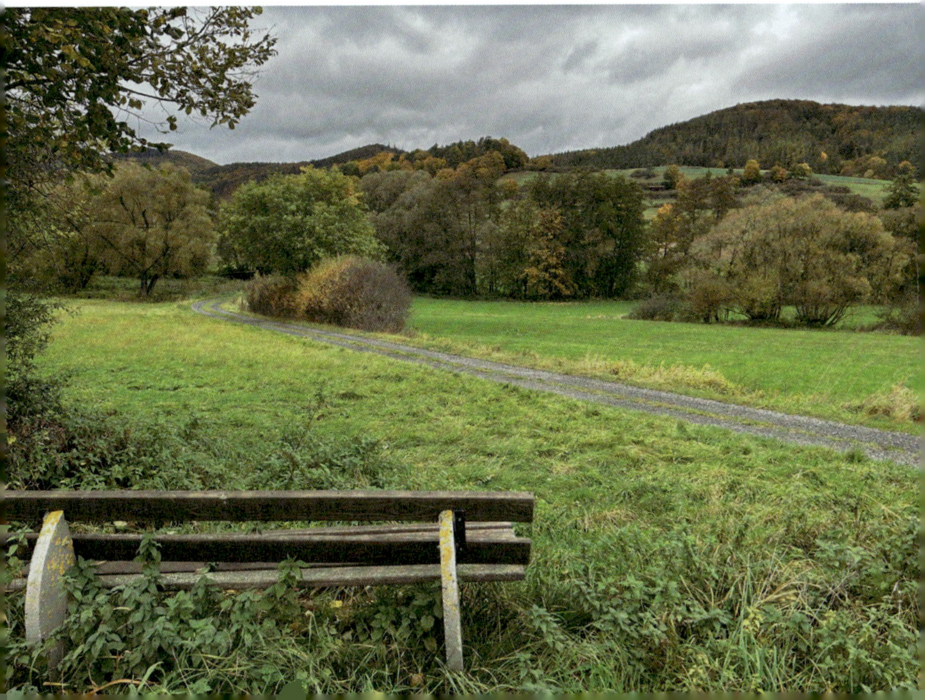

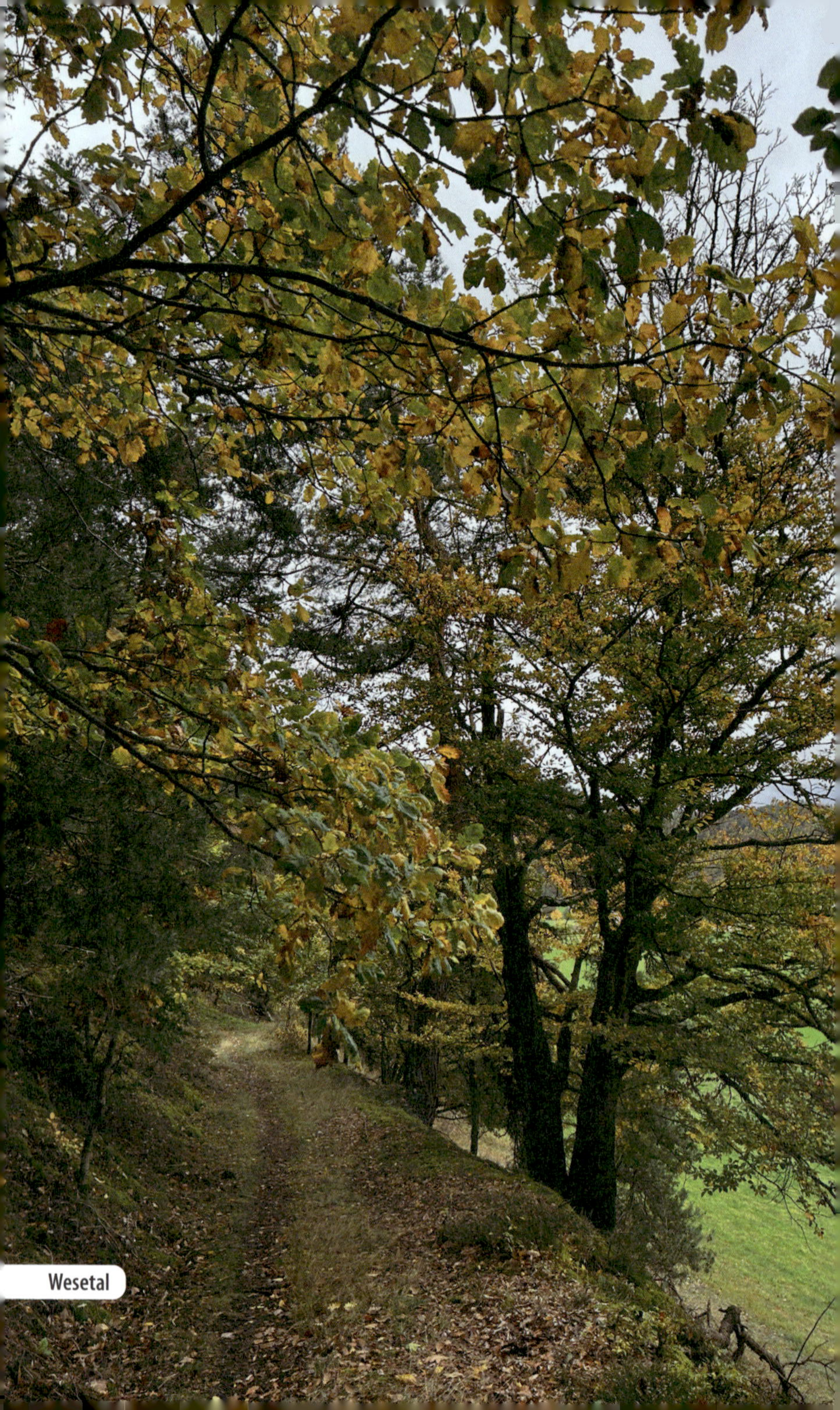
Wesetal

der nächsten Weggabelung halten wir uns rechts und lassen uns talwärts leiten. An der ❺ **Freizeitanlage Spicke** gönnen wir uns an einem schönen Platz eine ausgedehnte Rast und Ruhepause.

An der Freizeitanlage verlassen wir kurzzeitig den Premiumweg Um's Dorf, der vor den Wochenendhäusern nach links abzweigt. Wir aber laufen geradeaus auf eine Weggabelung zu, an der wir links auf den **Kellerwaldsteig Richtung Gellershausen** (3,2 km) abbiegen. Gleich darauf geht es nach rechts um eine Kurve, auf die ansteigende Straße **Am Kirchacker.** An der nächsten Weggabelung sehen wir wieder unsere ursprüngliche Wegmarkierung, die **weiße Kirchturmspitze,** die uns nach rechts in den Wald lenkt, **Richtung Trifthütte** (1,8 km). Nach etwa 300 Metern werden wir in einer spitzen Kehre nach rechts geleitet. Auf einem Wirtschaftsweg laufen wir an einem Fachwerkhaus vorbei, überqueren wenige Gehminuten später erneut den Wesebach und anschließend die Landstraße. Auf der anderen Straßenseite folgen wir dem ansteigenden Weg

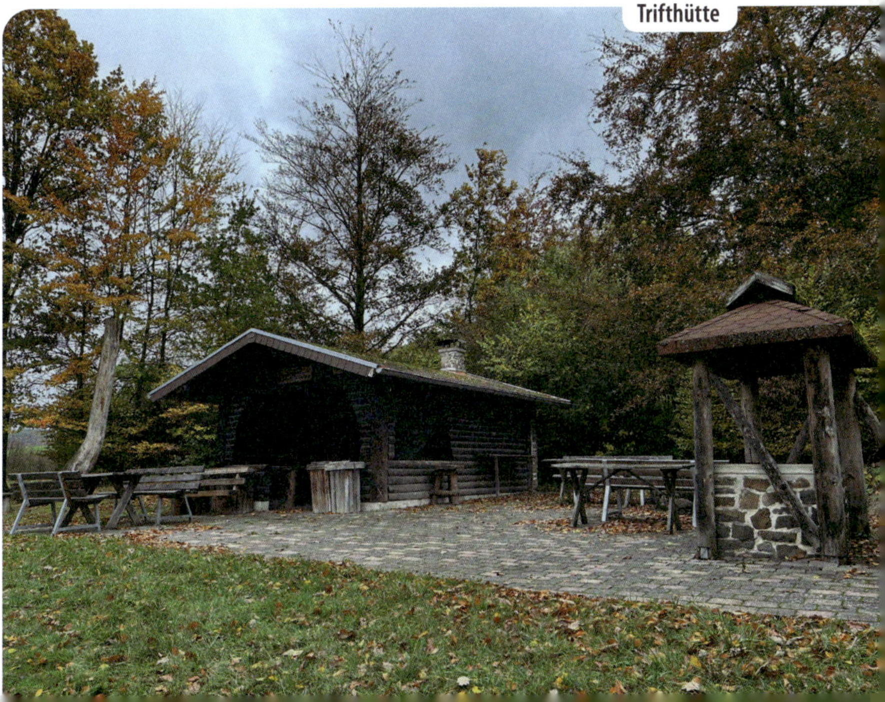
Trifthütte

bis zum gelben Nationalparkschild. Dahinter geht es nach rechts und wir marschieren über eine Bergkuppe. Diesen letzten kurzen Anstieg gehen wir gemütlich an, denn das Ziel unserer Wanderung ist greifbar nah. Wir kommen aus dem Wald heraus und werden mit einem großartigen Panoramablick auf den Ort Kleinern überrascht. Auf einem weichen Grasweg wandern wir um den Berg herum, erfreuen uns am schönen Ausblick und kommen zurück zum Info-Schmetterling. An der **6 Trifthütte,** etwas oberhalb des Parkplatzes, machen wir ein abschließendes Picknick. Hier gibt es Tische und Bänke, Spielgeräte für Kinder und eine Grillstelle. Ein schöner Abschluss für unsere Panoramawanderung um das Dorf Kleinern.

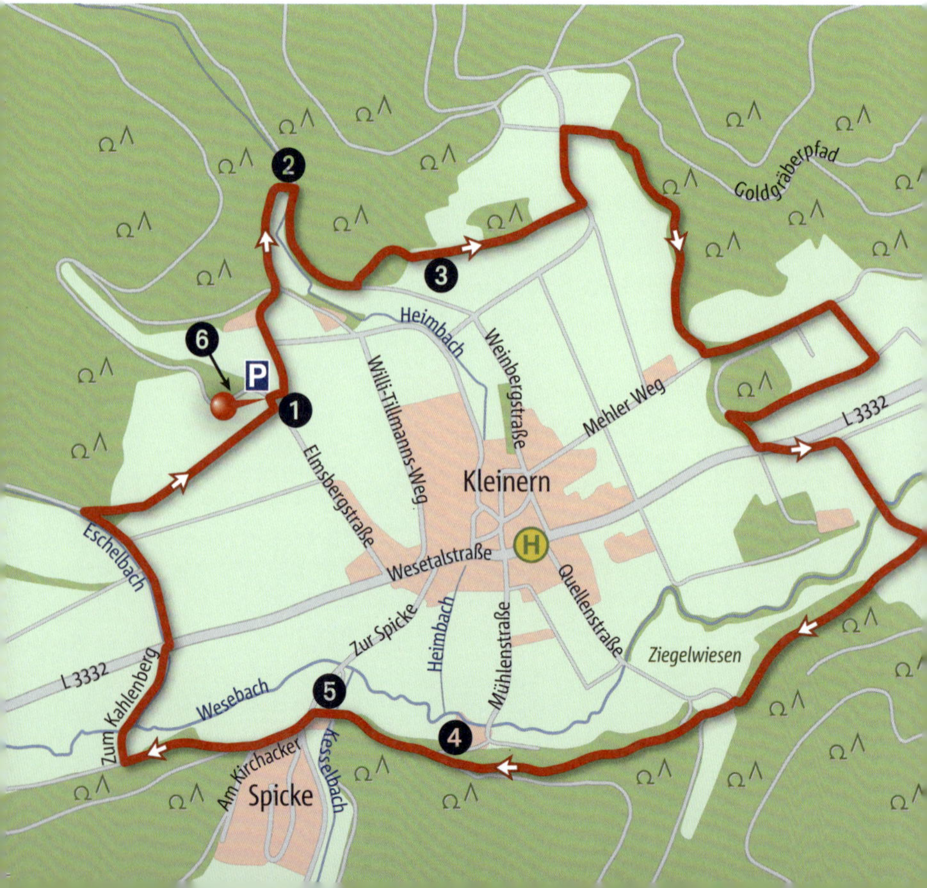

ALLES AUF EINEN BLICK

Entspannung
Abenteuer
Vielfalt

WIE & WANN

Breite und schmale Waldwege und Pfade, asphaltierte Wege auf den Feldern. Ganzjährig schön, besonders zur Bergwiesenblüte von Mai bis Anfang August und im goldenen Herbst.

HIN & WEG

Auto: Parkplatz am Nationalparkeingang Trifthütte, Elmsbergstraße, 34549 Edertal
ÖPNV: Haltestelle Edertal-Kleinern Wesetalstraße

ESSEN & ENTSPANNEN

Bitte an Rucksackverpflegung für unterwegs denken, es gibt viele schöne Rastgelegenheiten. Gastronomie und eine Fleischerei findet man im Ort Kleinern.

ENTDECKEN & ERLEBEN

1. Info-Schmetterling
2. Wassertretanlage Heimbachtal
3. Bank mit schöner Aussicht
4. Dorfblick am Invalidenweg
5. Freizeitanlage Spicke
6. Trifthütte

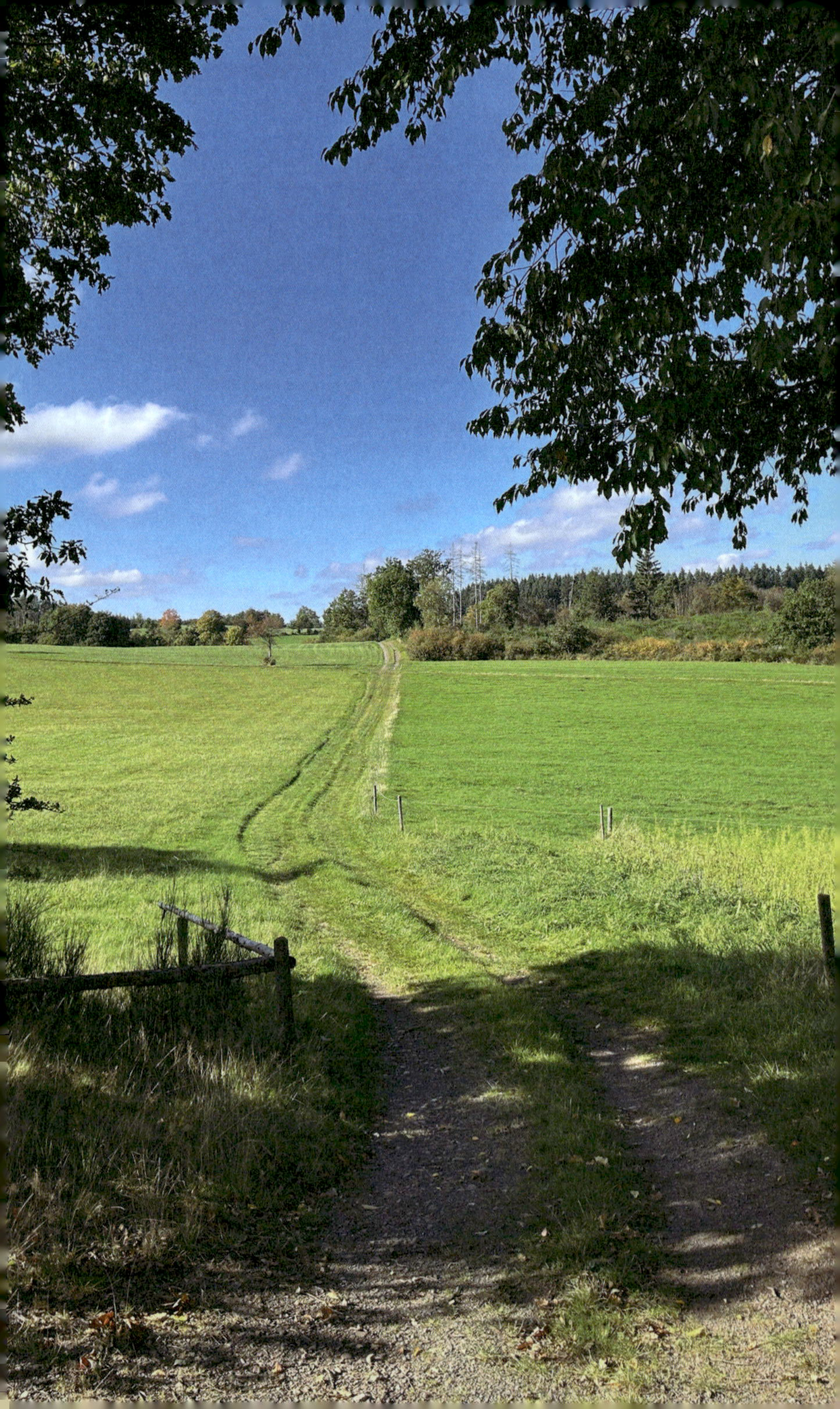

Wanderrausch

Die Lichtenfelser Hochebene

Unsere Seelenwanderung an der westfälisch-hessischen Landesgrenze beginnt am Wanderparkplatz Nuhnetal, auf dem **Nuhnetal Rundweg Nummer 1.** Vom Parkplatz im Nuhneweg laufen wir nach rechts, bis wir zur **Waldecker Straße** kommen. Dort biegen wir links ab, gehen an der Kirche vorbei und folgen der Waldecker Straße für etwa 300 Meter Richtung Ortsausgang. An einem landwirtschaftlichen Betrieb werden wir dann nach rechts geleitet und gelangen kurz darauf an eine Weggabelung. Dort halten wir uns links und marschieren auf einem gut zu laufenden Sand-Schotter-Gemisch in die offene Kulturlandschaft hinaus. Wir blicken in eine scheinbar endlose Weite, die in uns ein Gefühl von Freiheit und Leichtigkeit hervorruft. Leicht ansteigend folgen wir der Nummer 1 an Kuh- und Schafweiden entlang. Etwa nach 1 Kilometer werden wir nach rechts bergan gelenkt und wandern mit Blick auf Neukirchen in einem Bogen am Weidezaun entlang. Wir passieren ein Fichtenwäldchen, halten uns an der folgenden Gabelung links und haben wieder freie Sicht in die weite Flur. Kurze Zeit später kommen wir erneut an eine Gabelung, an der wir nach links bergauf gelotst werden. Parallel zum Wanderweg Nummer 1 verläuft auf dieser Strecke auch der **Lichtenfelser Panoramaweg,** Richtung Rengershausen.

*Der **Lichtenfelser Panoramaweg,** ein ca. 70 Kilometer langer Qualitätswanderweg, verbindet alle acht Stadtteile von Lichtenfels. Er führt durch besondere Naturräume, wie die Waldeckische Schweiz, das idyllische Orketal und die wildromantischen Täler des Heimbachs.*

Der Weg ist stellenweise mit Gras überwuchert. Mooskissen dämpfen unsere Schritte. Es geht immer geradeaus, teilweise leicht ansteigend. Wir spüren den weichen Waldboden unter unseren Füßen und atmen die frische Waldluft ein. Wilde Natur umgibt uns,

Kilometer: 11,5
Höhenmeter: 240
Stunden: 3
RUNDWEG

nur vereinzelt nehmen wir ein paar Vogellaute wahr. Zwischendurch passieren wir Windwurfflächen, auf denen die Wiederbewaldung bereits in vollem Gange ist. Unbemerkt überqueren wir die hessische Landesgrenze nach Nordrhein-Westfalen. Am Ende der Steigung verlassen wir den Grasweg und biegen an der Weggabelung scharf nach links ab, **Richtung Wacholderheide, Braunshausen.** Die **1 Ruhebank Am Streitholz,** die wir etwa 5 Minuten später erreichen, kommt wie gerufen – hier gönnen wir uns eine erste Rast.

Ausgeruht und gut gelaunt lustwandeln wir wieder über offene Kulturflächen und erfreuen uns an den Weitsichten. In natürlicher Stille genießen wir unsere Auszeit vom Alltag in vollen Zügen. Auf einem Grasweg wandern wir an einer weitläufigen Bergwiese entlang und genießen das herrliche Panorama, mit geschwungener Bergkulisse im Hintergrund. Der Weg senkt sich ab und wir werden nach links um einen

Lichtenfelser Panoramaweg

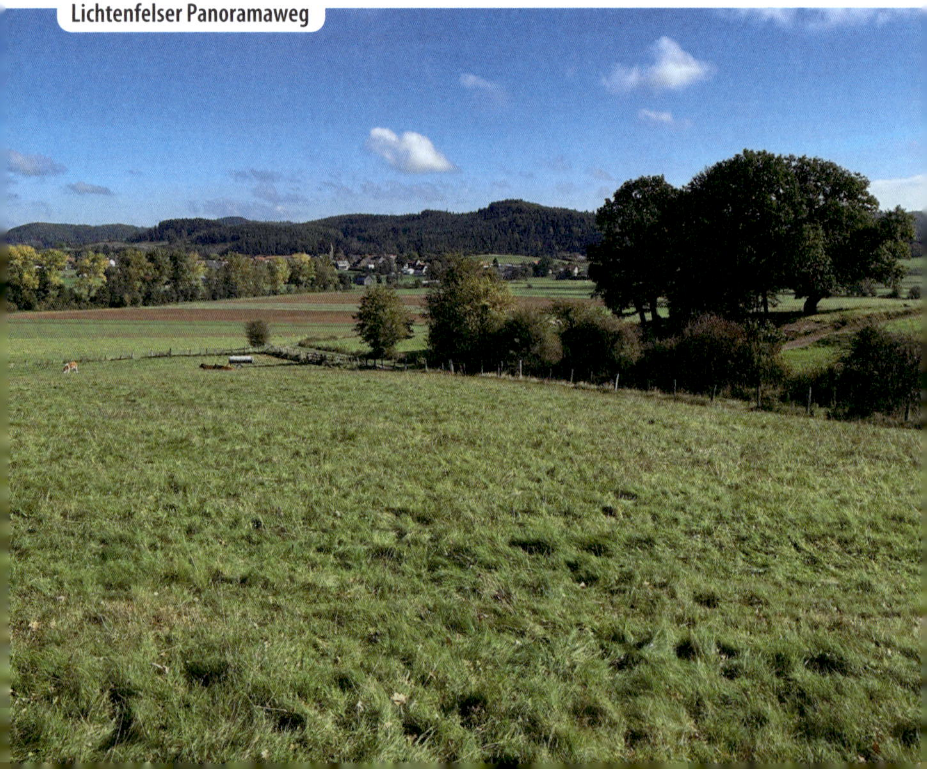

Fichtenwald geführt. In der Herbstzeit können wir Fliegenpilzfamilien entdecken, die sich aus dem schattigen Fichtenwald auf den Weg ausgebreitet haben. In regelmäßigen Abständen finden wir Holzpfosten mit unserer Markierung Nummer 1. An markanten Stellen helfen uns Wegweiser bei der Orientierung. Somit können wir der Routenführung vertrauen und uns entspannt **Richtung Braunshausen** leiten lassen. Am ❷ **Rastplatz hinter der Wacholderheide** geht es geradeaus weiter, teils auf weichem Grasboden, teils auf gut zu laufendem Schotter.

Für die Seele

In der endlosen Weite des Lichtenfelser Hochlands wandern wir uns den Kopf frei und spüren Leichtigkeit.

Der Weg endet an einer Straße, der wir nach links folgen. In einem Bogen werden wir zur Landstraße hinuntergeführt, der wir etwa 20 Meter nach rechts folgen, bevor wir sie überqueren. Auf der anderen Straßenseite biegen wir auf einen Grasweg ab und gehen zwischen zwei Leitplanken leicht bergab. Wir passieren eine Windbruchfläche und wandern gemütlich auf einem weichen Pfad talwärts, immer die Nummer 1 im Blick. Je näher wir dem Tal kommen, desto deutlicher vernehmen wird das Rauschen der Nuhne. An einem Holzverschlag halten wir uns rechts. Der Pfad senkt sich etwas steiler ab und endet auf einem breiten Schotterweg. Wir biegen hier links ab und werden nach wenigen Metern rechts auf einen Graspfad gelenkt, auf dem wir parallel zur Landstraße **Richtung Rengershausen** laufen. Im Mai, wenn der Ginster blüht, ist dieser Abschnitt in leuchtendes Sonnengelb getaucht. Das ❸ **Naturschutzgebiet Wacholderheide** bleibt unseren Augen weitgehend verborgen, lediglich die Wacholdersträucher am Wegesrand deuten auf das Vorhandensein des Schutzgebiets hin. Hagebuttensträucher vermitteln uns den Eindruck, durch eine Heckenallee zu wandern. An manchen Stellen können wir zwischen den Büschen hinunter auf die Nuhne blicken, die quirlig durch ihr Flussbett plätschert. Auf

*Für viele Tier- und Pflanzenarten ist die **Wacholderheide** ein Paradies. Ausgewiesen als Schutzgebiet entwickelt sich die ehemalige Weidefläche zu einem artenreichen Ökosystem. Schafbeweidung verhindert die Wiederbewaldung, die den Wacholder verdrängen würde.*

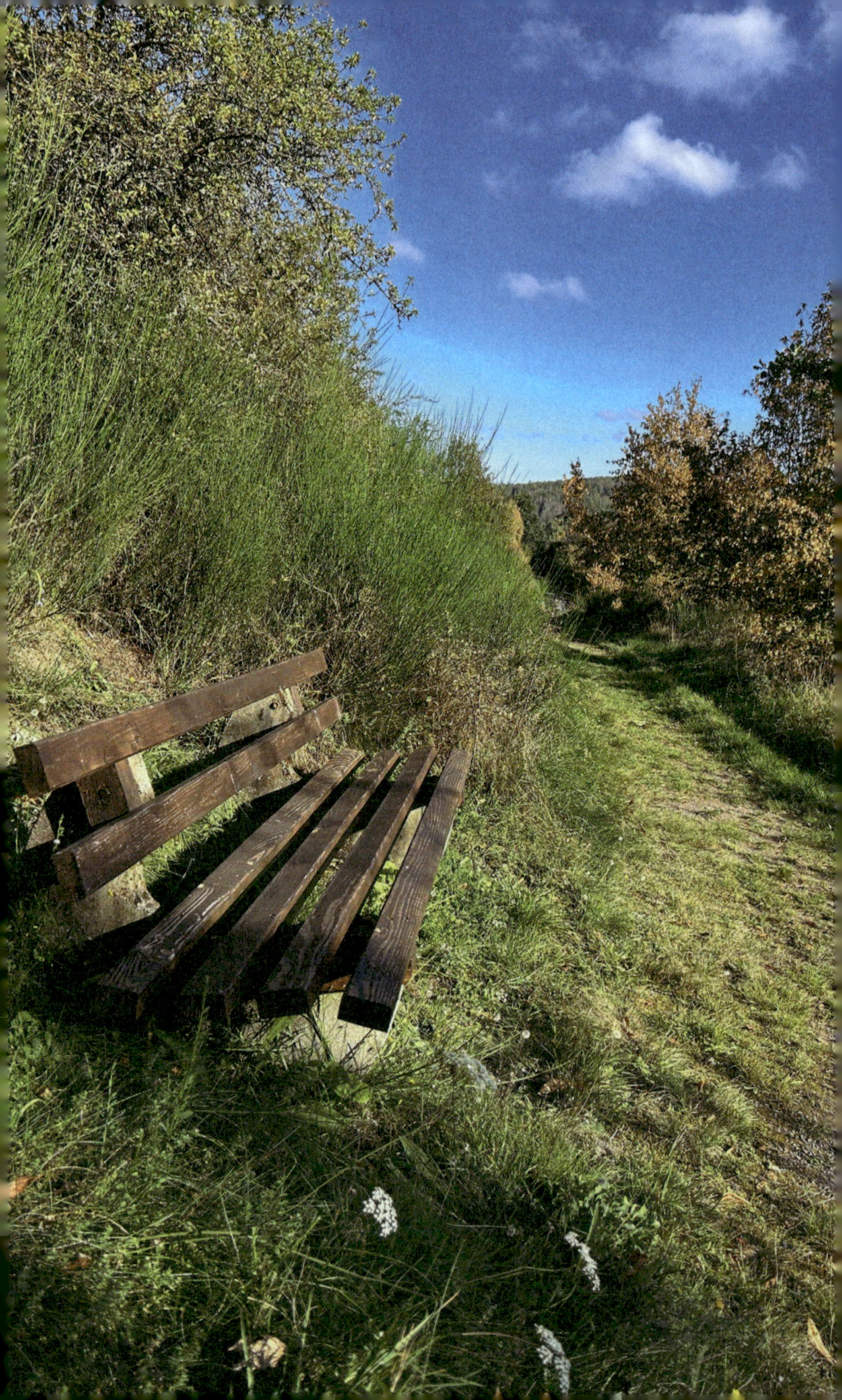

den Sitzbänken entlang des Wegs können wir ab und zu einen Moment innehalten, uns von der Mittagssonne wärmen lassen und dem Rauschen des Wassers lauschen. Die malerische Passage endet an der Landstraße, an der wir ein kleines Stück links entlanglaufen. Wir bleiben auf der linken Straßenseite, lassen den Ort Rengershausen rechts liegen und gehen oberhalb der Nuhne auf einem geteerten Radweg bergauf. Zuverlässig leitet uns die Nummer 1 in leichtem Anstieg zurück auf die Hochebene. In einer Kurve entdecken wir den schattigen **4 Rastplatz Rengershausen** mit einer schönen Aussicht auf das gleichnamige Dorf.

Vom Rastplatz aus folgen wir weiter dem Schotterweg Richtung Nuhnebrücke/Otto-Eiche. Die folgende Kreuzung überqueren wir geradeaus und biegen dann, bevor wir abermals die Landstraße erreichen, an der nächsten Gabelung rechts ab. Eine entsprechende Markierung finden wir linker Hand an einem Baumstamm. Wir können uns kaum sattsehen an den Fernsichten und den sich ständig ändernden Panoramen. Innerlich ausgeglichen mit Leichtigkeit im Herzen wandern wir leicht bergab an Wiesen und Feldern vorbei, mit malerischem Blick auf Neukirchen. Nach ungefähr 1 Kilometer kommen wir an eine Weggabelung, an der uns eine **5 Sitzbank mit Aussicht** zu einem letzten Mußemoment einlädt. An dieser Stelle geht es nach rechts auf einen Kies-Schotter-Weg **Richtung Otto-Eiche und Nuhnebrücke** (1,5 km) und wir überschreiten die Landesgrenze nach Hessen. Wir folgen immer geradeaus einem breiten Grasweg, der nach wenigen Minuten Gehzeit in einen Trampelpfad übergeht. Der Weg durchquert eine Windbruchfläche und führt alsbald wieder hinaus auf eine Bergwiese. Von Weitem sehen wir einen Schilderbaum, auf den wir über die Wiese zulaufen. Dort angekommen, wenden wir uns nach links und laufen am Wiesenrand entlang. Rechts von uns hören wir das Rauschen der Nuhne. Wir folgen dem Wiesenweg und der Wegmarkierung Nummer 1, bis wir zu einer größeren Wegkreuzung kommen. Hier zweigt unser Wanderweg links auf einen asphaltierten Radweg ab. Nun gehen wir den letzten Kilometer unserer luftig-leichten Wanderung an und folgen der Wegweisung **Richtung Neukirchen.** Beschwingt marschieren wir an Kuhweiden vorbei, überqueren eine Kreuzung und laufen leicht bergauf immer geradeaus. Nach einer Wegbiegung sehen wir schon die ersten Häuser von Neukirchen. Wir folgen dem Verlauf der Straße, die uns direkt zurück zum Parkplatz führt. Jetzt freuen wir uns auf eine gemütliche Einkehr im 6 **Landgasthaus Waldecker Hof,** das nur wenige Gehminuten vom Parkplatz entfernt liegt. Ein wohltuender Abschluss unserer Wandertour.

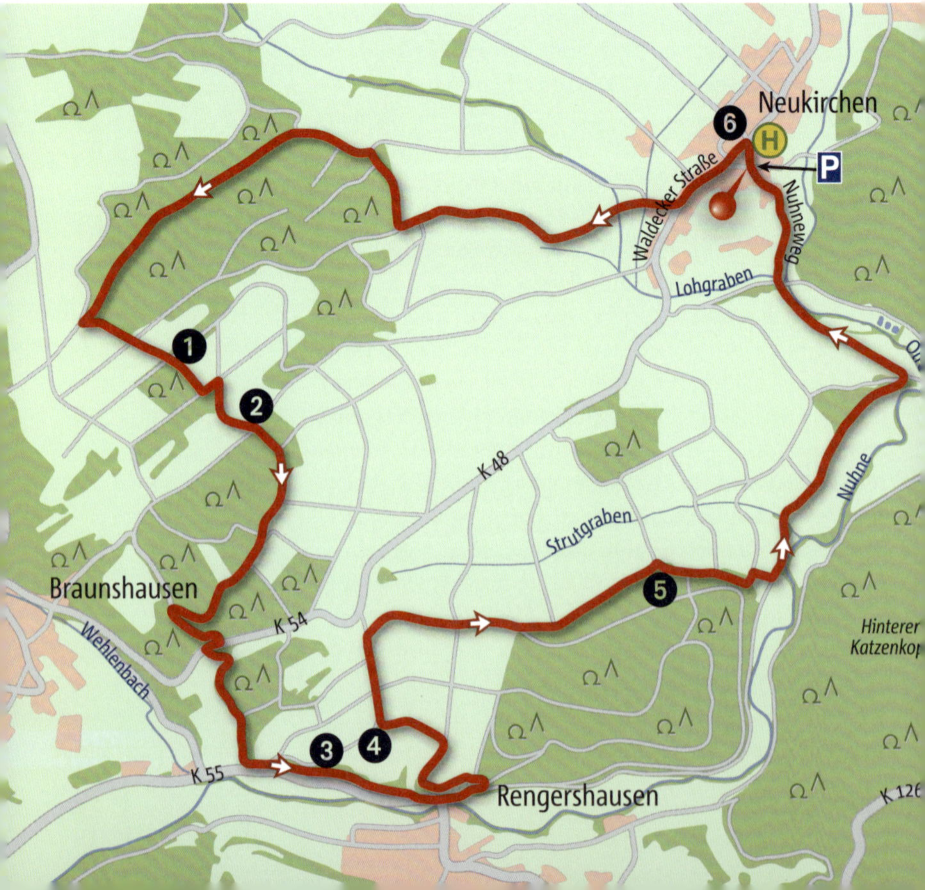

ALLES AUF EINEN BLICK

Entspannung 5/5
Abenteuer 1/5
Vielfalt 2/5

WIE & WANN

Breite und schmale Wald- und Wiesenwege, befestigte Schotterwege, streckenweise geteerte Radwege, innerorts asphaltierte Straßen. Beste Wanderzeit von April bis Oktober, besonders schön zur Wiesenblüte von Mai bis Anfang August.

HIN & WEG

Auto: Wanderparkplatz Nuhnetal, Nuneweg, 35104 Lichtenfels-Neukirchen
ÖPNV: Haltestelle Lichtenfels-Neukirchen Kirche

ESSEN & ENTSPANNEN

6 **Landgasthaus Waldecker Hof**, Hofstraße 6, 35104 Lichtenfels, Tel. (0 64 54) 8 00, www.waldeckerhof.com (vorherige Reservierung erwünscht)

ENTDECKEN & ERLEBEN

1 **Ruhebank Am Streitholz**
2 **Rastplatz hinter der Wacholderheide**
3 **Naturschutzgebiet Wacholderheide**
4 **Rastplatz Rengershausen**
5 **Sitzbank mit Aussicht**

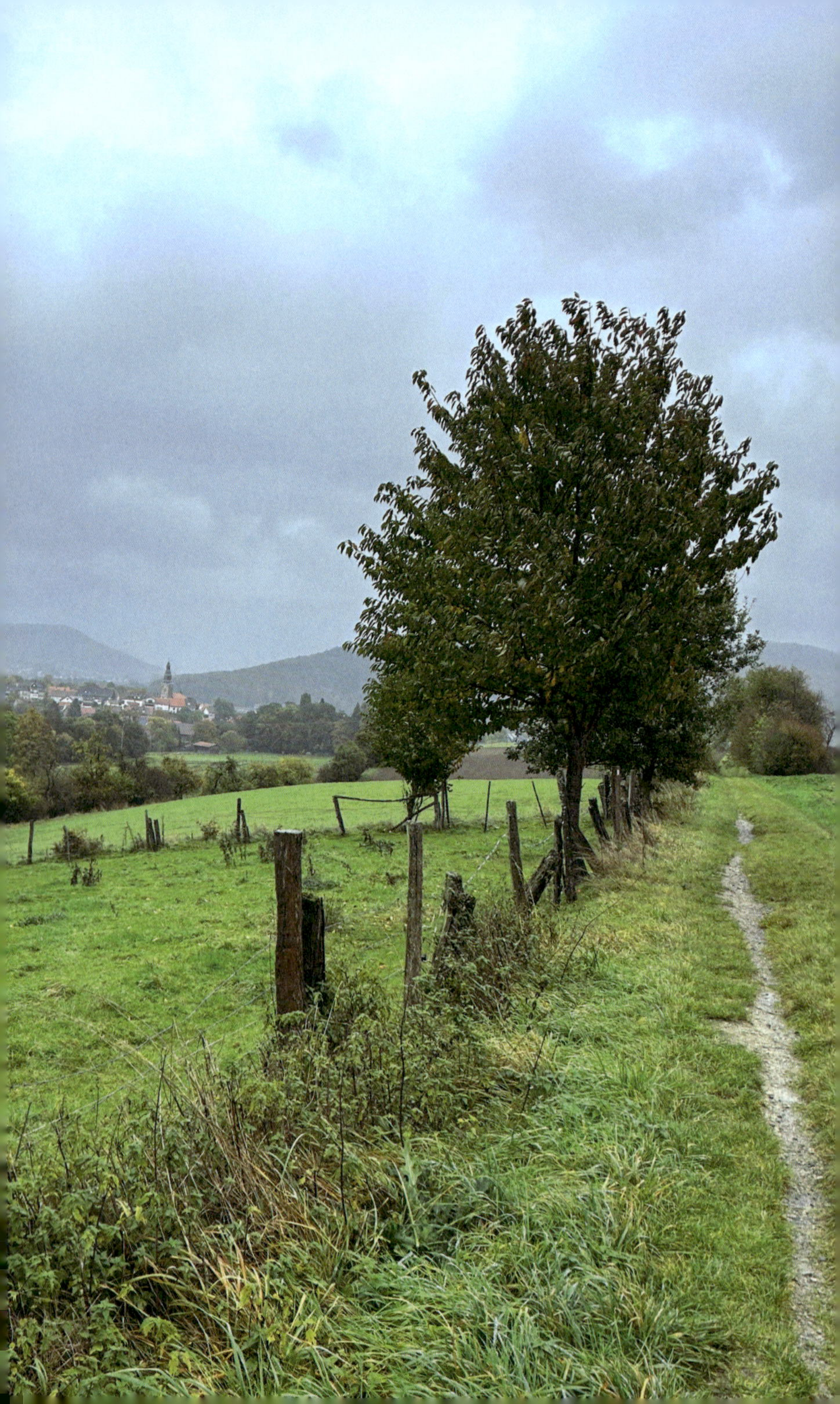

Wiesenglück

Auf dem Weg nach Bad Zwesten

Unsere Rundwanderung verläuft größtenteils auf dem **Burg Löwenstein-Weg,** der mit einer **Fotografie des Burgturms** markiert ist. Vom Parkplatz Urfftal aus leitet uns ein gelber Wegweiser mit dieser Markierung den Burgberg hinauf **Richtung Jausenstation** (1,2 km). Unterwegs fordern uns kurze steile Anstiege, die wir aber mühelos bewältigen. Achtung: Bei Nässe besteht Rutsch- und Stolpergefahr. Stellenweise ist der Waldpfad durch das Laub am Boden schwer zu erkennen, daher behalten wir das Wegsymbol im Blick, um nicht vom Weg abzukommen. In kurzen Abständen sind zusätzlich gelbe Pfeilmarkierungen an den Bäumen angebracht, die uns durch das Laub- und Steingewirr lotsen. So erklimmen wir den Berg, wandern an einem **schroffen Felsengebilde** vorbei und lauschen dem Rauschen der Urff, das aus dem Tal zu uns dringt. Nachdem wir die steilsten Abschnitte hinter uns gebracht haben, macht unser Weg eine Biegung nach links und verbreitert sich. Jetzt haben wir eine schöne Sicht hinunter ins **Urfftal.** Eine uralte Eiche am Wegesrand reckt ihre riesigen Äste über den Weg und bildet eine Art Torbogen, unter dem wir durchwandern. Gleich darauf sehen wir eine Sitzbank, auf der wir eine kurze Verschnaufpause einlegen und die schöne Aussicht auf uns wirken lassen. Linker Hand können wir zwischen den Bäumen den Turm der Ruine erkennen. In einer weiten Schleife laufen wir auf die Ruine zu, werden aber vor den ersten Mauerfragmenten in einer spitzen Kehre nach rechts gelenkt. Nun gehen wir auf dem

Kilometer: 8,3
Höhenmeter: 240
Stunden: 2–3
RUNDWEG

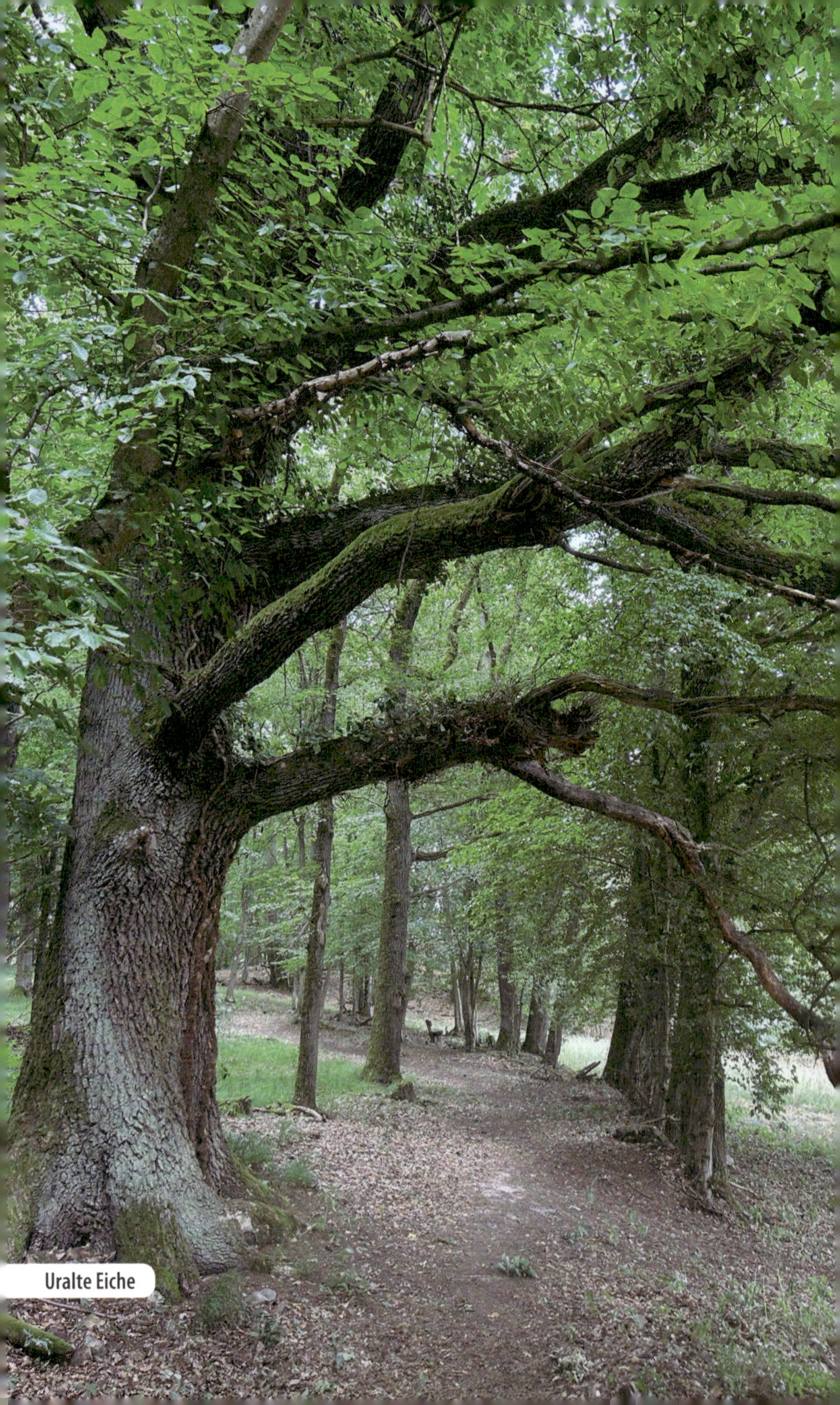

Uralte Eiche

Burggraben-Rundweg unterhalb der Mauerreste in einem Halbbogen um die Ruine herum. Kurze Zeit später endet der Waldweg an der Straße zur Burg. An diese Stelle kommen wir am Ende unserer Wanderung noch einmal zurück, um dann zur Burgruine und Jausenstation hochzulaufen. Wir überqueren die Straße und sehen eine Laterne mit Wegweisern und Symbolen. Rechts neben der Straßenlaterne zweigt ein überwucherter Waldpfad ab, dem wir durch eine Senke folgen. Etwas unterhalb an einem Baum sehen wir die Wegmarkierung des **Burg Löwenstein-Wegs.** Danach werden wir rechts auf einen Waldweg gelenkt und wandern durch Laubmischwald, die beruhigenden Naturgeräusche im Hintergrund. Das Turmsymbol und der gelbe Pfeil begleiten uns in regelmäßigen Abständen. Wir marschieren immer geradeaus bis zur **Schiffelborner Straße.** Dort halten wir uns links, laufen über den großen Platz und folgen dem Verlauf der Straße **Am Büschelchen** am Ortsrand entlang. Ab und zu erhaschen wir zwischen den Häusern einen Blick hinunter ins Tal. Am Dorfende geht die Straße in einen befestigten Schotterweg über. Rechter Hand öffnet sich ein traumhaftes Panorama. Mehrere Lauben am Wegesrand verführen zu kurzen Sinnespausen. Wir gehen immer geradeaus, während der Schotterweg in einen Wiesenweg übergeht. Die Weite der Kulturlandschaft löst ein Gefühl von Freiheit und Leichtigkeit in uns aus. Wir gelangen an eine Wegkreuzung, an der wir rechts abbiegen und über das offene Feld marschieren. Links am Wegesrand sehen wir eine Sitzbank, an der wir nach links geleitet werden. Ein chinesisches Sprichwort auf einer Tafel gibt uns einen Impuls zum Nachdenken. Wir folgen dem Grasweg um eine Kurve und stehen vor **farbigen Säulen** – ein buntes Kunstwerk mitten in der grünen Natur. Auf einer Infotafel erfahren wir: Die Blühfläche vor uns ist

Für die Seele

Über Wiesen und Felder wandern wir auf weichen Wegen und erfreuen uns an traumhaften Fernsichten.

Teil eines Rebhuhn-Projekts. In diesem artenreichen Naturraum sollen Rebhühner Nahrung und Verstecke finden. Die ❶ **Ruhebank an der Blühfläche** verführt uns zu einer kurzen Atempause. Mit Elan wandern wir talwärts, im Schutz der ausladenden Äste uriger Eichen, die den Weg säumen. Wir gehen stetig bergab und kommen auf einem weichen Grasweg wieder auf das offene Land und passieren die Erhebung **Funkenstein.**

*Beim **Funkenstein** handelt es sich nicht um einen sichtbaren Stein oder Felsen, sondern vielmehr um eine landschaftliche Erhebung. Sie diente wohl in früherer waldarmer Zeit als Überwachungs- und Verteidigungsposten.*

Beim Weitergehen haben wir einen großartigen Blick über das Wälzebachtal links von uns. Nach circa 5 Gehminuten kommen wir an einen Abzweig. Geradeaus geht es auf dem Burg Löwenstein-Weg weiter, wir aber verlassen den Weg kurzzeitig und biegen nach links auf den Grasweg ab. Von nun an orientieren wir uns am **Pilgerweg Bad Zwesten,** der mit einer **weißen Kapelle auf violettem Hintergrund** ausgezeichnet ist, Richtung Bad Zwesten (1,1 km). Entlang des Pilgerwegs finden wir Tafeln mit Sinnsprüchen, die uns zum Philosophieren animieren. Der Wiesenpfad endet auf einem geteerten Fahrradweg, dem wir nach rechts folgen, immer geradeaus, bis der Weg eine Kurve nach links macht und uns am ❷ **Schloss Bad Zwesten** vorbeiführt. Das Schloss ist in Privatbesitz und nicht zu besichtigen. Von hier ist es nicht mehr weit ins Zentrum von Bad Zwesten, wo es reichlich Gastronomie und Einkaufsmöglichkeiten gibt.

Vom Schloss aus laufen wir den **Schlossweg** entlang, biegen gleich darauf rechts in die **Südstraße** ein und folgen ihrem Verlauf bis zum **Friedhof.** Danach marschieren wir etwa 300 Meter am Straßenrand durch eine schöne Birkenallee. An der Station Pluto des Planetenwegs biegen wir rechts auf einen Wiesenweg ab und wandern eine kurze Zeit am Paulbach entlang. Hier sehen wir auch wieder unsere ursprüngliche **Markierung des Burg Löwenstein-Wegs,** die uns fortan wieder leiten wird. Unter einer uralten Eiche laden uns mehrere Ruhebänke zu einem Moment des Innehaltens ein. Wir lassen uns durch die offene Kulturlandschaft

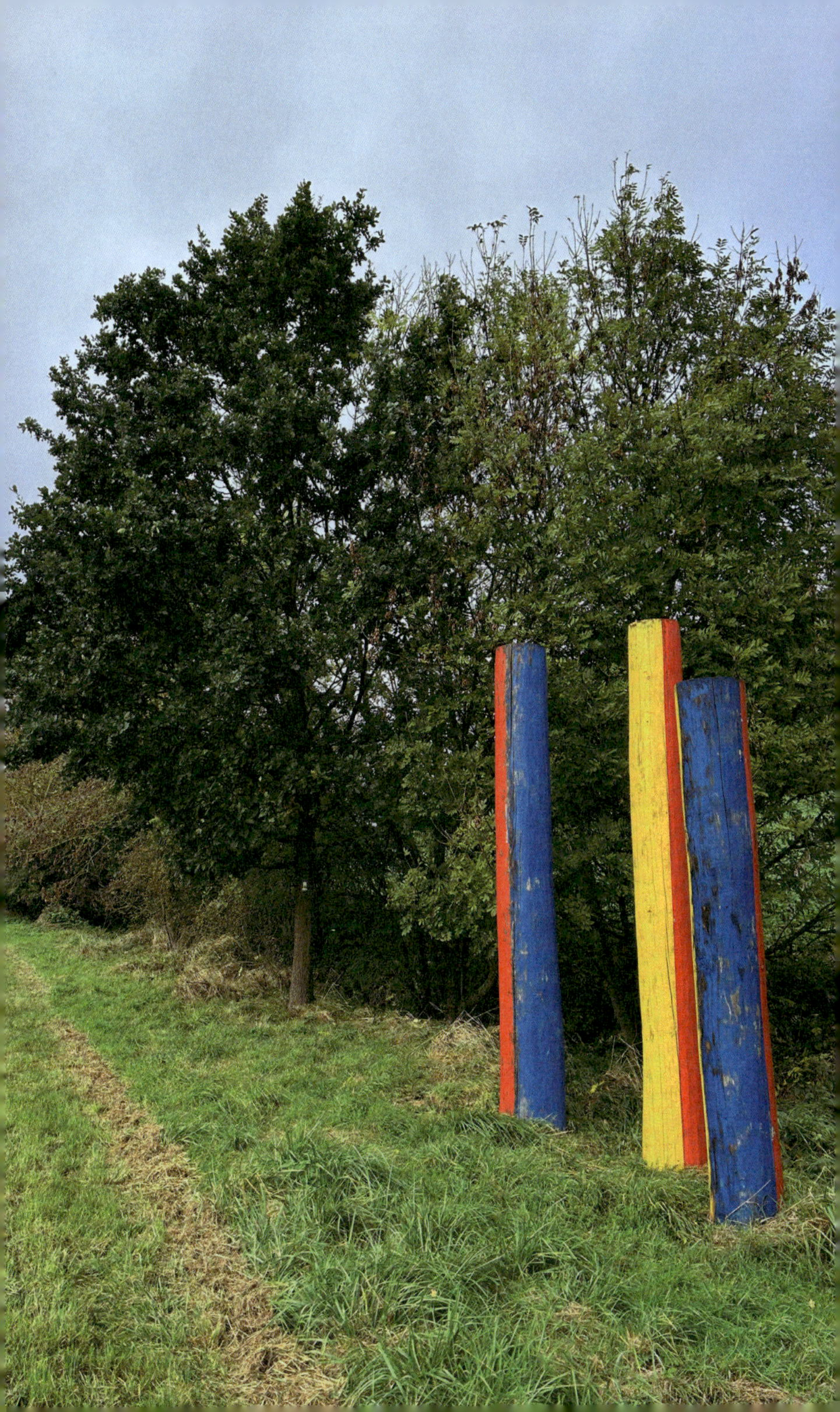

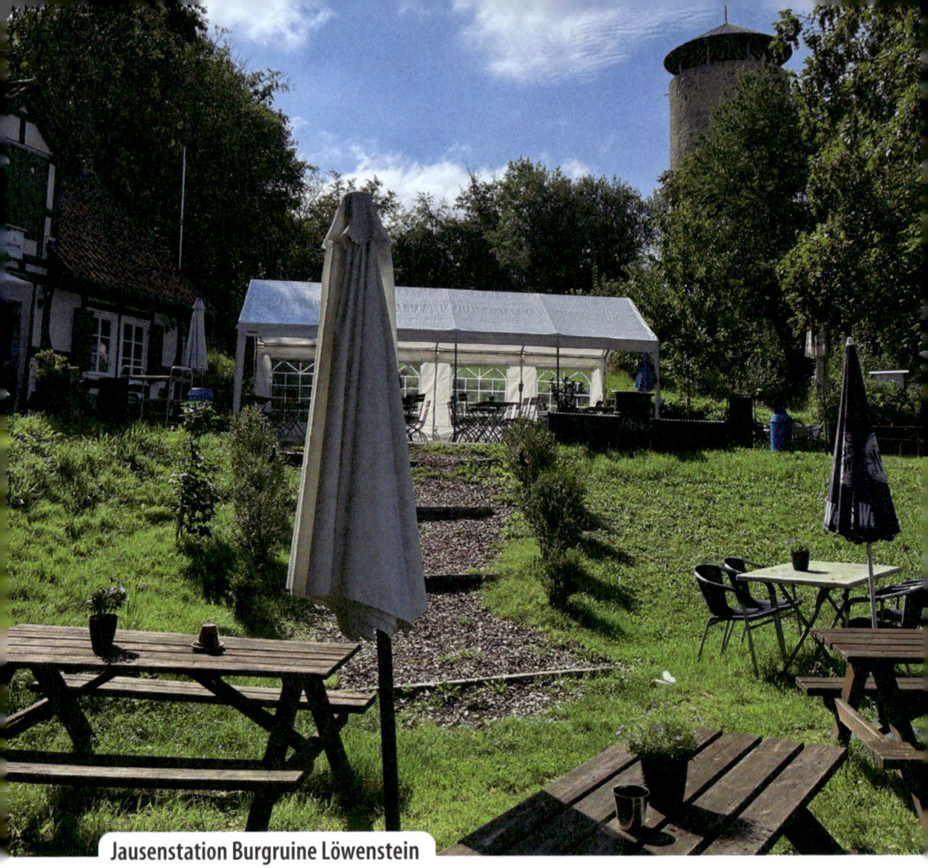

Jausenstation Burgruine Löwenstein

Die **Höhenburg Löwenstein** wurde im 13. Jahrhundert erstmals erwähnt. Am besten erhalten ist der 26 Meter hohe Bergfried mit 82 Stufen zur Aussichtsplattform. Am Fuß der Burg bietet eine Jausenstation in einem urigen Fachwerkhaus regionale Spezialitäten.

führen und erreichen nach einem leichten Anstieg den höchsten Punkt der Erhebung. Ein traumhaft schöner Rundumblick auf die umliegende Mittelgebirgslandschaft überrascht uns. In der Ferne sehen wir den **Wehrturm der Burgruine Löwenstein** aus dem Wald herausragen, auf den wir uns nun zubewegen. Der Wiesenweg geht in einen geteerten Feldweg über. Im Schlendergang bewegen wir uns auf den Ort zu. Unser Weg mündet in die Schiffelborner Straße. Wir überqueren sie und gehen links parallel zur Straße auf einem Grasweg weiter. Erneut passieren wir eine Blühfläche des Rebhuhn-Projekts. Kurz bevor wir das Dorf erreichen, führt uns der Grasweg nach rechts und gleich wieder nach links zur **3 Rasthütte Schiffelborner Blick.** Auf der Straße laufen wir am alten Dorfbrunnen vorbei in den Ort hinein. Wir folgen der Schiffelborner Straße, bis zur Weggabelung an der Wandertafel. Hier halten wir uns links und beginnen den Anstieg hinauf zur Jausenstation und zur Burg.

Der anstrengende Aufstieg zum ehemaligen Wehrturm wird mit einem großartigen Ausblick über das Urff- und Schwalmtal belohnt. Nachdem wir den Turm erklommen und die Mauerreste der ④ **Burgruine Löwenstein** erkundet haben, freuen wir uns jetzt auf eine gemütliche Einkehr in der ⑤ **Jausenstation Burgruine Löwenstein.** Auf der Speisekarte finden wir gutbürgerliche Gerichte und die ein oder andere hessische Mahlzeit.

Gestärkt und gut gelaunt marschieren wir den Stichweg wieder hinunter und folgen dem Straßenverlauf nach rechts unten. Dabei orientieren wir uns an der Wegmarkierung Z 7, die uns nach einer Kurve rechts in die **Schlossbergstraße** lotst. Ihr folgen wir bergab, bis wir etwa nach 400 Metern an eine Weggabelung gelangen, an der wir rechts in die Straße **Am Hammer**

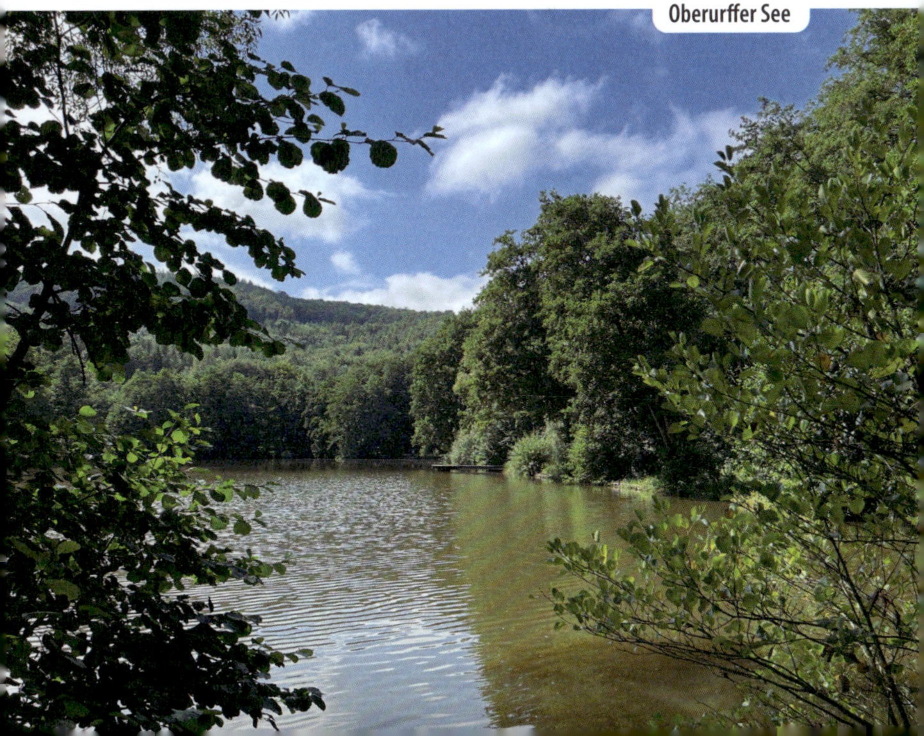

Oberurffer See

einbiegen. Auf direktem Weg laufen wir nun hinunter zur **Freizeitteichanlage am Oberurffer See.** Wir hören bereits das Rauschen der Urff, das immer stärker an unser Ohr dringt, je näher wir dem Tal kommen. In Flussnähe blicken wir linker Hand in eine Hartholzaue. Am Parkplatz halten wir uns links, überqueren die Urff über eine Holzbrücke und sind am **6 Oberurffer See** angekommen. Eine gemütliche Wanderrunde um den See entspannt uns und fühlt sich erholsam an. Zum Abschluss unseres erlebnisreichen Wandertags suchen wir uns ein lauschiges Plätzchen am See und genießen das süße Nichtstun. In den Sommermonaten können wir uns im kühlen Seewasser erfrischen, bevor wir unsere Heimreise antreten.

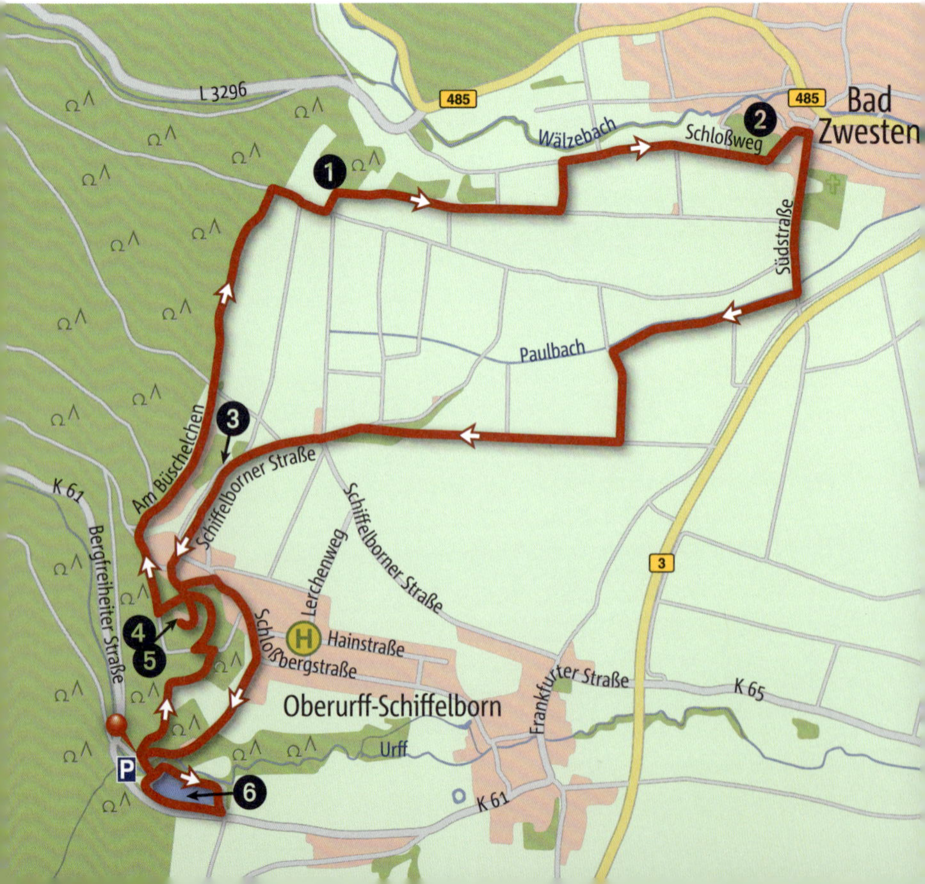

ALLES AUF EINEN BLICK

Entspannung ●●●●○
Abenteuer ●●○○○
Vielfalt ●●●○○

WIE & WANN

Breite Wald- und Schotterwege, Feld- und Wiesenwege, in Ortslage asphaltierte Straßen. Beste Wanderzeit von April bis Oktober.

HIN & WEG

Auto: Wanderparkplatz Urfftal, Freizeitteichanlage,
Bergfreiheiter Straße/Am Hammer, 34596 Bad Zwesten-Oberurff
ÖPNV: Haltestelle Schiffelborn

ESSEN & ENTSPANNEN

5 **Jausenstation Burgruine Löwenstein,** Schiffelborner Straße 43, 34596 Bad Zwesten, Tel. (0 15 12) 0 40 06 81

ENTDECKEN & ERLEBEN

1 **Ruhebank an der Blühfläche**
2 **Schloss Bad Zwesten**
3 **Rasthütte Schiffelborner Blick**
4 **Burgruine Löwenstein**
6 **Oberurffer See**

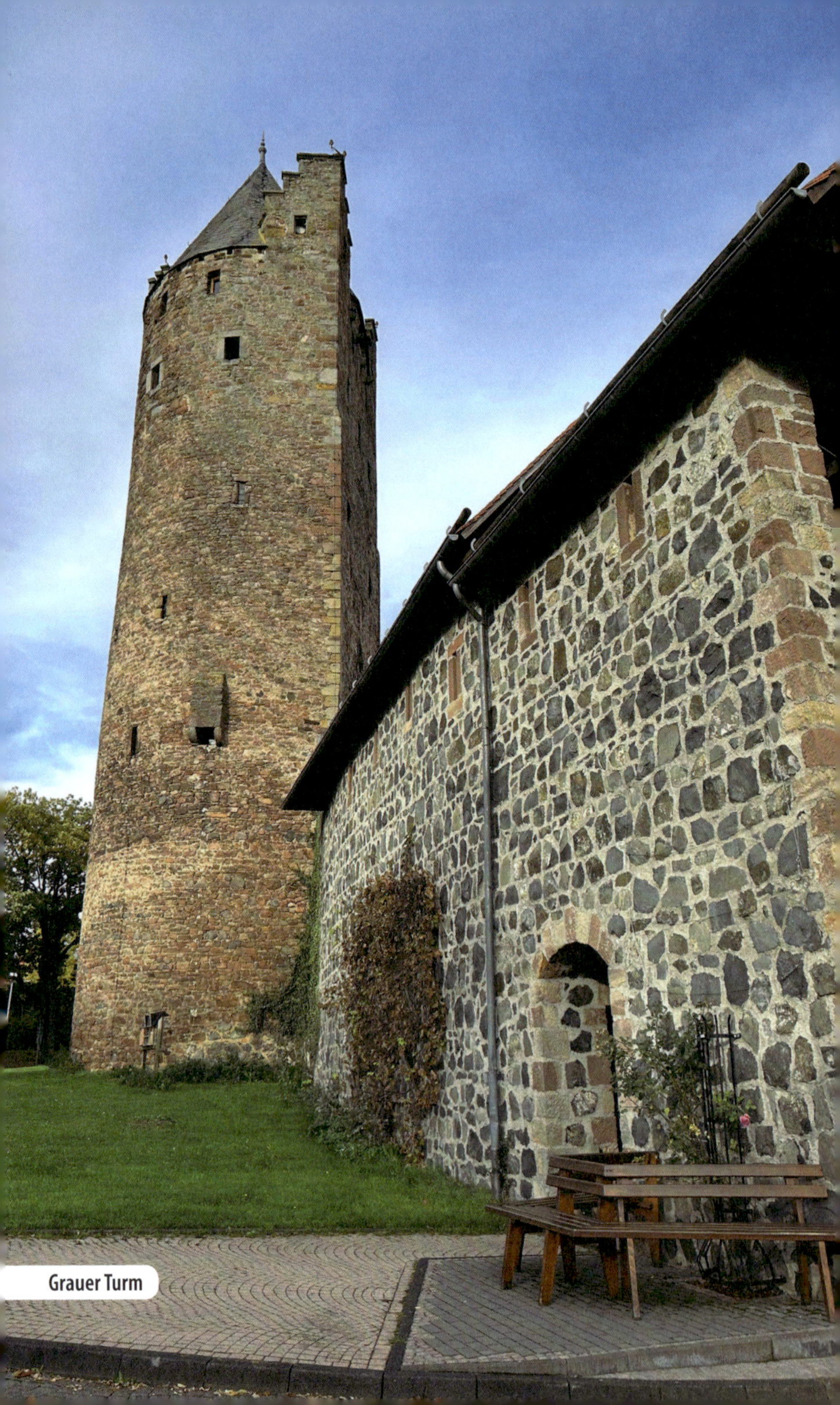

Grauer Turm

Erlebnisrunde

Rund um Fritzlar

Zu Beginn unserer Wanderung laufen wir durch das steinerne Tor am **Grauen Turm** und geradeaus weiter auf die Straße **Burggraben.** Rechts, an einer Laterne sehen wir die braune Wegmarkierung zum **Rondengang,** an der wir uns zunächst orientieren werden.

Wenige Meter weiter, an der Hausnummer 7, biegen wir rechts in eine schmale Gasse ein. Am Ende der Gasse folgen wir der Kurve und gehen auf der Straße **Am Burggraben** zum ❶ **Frauenturm.** Es wird angenommen, dass sich im Keller des Turms ein Frauengefängnis befand, was den Namen erklären würde. Wir laufen am Turm vorbei und geradeaus weiter auf ein Stück Naturweg. Nach rechts öffnet sich ein schöner Blick hinunter auf die Stadt. Sogleich gehen wir nach links in die **Rittergasse** und erhaschen einen ersten Blick auf die beiden Türme des Doms. An der Gabelung halten wir uns rechts und laufen die Steinstufen der Rittergasse hinab bis zur Weggabelung am **Ziegenberg.** Dem rechten Abzweig folgen wir über die Steinstufen bergab auf die **Neustädter Straße.** Noch einmal biegen wir rechts ab und gehen auf den etwa 25 Meter hohen ❷ **Winterturm** zu. In seinem Mauerwerk kann man gut die Schießscharten erkennen. Auf der Neustädter Straße wandern wir hinunter zur mittelalterlichen Steinbrücke, die wir überqueren, um zum Rastplatz am ❸ **Malerwinkel** zu gelangen. Ein großer Bilderrahmen lädt uns dazu ein, mit künstlerischem Auge auf die Stadt zu blicken. Nun begeben wir uns auf den **Mühlengrabenpfad,** auf dem auch der Auenlehrpfad verläuft,

*Der **Rondengang** führt an der Fritzlarer Stadtmauer mit ihren Türmen entlang. Ursprünglich war der Rondengang dafür gedacht, den wehrfähigen Männern im Verteidigungsfall einen schnellen und direkten Weg zu den Wehrtürmen zu ermöglichen.*

Kilometer: 5,5
Höhenmeter: 120
Stunden: 1,5
RUNDWEG

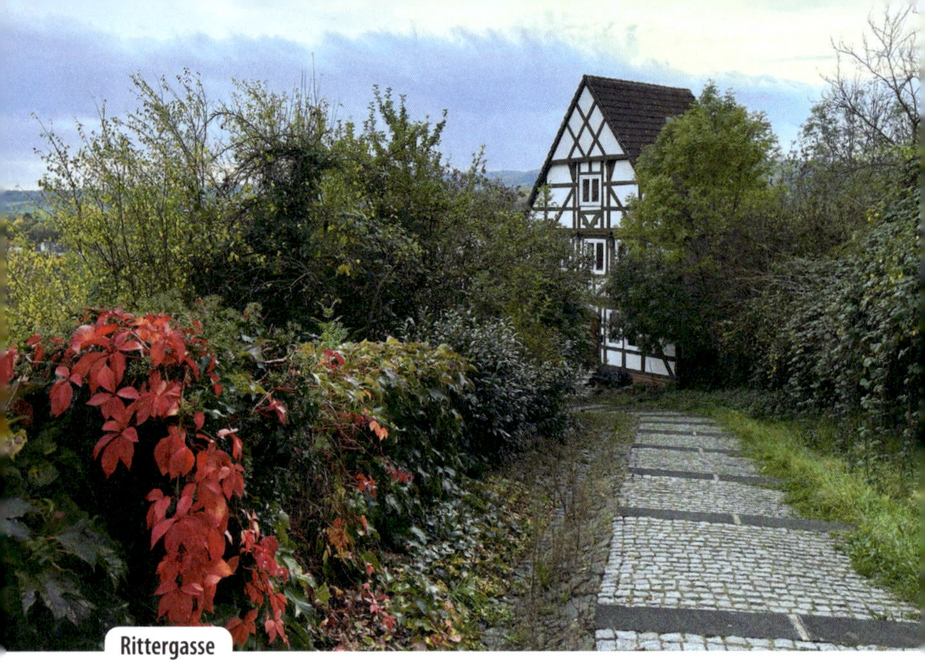

Rittergasse

der uns an 17 Stationen Lehrreiches zu den Naturräumen vermittelt. Wir wandern die linke Uferseite des Mühlengrabens entlang durch einen schönen Erlenbruchwald. Erlen kommen ebenso wie Weiden und Schwarzpappeln mit häufig überschwemmten Feuchtgebieten und anhaltender Bodennässe gut zurecht. Nach rechts haben wir immer wieder freie Sicht auf die weite Kulturlandschaft. Der Pfad hat eine wildromantische Anmutung, die uns innerlich berührt und Glücksgefühle hervorlockt. Nach etwa 15 gemütlichen Gehminuten überqueren wir eine Holzbrücke und lassen uns von der wilden Auenlandschaft begeistern, die an einen tropischen Urwald erinnert. Kurz danach schreiten wir durch eine weitläufige ❹ **Streuobstwiese,** auf der Wellnessliegen zu Sinnespausen einladen. Wir suchen uns ein schönes Seelenplätzchen aus und nehmen uns eine kurze Auszeit für die Sinne. Was hören wir? Welche Gerüche nehmen wir wahr? Wie fühlt sich das Nichtstun an? Die Streuobstwiese ist aus einer alten Kulturlandschaft entstanden. Totholz wird hier bewusst liegengelassen, um die Artenvielfalt zu fördern und zu erhalten.

*Das **Ederwehr** speist den Mühlengraben und die nahe Fischzuchtanlage. Auf der Wasserfläche oberhalb der künstlichen Fallstufe und auf den Fischteichen machen zahlreiche Wasservögel Station, darunter auch seltene Arten wie Löffelente und Rotschenkel.*

Ohne Hast und Eile schlendern wir am Mühlengraben entlang und erfreuen uns an verschiedenen Natureindrücken. Nach einer Passage mit riesigen Pappeln entlang des Wegs erreichen wir das **5 Ederwehr,** das sich bereits mit einem lauten Rauschen angekündigt hat.

Draußensein macht hungrig. Wie wäre es mit einer ersten Brotzeit am Rastplatz neben dem Ederwehr? Das ganze Jahr über können wir von hier aus Wasservögel beobachten, am besten mit einem mitgebrachten Fernglas.

Für die Seele

In den Ederauen finden wir Entspannung, bevor wir in der charmanten Altstadt von Fritzlar auf Entdeckungstour gehen.

Gestärkt und mit reichlich Wasserenergie aufgetankt machen wir uns wieder auf den Weg. Bevor wir vorhin auf das Wehr zugelaufen sind, haben wir eine Weggabelung passiert. Dorthin laufen wir nun zurück und folgen dem Abzweig **Richtung Fritzlar/Stadtmitte** (3,3 km), markiert mit dem Rundweg Nummer 2. Nun geht es am Graben entlang zum **6 Rastplatz an der Fischzuchtanlage,** an dem wir kurz

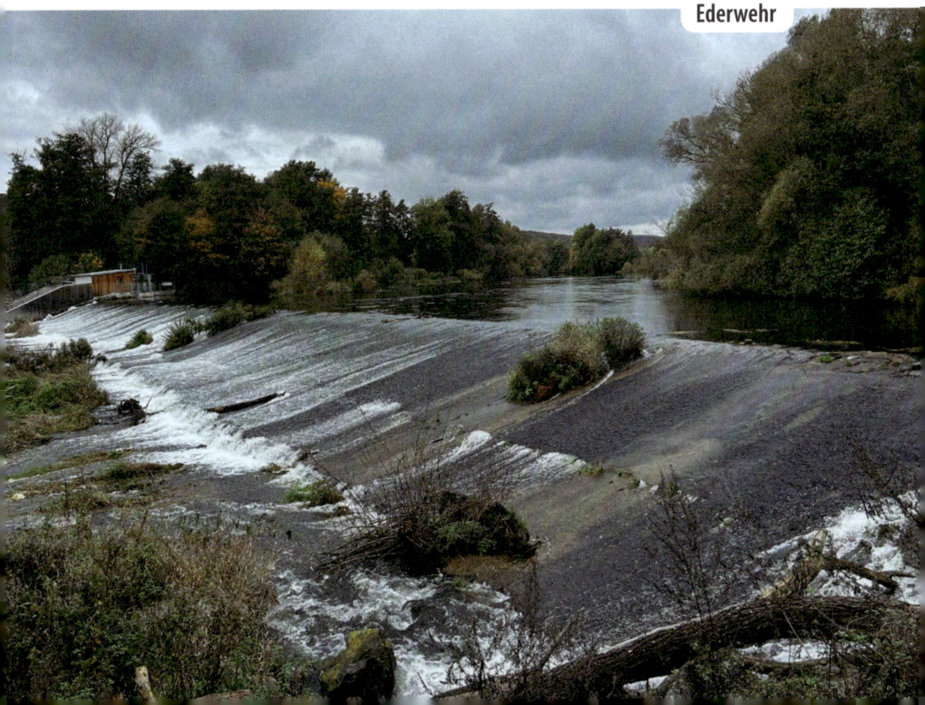

Ederwehr

haltmachen, um die Infotafel zu studieren. Auf dem friedvollen Gewässer ziehen Schwäne ihre Kreise – manchmal sind sie neugierig und steuern in unsere Richtung. Unser Weg macht hier eine Kurve und führt uns in einen neuen spannenden Naturraum, in die **Hartholzaue.** Sie ist das Ergebnis einer naturgemäßen Waldbewirtschaftung in früherer Zeit, die nun ihre Früchte trägt. Typische Pflanzenarten wie Wilder Hopfen oder Efeu siedelten sich an, Spechte, Siebenschläfer und Fledermäuse fanden hier ein Zuhause. Dieser Wegabschnitt ist besonders reizvoll, denn die Natur hat hier ihre eigenen Regeln erstellt und wächst in wilder Manier zu einem richtigen Dschungel heran. Wir kommen an eine Wegkreuzung, die wir geradeaus überqueren, Richtung Fritzlar/Stadtmitte (2,3 km). Nun gehen wir immer weiter geradeaus bis wir die ersten Gebäude am Stadtrand sehen. Dort mündet unser Wanderweg in den **Pipprichsweg.** Wir passieren das **Eder-Auen-Erlebnisbad,** das uns in den heißen Sommermonaten eine willkommene Abkühlung bietet. Am Siechenrasen gelangen wir an eine Straßenkreuzung, an der wir links abbiegen und am Rasthäuschen vorbeilaufen. Kurze Zeit später erspähen wir links von uns auf einer Grasfläche die **7 Siechenrasenkapelle.** Wir laufen noch ein Stück weiter bis zu einer Parkanlage. Von dort können wir zur Kapelle laufen. Die Kapelle war in früherer Zeit eine Quarantänestation für Seuchenkranke. Zurück auf der Straße gehen wir geradeaus auf den Malerwinkel zu, wo unsere erste Wanderschleife endet und die zweite beginnt. Bis hierher hat uns die Nummer 2 gelotst, ab jetzt wandern wir ohne Markierung auf eigene Faust weiter.

Nachdem wir erneut die alte Steinbrücke überquert haben, laufen wir wieder die Neustädter Straße hinauf zum Winterturm. Dort gehen wir noch ein Stück die Straße entlang, bis wir rechts den steilen Kopfsteinpflasterweg **Goldenes Loch** sehen. Dieser steilen Straße folgen wir bergab und haben dabei freie

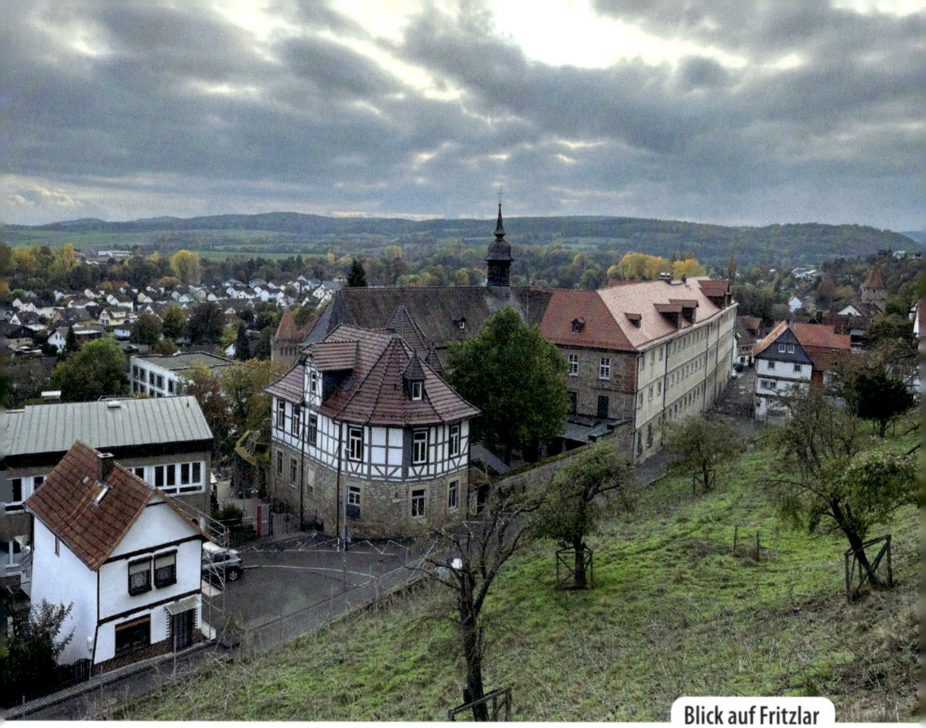

Blick auf Fritzlar

Sicht auf den Kanzel-Turm. Auf der linken Seite etwas oberhalb sehen wir die Klosterkirche des Ursulinenklosters. Wir laufen an diversen Gebäuden der Ursulinenschule vorbei und stoßen auf die Straße **Am Bleichenturm.** Ihren Namen hat die Straße von dem gleichnamigen Turm, den wir rechts aus der Distanz sehen können. Wir biegen links ab, gehen den Treppenstieg nach oben und sehen über die Dächer hinweg den **Turm am Bad.** Eine Sitzbank am Wegesrand animiert uns dazu, einen Blick zurückzuwerfen auf ein malerisches Postkartenmotiv mit Stadtmauer und Turm. Wir folgen dem Treppenstieg bis zur gepflasterten **Neustädter Straße,** laufen wenige Meter nach rechts, überqueren die Straße und steigen erneut ein paar Steintreppen nach oben. Ist die letzte Stufe erreicht, belohnt uns ein schönes Stadtpanorama für die Mühen des Aufstiegs. Nach rechts geht unser Stadtrundgang weiter. Wir laufen direkt auf den Dom zu, machen einen Bogen um ihn herum und gehen schließlich durch den Haupteingang in den **8 Dom St. Peter.**

*Der Fritzlarer **Dom St. Peter** ist seit 2004 eine päpstliche Basilica minor. Die Gründung der ehemaligen romanisch-gotischen Klosterkirche geht auf den heiligen Bonifatius zurück (um 723 n. Chr.). Unter dem nördlichen Chor befindet sich die Krypta mit dem Hochgrab des heiligen Wigbert.*

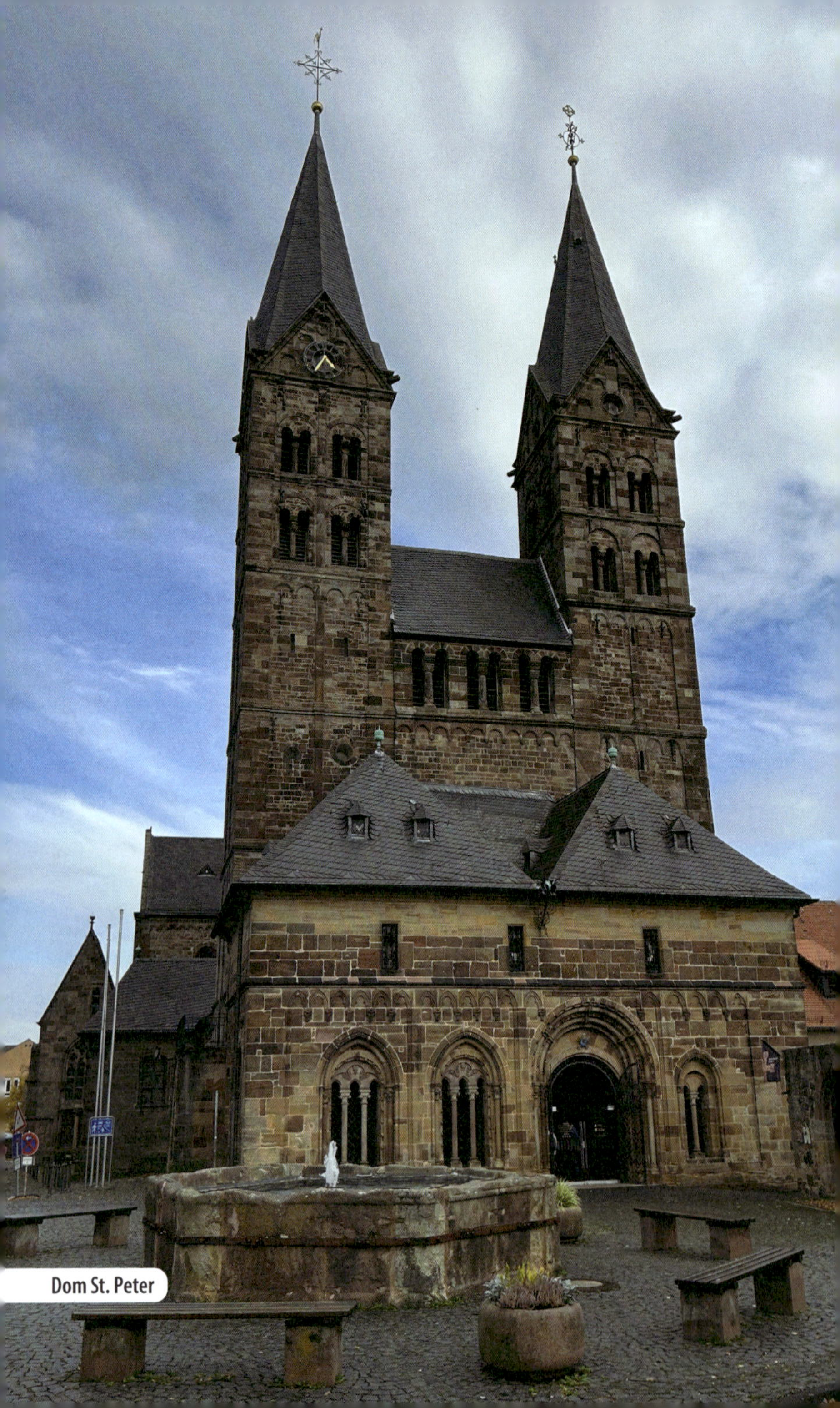
Dom St. Peter

Mit dem Rücken zum Haupteingang des Doms laufen wir nach rechts und auf der Straße **Zwischen den Krämen** in die Altstadt hinein. Rund um den Marktplatz laden Geschäfte, Restaurants und Cafés zum Einkaufen oder gemütlichen Einkehren ein. Informationstafeln an historischen Gebäuden geben Einblicke in die Geschichte der Dom- und Kaiserstadt. Direkt am Marktplatz bietet das Restaurant **9 Das Nägel** deutsche und österreichische Küche in gemütlichem Ambiente. Gegenüber in der **10 Weinstiege – der Weinladen** können wir erlesene Weine und Brände probieren oder zu einer Tasse Kaffee hochwertige Pralinen und exquisite Tartes kosten. Oder möchten wir lieber zur Hessischen Landplatte mit echter Ahler Worscht einen rheinhessischen Wein trinken? In der Fritzlarer Altstadt sind unseren Gelüsten keine Grenzen gesetzt.

Bei unserem Bummel über den Marktplatz kommen wir am **Rolandsbrunnen** vorbei und haben einen schönen Blick auf die schmucken Fachwerkhäuser in der Innenstadt. Am Ende des Marktplatzes gehen wir links in die **Kasseler Straße,** folgen ihr bis kurz vor die **St. Martin Apotheke** und biegen links in die **Von-Hund-Gasse** ein. Sie führt uns in die Straße **An der Stadtmauer.** Wir halten uns rechts, gehen durch ein Tor in der Mauer und stehen vor dem **Rosenturm.** Auf einem Fuß-

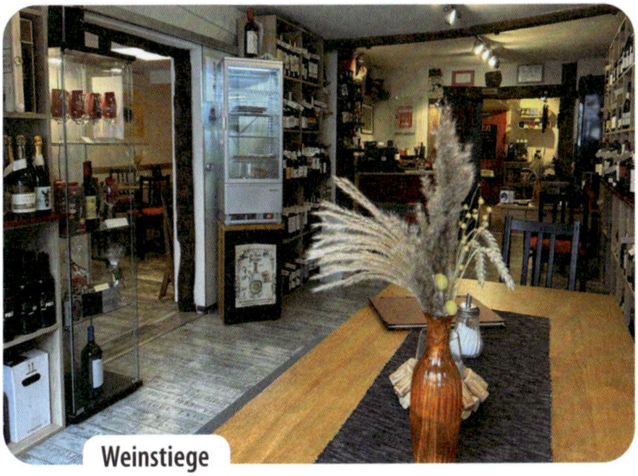

Weinstiege

weg marschieren wir durch den parkähnlich angelegten Grünstreifen an der Stadtmauer entlang bis zum **Grebenturm.** An ihm laufen wir vorbei, schlüpfen links erneut durch eine Maueröffnung und befinden uns wieder auf der Straße **An der Stadtmauer.** Von hier geht es direkt auf den **⑪ Grauen Turm** zu. Er gehört zu den höchsten, erhaltenen städtischen Wehrtürmen in Deutschland. Die Öffnungszeiten sind am Fuß des Turms ausgehängt. Zum Abschluss unserer Stadtwanderung nehmen wir uns die Zeit für eine Turmbesichtigung. Von seiner oberen Etage bietet sich ein unvergesslicher Blick über die Dächer der Stadt. Dann laufen wir zurück zum Parkplatz und treten die Heimreise an.

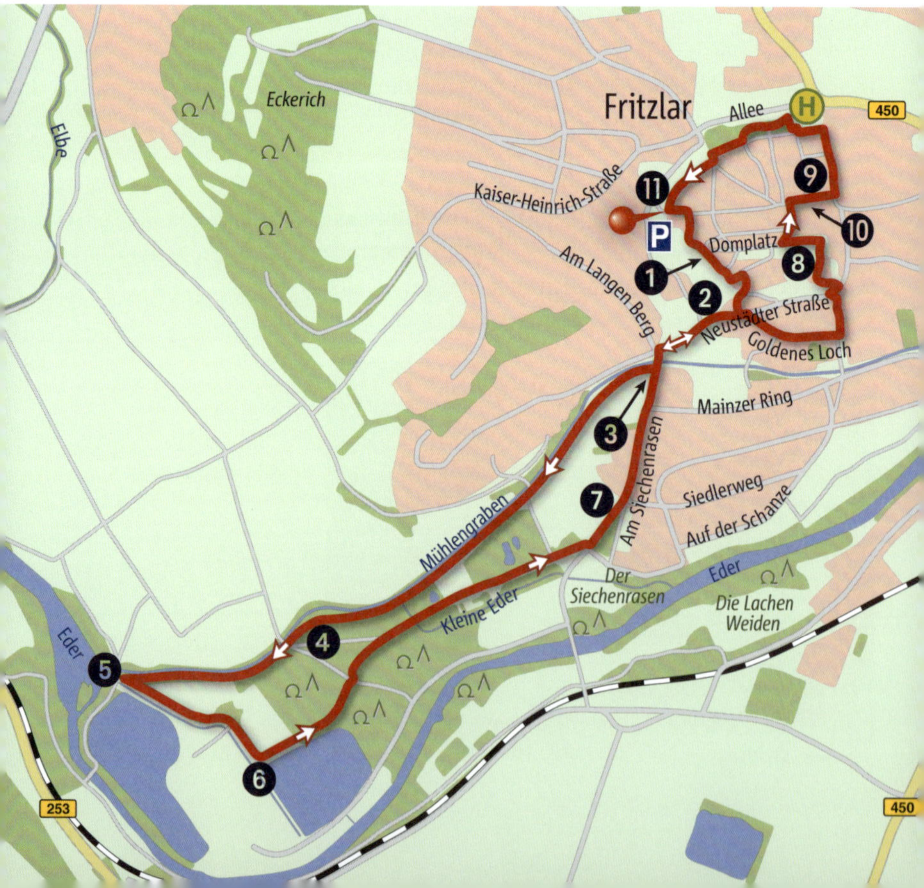

ALLES AUF EINEN BLICK

Entspannung 2/5
Abenteuer 3/5
Vielfalt 3/5

WIE & WANN

Breite Waldwege am Mühlengraben, asphaltierte Wirtschaftswege und Straßen in Fritzlar. Ganzjährig schön.

HIN & WEG

Auto: P2 Altstadt am Grauen Turm, 34560 Fritzlar
ÖPNV: Busbahnhof Fritzlar Allee

ESSEN & ENTSPANNEN

9 **Das Nägel,** Marktplatz 12–14, 34560 Fritzlar, Tel. (0 56 22) 7 90 60 00, www.das-naegel.de

10 **Weinstiege – der Weinladen in Fritzlar,** Marktplatz 11, 34560 Fritzlar, Tel. (0 56 22) 9 19 80 44, www.weinstiege.de

ENTDECKEN & ERLEBEN

1 Frauenturm
2 Winterturm
3 Malerwinkel
4 Streuobstwiese
5 Ederwehr
6 Rastplatz an der Fischzuchtanlage
7 Siechenrasenkapelle
8 Dom St. Peter
11 Grauer Turm

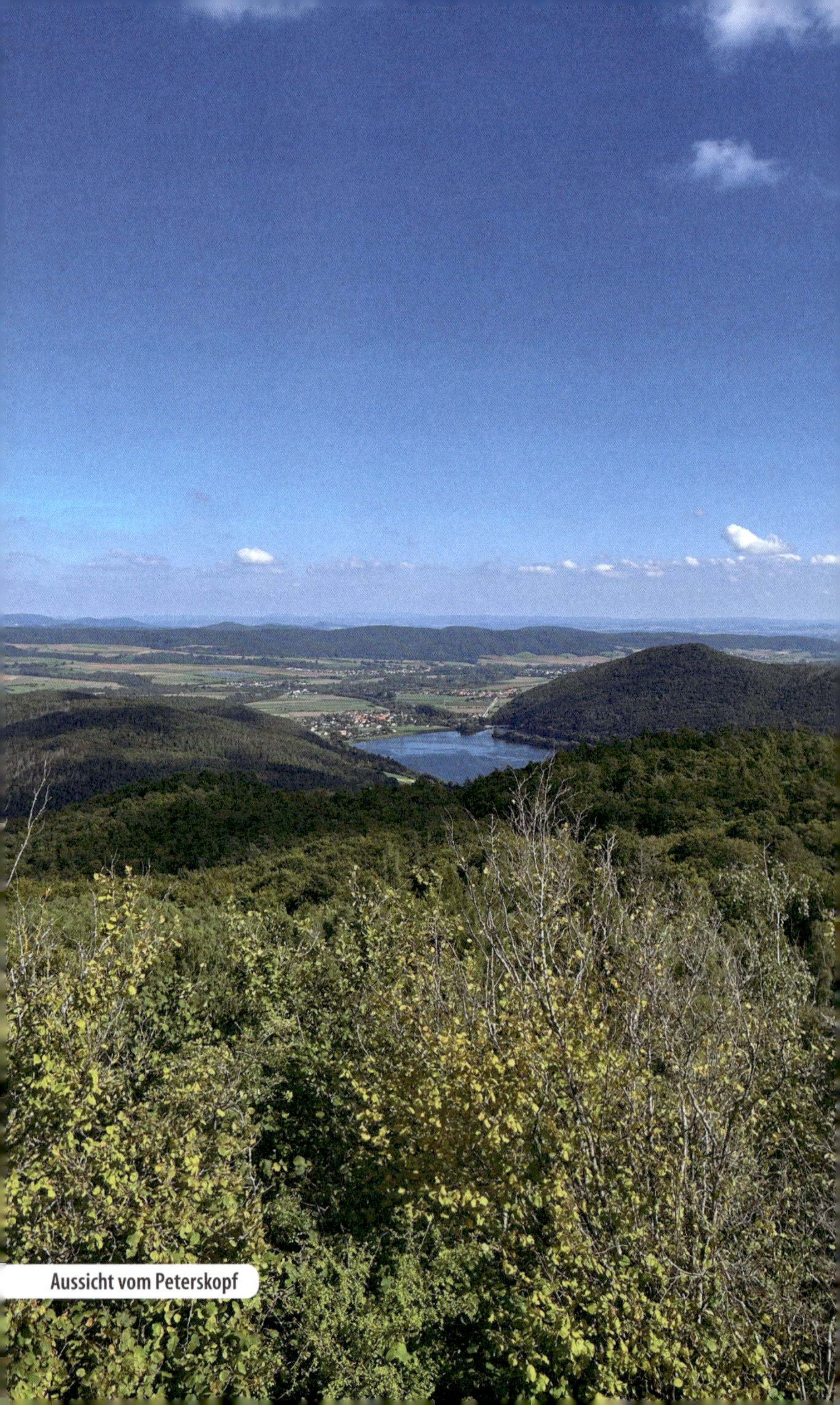

Aussicht vom Peterskopf

Naturzeit

Zum Aussichtspunkt Peterskopf

Unsere Wanderung beginnt am ❶ **Info-Schmetterling** bei der Trifthütte. Unterhalb des Pavillons können wir uns linker Hand an dem Schilderbaum orientieren. Wir biegen links ab **Richtung Wassertretstelle.** Nach etwa 200 Metern wechseln wir auf den nach rechts abzweigenden, unmarkierten Feldweg. Während wir dem geteerten Landweg folgen, haben wir schöne Weitblicke über die Kulturflächen und das Dorf Kleinern, umrahmt von einer geschwungenen Bergkulisse. In regelmäßigen Abständen finden wir Sitzbänke und Informationstafeln zu Willi Tillmans, einem Maler aus Kleinern. Nach einer Kurve ändert der Weg die Richtung und führt direkt nach Kleinern. Hier biegen wir links ab und folgen dem Wirtschaftsweg leicht bergauf bis zu den Wegweisern. Ab jetzt orientieren wir uns an der Beschilderung zum **Kellerwaldsteig (weißes K auf rotem Grund)** Richtung Kleinersches Tor und gehen geradeaus weiter. Unter einer Gruppe Kiefernbäume entdecken wir einen lauschigen Rastplatz, der zu einer Sinnespause einlädt. An der Wegscheide Kleinersches Tor wenden wir uns nach links und sehen zwei Wege abzweigen. Wir nehmen den rechten der beiden Wege, der am Holzpavillon vorbeiführt. Das Symbol des Kellerwaldsteigs finden wir an einem Holzpfosten rechts am Wegesrand. Jetzt gehen wir im Nationalparkgebiet auf einem schmalen Waldweg. Kaum haben wir die Grenze zum Nationalpark überschritten, sieht der Wald anders aus. Es herrscht natürliches Chaos, Bäume liegen quer, Natur darf sich frei entfalten, ohne Regulierung durch den Menschen.

Jeder ***Nationalpark*** *in Deutschland repräsentiert eine andere und für sich typische Landschaft. Was hingegen alle Nationalparks weltweit verbindet, ist das Ziel, Wildnis zu bewahren oder Wildnis neu entstehen zu lassen.*

Kilometer: 12,6

Höhenmeter: 420

Stunden: 3–4

RUNDWEG

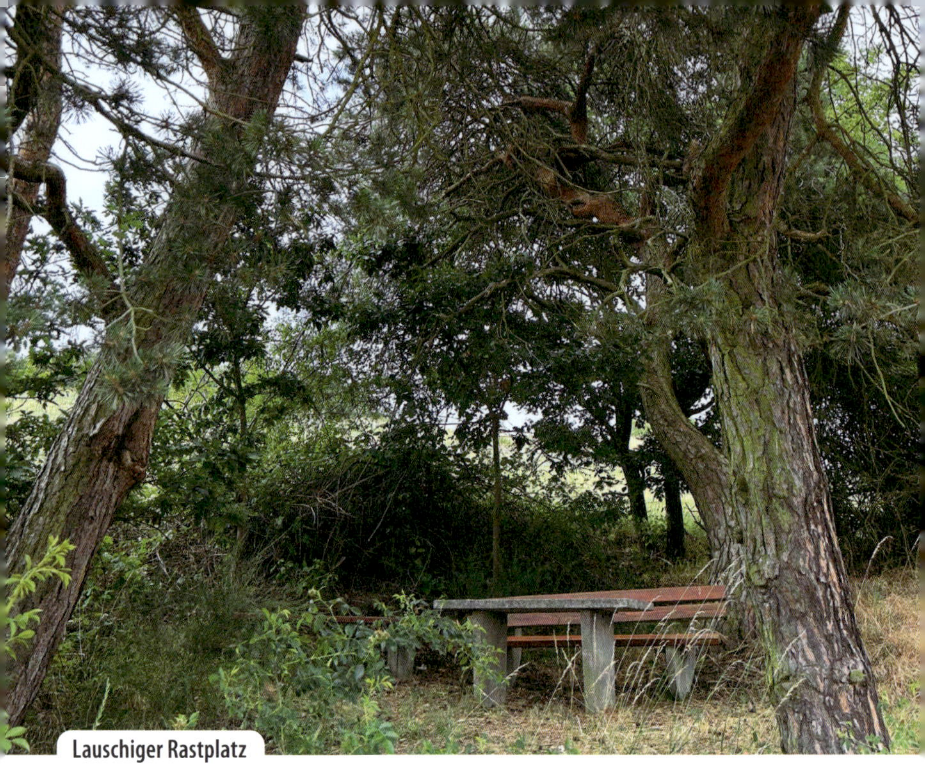

Lauschiger Rastplatz

Der Buchenwald empfängt uns und umhüllt uns mit natürlicher, friedvoller Stille. Wir nehmen ein paar tiefe Atemzüge und kommen langsam in der Natur an. Nach einer ausladenden Kurve können wir einen ersten versteckten Blick auf den **Stausee von Affoldern** werfen. Vom Talhang ragen schlanke Rotbuchen wie riesige Säulen in den Himmel. Entspannt lassen wir uns vom **Symbol des Kellerwaldsteigs** leiten (ersatzweise auch von der **Markierung X13**) und gehen immer der Nase nach ca. 2 Kilometer auf weichem Waldboden. Ab und zu können wir die glänzende Wasseroberfläche des Stausees zwischen den Bäumen durchblitzen sehen. Dann überqueren wir die Trasse der Standseilbahn und haben dabei zum ersten Mal freie Sicht auf den Stausee Affoldern und das Uniper Kraftwerk. Von hier sind es noch etwa 500 Meter talwärts auf einem befestigten Schotterweg, bis wir zur nächsten Weggabelung kommen. Dort verlassen wir den Kellerwaldsteig und folgen fortan dem **Urwaldsteig (Markierung**

Liegendes Totholz *ist für einen Nationalpark von großer Bedeutung. Es unterstützt die natürliche Entwicklung eines naturnahen Walds. Sobald das Holz am Boden liegt, beginnt die Zersetzung zu Mulm und somit zu einer neuen, nährstoffreichen Lebensgrundlage.*

weißes UE auf blauem Punkt), der uns links bergan führt. Wenige Minuten später entdecken wir links am Wegesrand einen markierten Holzpfosten, der uns auf einem schmalen, schwer erkennbaren Trampelpfad steil bergauf lotst. Wir wappnen uns für einen längeren Aufstieg und lassen es langsam angehen. Auf den kommenden 3 Kilometern bewältigen wir in Etappen etwa 250 Höhenmeter. Der erste Anstieg endet auf einem breiten Schotterweg, dem wir nach links folgen, um gleich darauf rechts in den Waldweg abzubiegen, der am **2 Nationalparkeingang „Peterskopf"** endet. Ab hier geht unsere Wanderung auf der **Ochsenwurzelskopf-Route** weiter, markiert mit dem **gelben Rothirsch-Symbol,** Richtung Hochspeicherbecken. Der Urwaldsteig verläuft ebenfalls ein Stück weit auf dieser Route. Nun steigt der Weg wieder an, was uns aber nichts ausmacht, denn wir wandern durch einen atemberaubend wilden Naturraum, der uns immer wieder staunend

Für die Seele

Wir wandern durch herrlich wilden Buchenwald und genießen eine Hüttenauszeit in luftiger Höhe.

Trasse der Standseilbahn

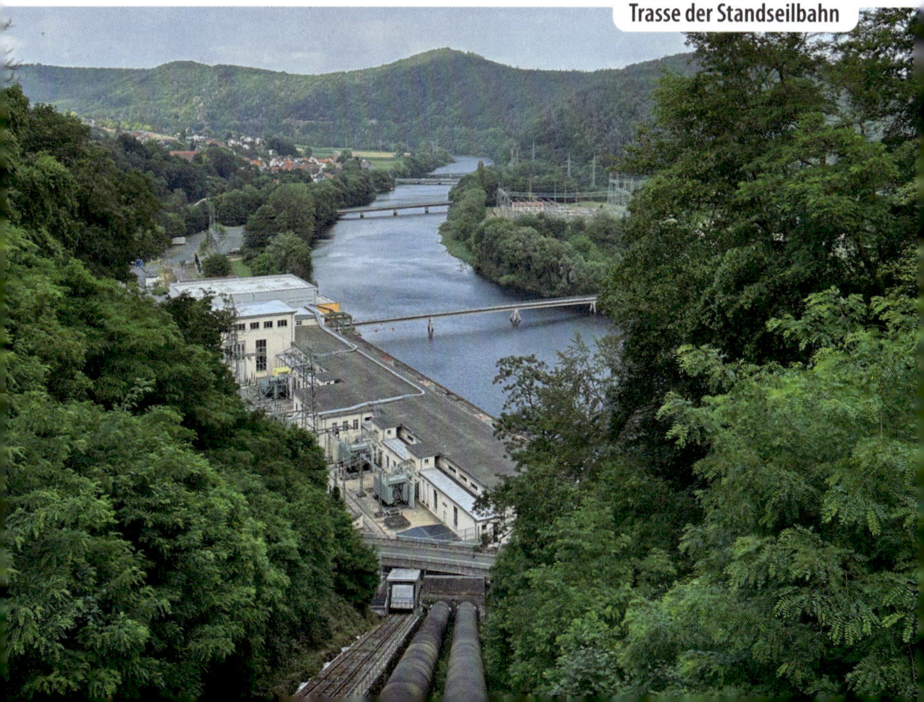

stehenbleiben lässt. Wir sind von einer faszinierenden Buchenwaldwildnis umgeben. Am Boden liegende Totholzstämme sind mit Moos und Pilzen bedeckt.

Bergan windet sich der Pfad am **Wäschebach** entlang. Wenn sich ein paar Sonnenstrahlen durch das dichte Blätterdach stehlen, entsteht eine mystische Waldatmosphäre. Nach etwa 1 Kilometer haben wir auch diesen Anstieg geschafft. Während sich unser Kreislauf wieder beruhigt, gelangen wir auf einem Trampelpfad auf eine Lichtung am Kleinen Hegekopf, mit einer **❸ Ruhebank** – ein geeigneter stiller Ort, für eine kurze Verschnaufpause. An dieser Stelle kürzen wir die Ochsenwurzelskopf-Route ab und folgen dem gelben Rothirsch nach links **Richtung Jausenstation** (1,6 km). Wir folgen dem Weg über den Großen Hegekopf und werden an einer Straße nach rechts geleitet. Gleich darauf geht es wieder nach links auf einem Trampelpfad in den Wald hinein. Der Pfad endet erneut an der Straße, der wir nach links folgen. Wir gelangen auf einen großen Platz und folgen der Kurve nach rechts, bis kurz vor die Mauer des Hochspeicherbeckens. Dort halten wir uns gemäß Wegweisung links und wandern auf einem schmalen Naturweg zur **❹ Jausenstation Zum Waldbölker.** Jetzt freuen wir uns auf eine zünftige Einkehr mit gemütlichem Hüttenflair. Wie wäre es mit einer Portion der nordhessischen Spezialität Ahle Wurscht? Oder doch lieber Bergkäse mit Hüttenbrot? Natürlich können wir zu einer Tasse Kaffee auf der Terrasse auch etwas Süßes genießen. Unweit der Hütte sehen wir die **❺ Bergstation der Peterskopfbahn,** die täglich Besucher von Hemsfurth zur Jausenstation hinaufbringt.

Gestärkt und mit neuem Elan machen wir uns wieder auf den Weg und marschieren den Naturweg zurück bis zur Straße. Jetzt geht es nach links, leicht ansteigend am Oberbecken des Pumpspeicherkraftwerks entlang. Nach einer Kurve sehen wir einen Abzweig nach rechts zur Aussicht. Wir folgen dem Stichweg hinauf zum **❻ Aussichtspunkt Peterskopf** und werden mit einem großartigen Panoramablick belohnt. Den Stichweg laufen wir wieder zurück zur Straße und folgen ihr bis zur 7 **Friedrichshütte.** Einst wurde die Hütte von den Waldecker Fürsten errichtet, heute dient sie der Firma Uniper als Außenbüro. An der Friedrichshütte wenden wir uns nach links und folgen der Wegweisung **Richtung Trifthütte.** Die beiden Wanderwege Dicker-Kopf-Route (Eichenblattsymbol) und Heimbach-Route (Salamander-Symbol) teilen sich diesen Wegabschnitt. Aufgepasst, nach wenigen Metern werden wir nach links auf einen leicht zu übersehenden Trampelpfad gelenkt. Am Wegesrand steht ein Holzpfosten mit Wegmarkierungen. Ab jetzt geht es gemütlich talwärts, durch wildromantische Naturräume, am Heimbach entlang.

*Der artenreiche **Heimbach** entspricht dem Gewässertyp des klassischen „grobmaterialreichen silikatischen Mittelgebirgsbachs". Die Larven von Köcher- und Steinfliegen sind ein Indikator für die hervorragende Wasserqualität des Bachs.*

Seine Uferbereiche sind von Erlen-Bachauenwald geprägt. Riesige Kastanienbäume entlang des Wegs erinnern an die Zeit, in der das Nationalparkgebiet noch fürstliches Jagdgebiet war. Fruchttragende Bäume, wie die Rosskastanie, wurden als Nahrungsquelle für Wild angepflanzt. Auf weichem Waldboden folgen wir dem

Jausenstation Zum Waldbölker

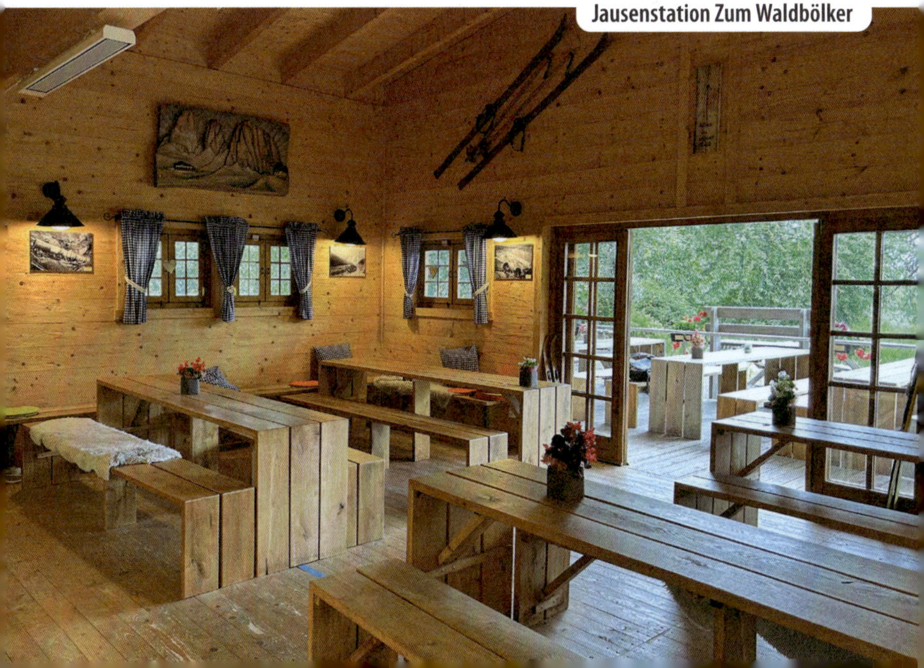

Bachlauf und wechseln dabei mehrere Male die Bachseite. Wir fühlen uns entspannt und ausgeglichen. Im Talgrund werden wir über eine Holzbrücke geführt, zu einem idyllischen Rastplatz mit **8 Naturtretbecken.** Nichts wie weg mit Schuhen und Strümpfen und hinein mit den Füßen ins erfrischende Nass! Was für eine Wohltat, nach unserer erlebnisreichen Wanderung. Auf einem schmalen Pfad wandern wir – aufgeladen mit Wasserenergie – aus dem Wald hinaus und über die Felder zurück zum **Wanderparkplatz an der Trifthütte.** Linker Hand, etwas oberhalb vom Parkplatz, erreichen wir den Rastplatz mit der **9 Trifthütte.** Dort gönnen wir uns einen abschließenden Ruhemoment und verspeisen alles, was sich noch in unserem Rucksack befindet.

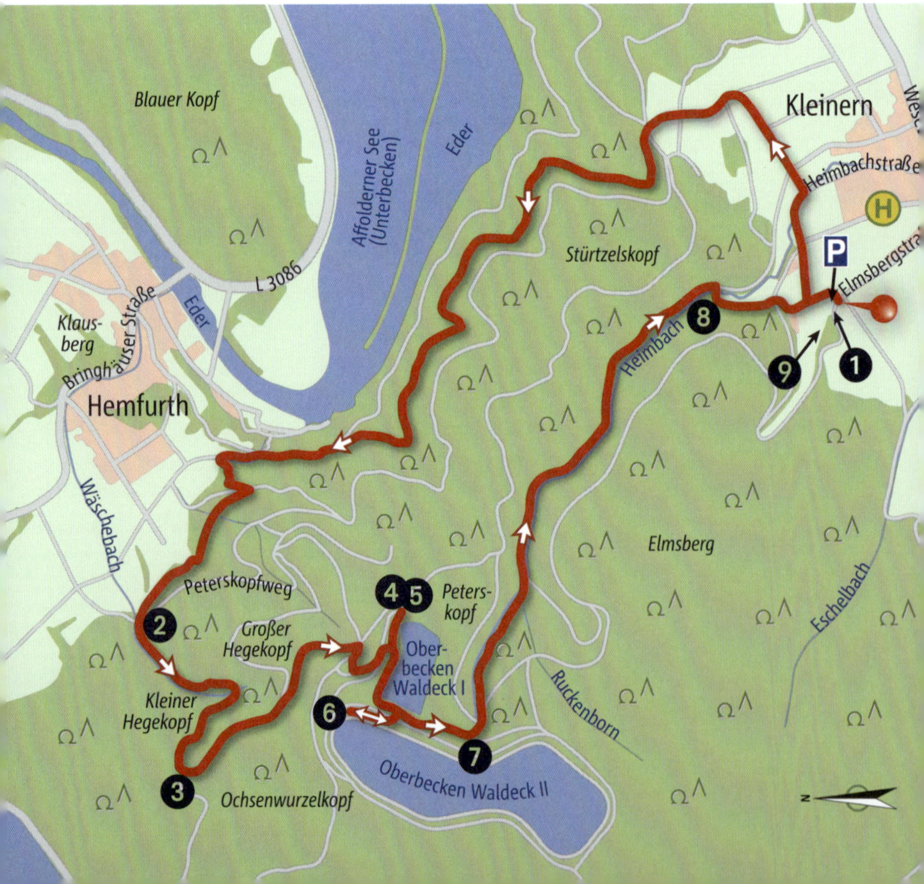

ALLES AUF EINEN BLICK

Entspannung

Abenteuer

Vielfalt

WIE & WANN

Waldwege und Pfade, kurze Schotterpassagen, geteerte Wirtschaftswege rund um Kleinern und am Hochspeicherbecken. Beste Wanderzeit von April bis Oktober.

HIN & WEG

Auto: Parkplatz am Nationalparkeingang Trifthütte, Elmsbergstraße, 34549 Edertal
ÖPNV: Haltestelle Edertal-Kleinern Kindergarten

ESSEN & ENTSPANNEN

4 **Jausenstation Zum Waldbölker**, am Peterskopfweg, 34549 Edertal-Hemfurth, Tel. (01 51) 58 89 68 03 oder (01 71) 1 72 36 55, www.waldboelker.de

ENTDECKEN & ERLEBEN

1 **Info-Schmetterling**
2 **Nationalparkeingang Peterskopf**
3 **Ruhebank**
5 **Bergstation der Peterskopfbahn**, www.standseilbahn-zum-peterskopf.de
6 **Aussichtspunkt Peterskopf**
7 **Friedrichshütte**
8 **Naturtretbecken**
9 **Trifthütte**

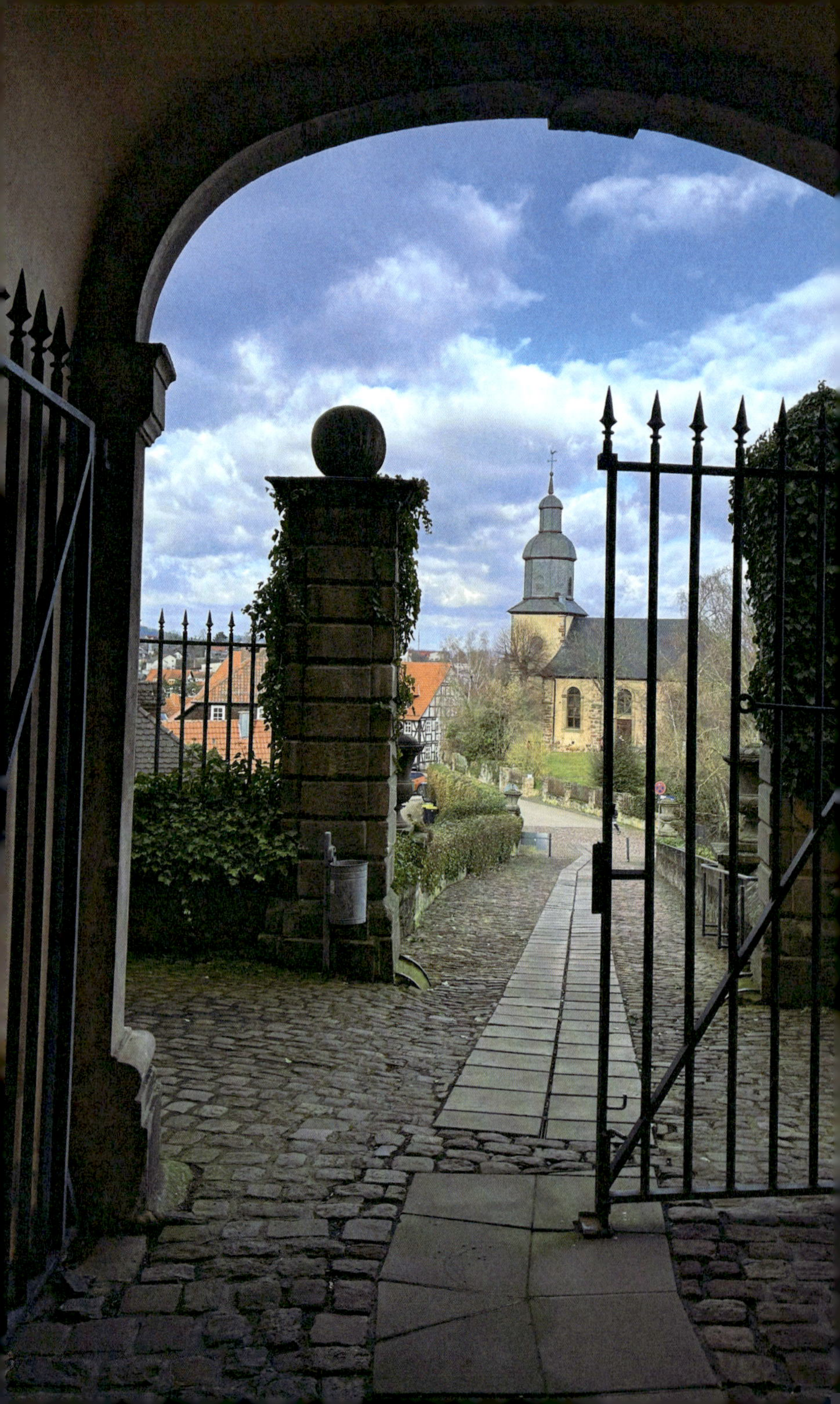

Quellenreich

Runde um Bad Wildungen

Am Parkplatz an der Königsquelle überqueren wir die Rörigstraße und laufen wenige Meter nach rechts an ihr entlang, bis wir zu einer Parkfläche kommen. Ab hier folgen wir dem Radweg nach links in den Königsquellenpark. Wir gehen über einen **Holzsteg,** der uns durch einen wildwüchsigen Auenwald führt. Wir staunen über dieses kleine Naturparadies mitten in Bad Wildungen. Es geht immer geradeaus bis zu einer Wegspinne, an der wir rechts abbiegen, **Richtung Schloss Friedrichstein.** Etwa nach 100 Metern biegen wir erneut rechts ab und nehmen dann den linken oberen Weg mit den Straßenlaternen Richtung Schloss. Anfangs ist der Anstieg etwas steil, wird im Verlauf aber moderater. Als Wegmarkierung dient uns das Kürzel **W1.** Sitzbänke am Wegesrand geben uns während des Aufstiegs die Möglichkeit, kurz Atem zu holen. Stellenweise haben wir freie Sicht auf die Stadt Bad Wildungen. In einer spitzen Kehre geht es dann nach links, weiterhin bergan bis zum Schloss. Bevor wir durch das Schlosstor schreiten, wenden wir uns nach rechts, laufen durch den Schlosspark und sehen eine **❶ Ruhebank am Schloss,** ein schöner Ort, um einen Moment innezuhalten. Anschließend gehen wir durch das Schlosstor und erkunden das **❷ Schloss und Museum Friedrichstein.**

Wenn wir im Innenhof der Steintreppe nach oben folgen, gelangen wir auf die Schlossterrasse, die uns ein fantastisches Panorama auf Bad Wildungen und das nordhessische Bergland präsentiert. Wir verlassen das Schlossgelände durch das Schlosstor und

> ***Schloss Friedrichstein,*** *als gotische Burg auf dem Schlosshügel errichtet, wurde über die Jahrhunderte nach französischem Vorbild zu einem Barockschloss umgestaltet. Das Schlossmuseum zeigt die Sammlung „Hessische Militärgeschichte".*

Kilometer: 9,8
Höhenmeter: 320
Stunden: 3
RUNDWEG

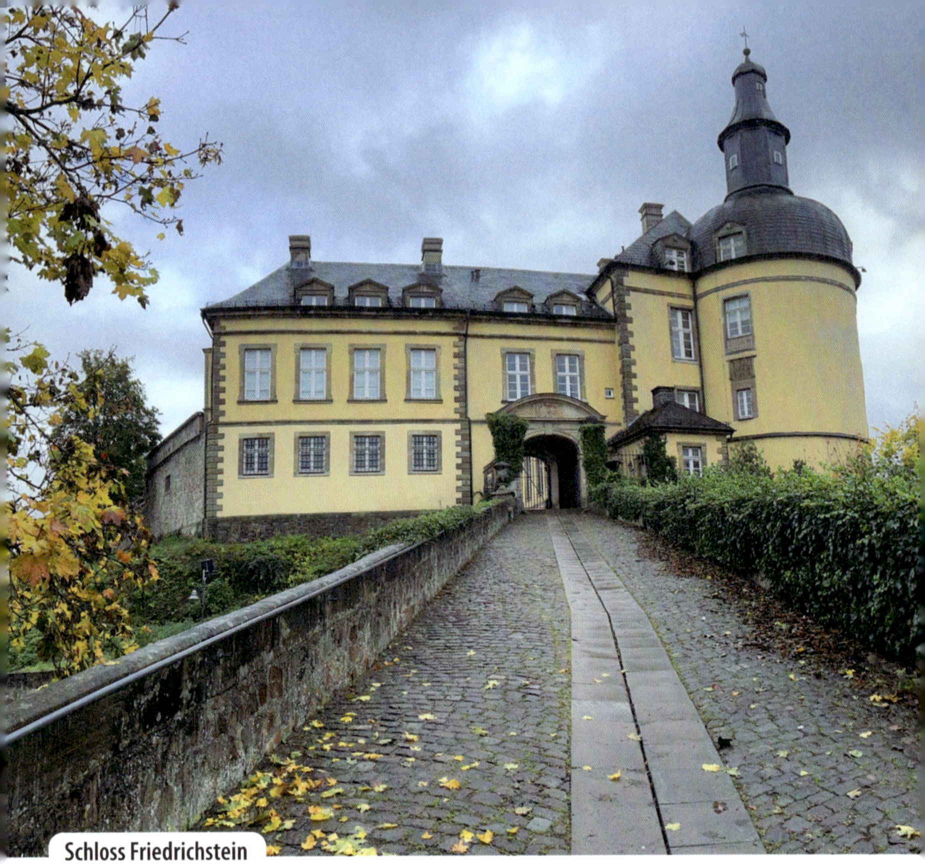

Schloss Friedrichstein

gehen die **Schlossstraße** hinab, in der wir hübsche Fachwerkhäuser aus den Jahren um 1760 sehen. Nach der Bushaltestelle folgen wir dem Verlauf der Schlossstraße nach links bergab bis zur Kreuzung an der **Gemeindestraße.** Dort marschieren wir nach rechts, ein Stück die **Giflitzerstraße** hinauf und wechseln nach der Straßenlaterne mit der **Wegmarkierung W1** auf die andere Straßenseite. Wir gehen weiter bis kurz vor die Bushaltestelle und biegen links in die **Straße der Jugend** ein. Am Kinderspielplatz werden wir dann rechts in den **Grünen Weg** geleitet, auf dem wir stadtauswärts marschieren. Sobald wir die letzten Häuser der Stadt passiert haben, wird es ländlicher. Wir nehmen einen tiefen Atemzug, verabschieden uns von der hektischen Stadt und tauchen ein in die natürliche Stille. An der nächsten Kreuzung halten wir uns rechts, laufen an der Pferdekoppel vorbei und biegen an der nächsten Gabelung links ab. Auf dem Wirtschaftsweg **An der Trift** marschieren wir geradeaus, ansteigend bis zur Waldgrenze. Kurz bevor wir den Waldrand erreichen, bemerken wir rechter Hand einen Parkplatz. Wir überqueren den Parkplatz, folgen dem Stichweg nach rechts oben und kommen an die **❸ Grillhütte am Busemanns Köppel.** Hier können wir kurz verschnaufen und die herrliche Sicht auf Bad Wildungen würdigen.

Für die Seele

Wir entdecken versteckte Seelenplätze mit herrlichen Aussichten und kosten Bad Wildunger Heilwasser.

Wieder zurück auf dem Hauptweg geht es etwa 100 Meter bis zur Wegkreuzung am Waldrand, wo der Wirtschaftsweg in einen Waldweg mündet. Ab hier lassen wir uns von der **Markierung des Diemel-Eder-Wegs (weißes D)** Richtung Reitzenhagen leiten. Doch bevor wir hier abbiegen, laufen wir zuerst noch ein kurzes Stück geradeaus den Berg hinauf und sehen einen Naturweg nach rechts abzweigen, der zu einer Holzhütte führt. Diesem Abzweig folgen wir und finden an der **❹ Schutzhütte bei der Schwedenschanze** einen traumhaft schönen Ruheplatz mit schöner Aussicht. Der ideale Ort, um sich vom Alltag zu verabschieden und das Ankommen in der Natur zu feiern.

Zurück an der Wegkreuzung biegen wir nun rechts ab, auf den **Diemel-Eder-Weg (weißes D)** und schlendern auf einem weichen Pfad am Waldrand entlang, mit Blick auf die weite Kulturlandschaft und die Silhouette der Stadt. An der **Markierung W7** können wir uns ebenfalls orientieren, sollte das weiße D nicht vorhanden sein. Der Waldweg endet an einem Wiesenpfad. Rechter Hand ist auf einem möglicherweise zugewucherten Holzpfosten die **Markierung W7 mit einem Pfeil nach unten** zu erkennen, der uns signalisiert, dass es geradeaus weitergeht. Wir folgen also dem schmalen, unscheinbaren Trampelpfad und gehen dann in einem kleinen Bogen nach rechts in den Wald hinein. Linker Hand sehen wir

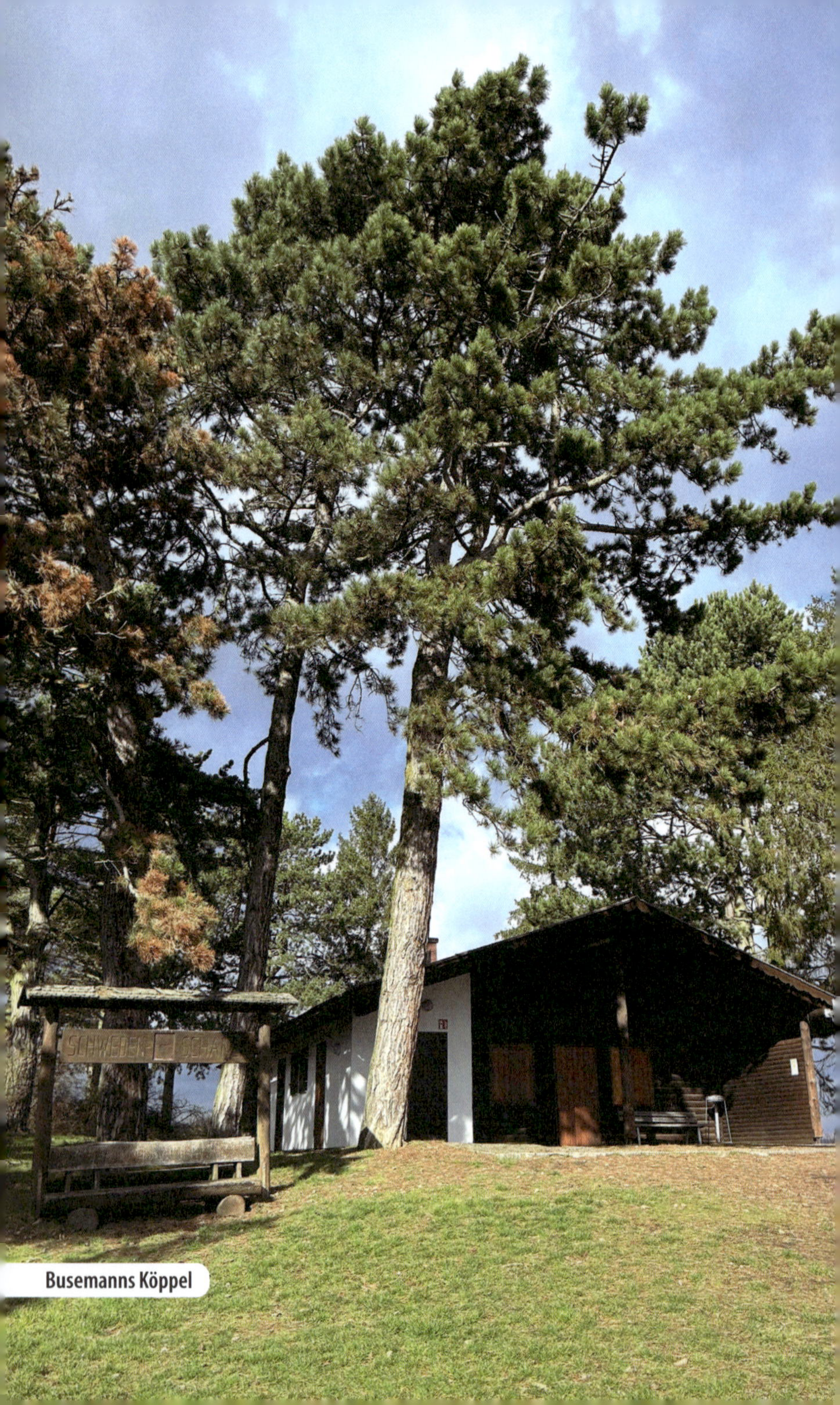

Busemanns Köppel

die Wegmarkierung **Ziffer 2 und Ziffer 3** an einem Baumstamm. Wir folgen dem Pfad bergab und finden wenige Meter weiter auch das weiße D an einem Baum – wir sind also richtig. Umgeben von ungezügelter, wilder Natur, wandern wir nun etwas steiler bergab. An einer Gabelung halten wir uns links und wandern **Richtung Bilsteinquelle,** der Markierung weißes D weiter folgend. Wir treffen auf die Bilsteinstraße, biegen rechts ab und laufen zum **5 Spezialitäten-Restaurant-Café Waffelhaus** auf der anderen Straßenseite. Wandern macht hungrig und so freuen uns wir uns jetzt auf eine zünftige Einkehr. Zum Nachtisch gehen wir ins gegenüberliegende **6 Café Knusperhäuschen** und genehmigen uns dort einen riesigen Windbeutel in Schwanenform.

Ausgeruht und frisch gestärkt können wir jetzt den letzten Aufstieg angehen. Dafür überqueren wir wieder die Straße und laufen rechts am Waffelhaus vorbei zur **Bilsteinquelle.** Vor der Quelle leitet uns das weiße D links bergauf, **Richtung Bad Wildungen** (2 km). Nach etwa 50 Metern werden wir erneut nach links gelenkt, auf einen schmalen ansteigenden Waldpfad. Wir lassen uns Zeit für den Aufstieg und wandern in gemäßigtem Tempo an Pferdekoppeln entlang. Nach den Koppeln geht es noch einmal sportlich bergauf bis zu einer Wegkreuzung. Dort können wir auf einer Sitzbank kurz verschnaufen, bevor wir die letzten Höhenmeter zurücklegen. Links neben der Sitzbank sehen wir an einem Baumstamm unsere Wegmarkierung mit dem weißen D. Hier führt ein schwer erkennbarer Trampelpfad schräg bergauf. Nur noch eine kurze Steigung, dann haben wir es geschafft und sind am höchsten Punkt unserer Wanderung angelangt. Jetzt schlendern wir gemütlich am Waldrand entlang und genießen die Erholungsphase und den schönen Panoramablick auf Bad Wildungen. Wir laufen immer geradeaus und lassen uns von dem Wegsymbol führen. An einer Biegung halten wir uns links, wandern talwärts durch einen Eichenwald mit altem Baumbestand und nähern uns allmählich der Stadt. Der Waldweg endet an einem Schotterweg, auf dem wir nach links bis zum **Herzog-Georg-Weg** weiterlaufen. Dort biegen wir rechts ab und gehen erst am Maritim-Hotel, dann am Waldkindergarten vorbei in den **Kurpark.** Nach rechts gelangen wir zur Wandelhalle, in der sich der **7 Quellendom** verbirgt. An drei Probierstationen können wir dort die Bad Wildunger Mineralquellen kosten. Schmeckt das Wasser der drei Quellen anders? Neugierig nehmen wir von jeder Quelle eine Geschmacksprobe.

__Ahle Wurscht__ ist eine nordhessische Spezialität, die in traditioneller Hausschlachtung hergestellt wird. Mittlerweile hat sie Kultstatus erreicht und wird von regionaltypischen klein- und mittelbäuerlichen Betrieben vermarktet.

Im kleinen Lädchen in der Wandelhalle werden allerlei regionale Produkte zum Kauf angeboten, unter anderem die Ahle Wurscht, die man während eines Besuchs in Nordhessen auf jeden Fall probiert haben muss.

Von der Wandelhalle aus laufen wir wieder **Richtung Kurpark** und biegen rechts auf den Kiesweg ab, der mit der roten **Nummer 7** markiert ist. Wir lustwandeln durch den historischen Teil des Kurparks, nehmen die Gerüche der Nadelbäume wahr, lauschen dem Geräusch des kleinen Bachlaufs und erfreuen uns an der Vielfalt der Pflanzen und Blumen.

Wie ein grünes Band verbindet der __Kurpark__ den Ort Reinhardshausen mit der Stadt Bad Wildungen. Zur hessischen Landesgartenschau 2006 wurde der Park zu seiner jetzigen Größe erweitert und trägt seitdem den Titel „Europas größter Kurpark".

Vor dem Schwanenteich wenden wir uns nach links und kommen auf den breiten Hauptweg. Am Maritim Restaurant und der Musikmuschel vorbei, geht es nach rechts auf den Gehweg und weiter bis zur **Dr.-Marc-Straße.** Wir überqueren die Straße, steigen die große Sonnentreppe hinab und wandern nun durch den neueren Teil des Kurparks **Richtung Bad Wildungen** (2,7 km). Ab hier orientieren wir uns an der **Wegmarkierung W1.** Nachdem wir die Schrebergärten passiert haben, werden wir über den Bornebach geführt, an dem wir linksseitig entlanglaufen. Der Weg mündet in die Bornebachstraße, auf der wir rechts bis zur Kurve am **Schanzenweg** weiterlaufen. Wir überqueren die Straße und begeben uns geradeaus auf den Fußgängerweg, der weiterhin mit W1 markiert ist. An einer ehemaligen Mühle halten wir uns rechts und werden nach wenigen Metern ein weiteres Mal nach rechts geleitet, durch den

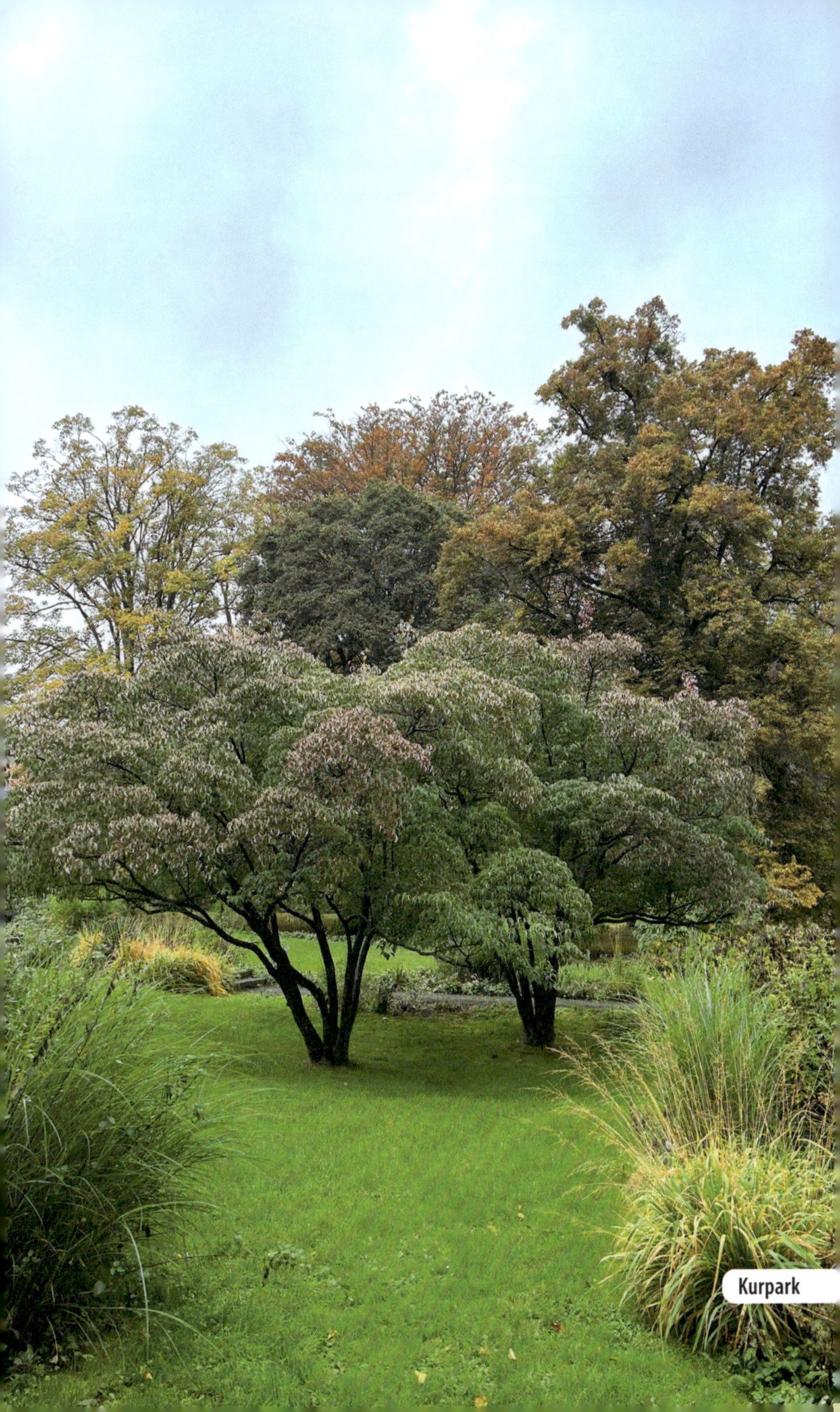
Kurpark

*Die **Bad Wildunger Mineralquellen** gehören zu den ältesten Deutschlands. Sie werden seit mindestens 700 Jahren als Heilquellen genutzt. Bad Wildungen ist seit jeher für die heilende Kraft seiner Quellwasser weltberühmt.*

Quellentunnel. Nun sind wir im Königsquellenpark, der kleine Entdeckungen für uns bereithält. Wir kommen an eine Wegkreuzung, an der es nach rechts in die Altstadt geht, für den Fall, dass wir noch einen Stadtbummel machen möchten. Wir marschieren geradeaus über den **Holzsteg** und biegen danach rechts ab **Richtung Königsquelle.** Erneut überqueren wir eine Brücke und sehen linker Hand das schmucke Gebäude der **8 Königsquelle.** Außerhalb der Winterzeit ist das Häuschen geöffnet und wir können das Quellwasser kosten. Von der Quelle aus folgen wir dem Pfad nach rechts über den Bach und laufen auf die **Wasserfontänen „Aqua Choros"** zu. Hier sammeln wir noch eine Portion Wasserenergie, bevor wir nach links zurück zum Parkplatz kommen.

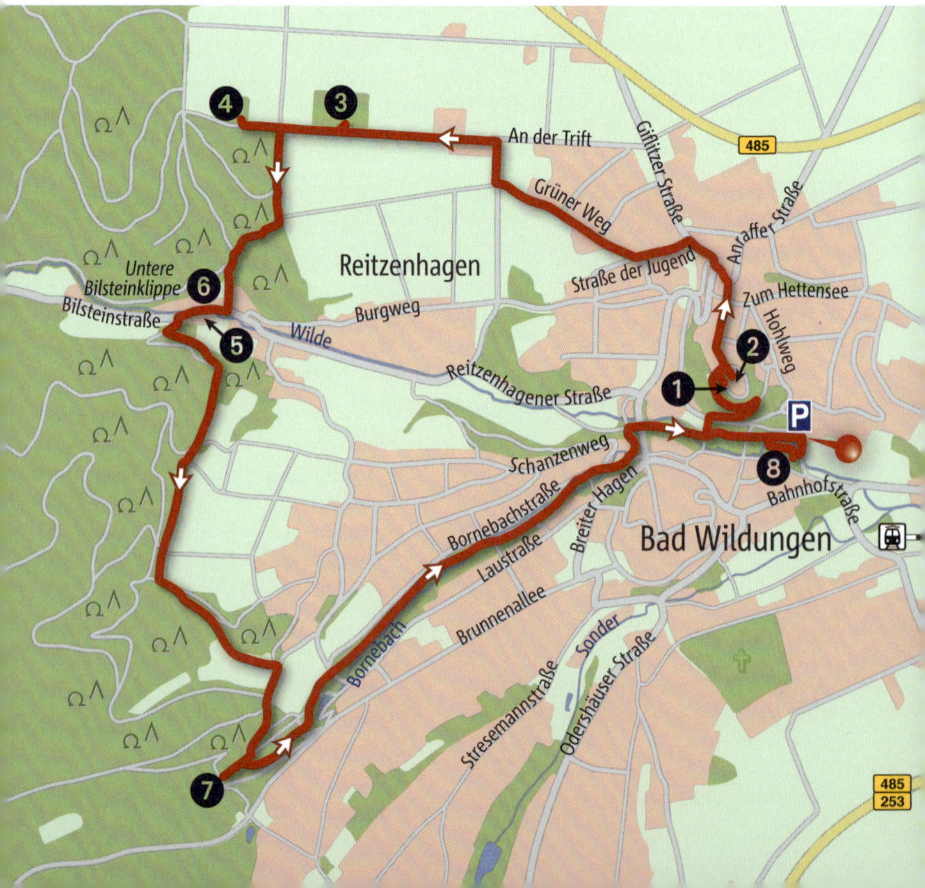

ALLES AUF EINEN BLICK

Entspannung ●●○○○
Abenteuer ●●●●○
Vielfalt ●●●●○

WIE & WANN

Breite Waldwege und Pfade, vereinzelt Schotterwege, innerorts und im Kurpark asphaltierte Straßen, geteerte Feldwege. Schönste Wanderzeit von April bis Oktober.

HIN & WEG

Auto: Parkplatz Königsquellenpark, Rörigstraße, 34537 Bad Wildungen
ÖPNV: Bahnhof Bad Wildungen

ESSEN & ENTSPANNEN

5 **Spezialitäten-Restaurant-Café Waffelhaus,** Bilsteinstraße 67, 34537 Bad Wildungen, Tel. (0 56 21) 51 90, waffelhaus.de
6 **Café Knusperhäuschen,** Bilsteinstraße 46, 34537 Bad Wildungen, Tel. (0 56 21) 41 28

ENTDECKEN & ERLEBEN

1 **Ruhebank am Schloss**
2 **Schloss und Museum Friedrichstein,** www.heritage-kassel.de/standorte/schloss-friedrichstein
3 **Grillhütte am Busemanns Köppel**
4 **Schutzhütte bei der Schwedenschanze**
7 **Quellendom**
8 **Königsquelle**

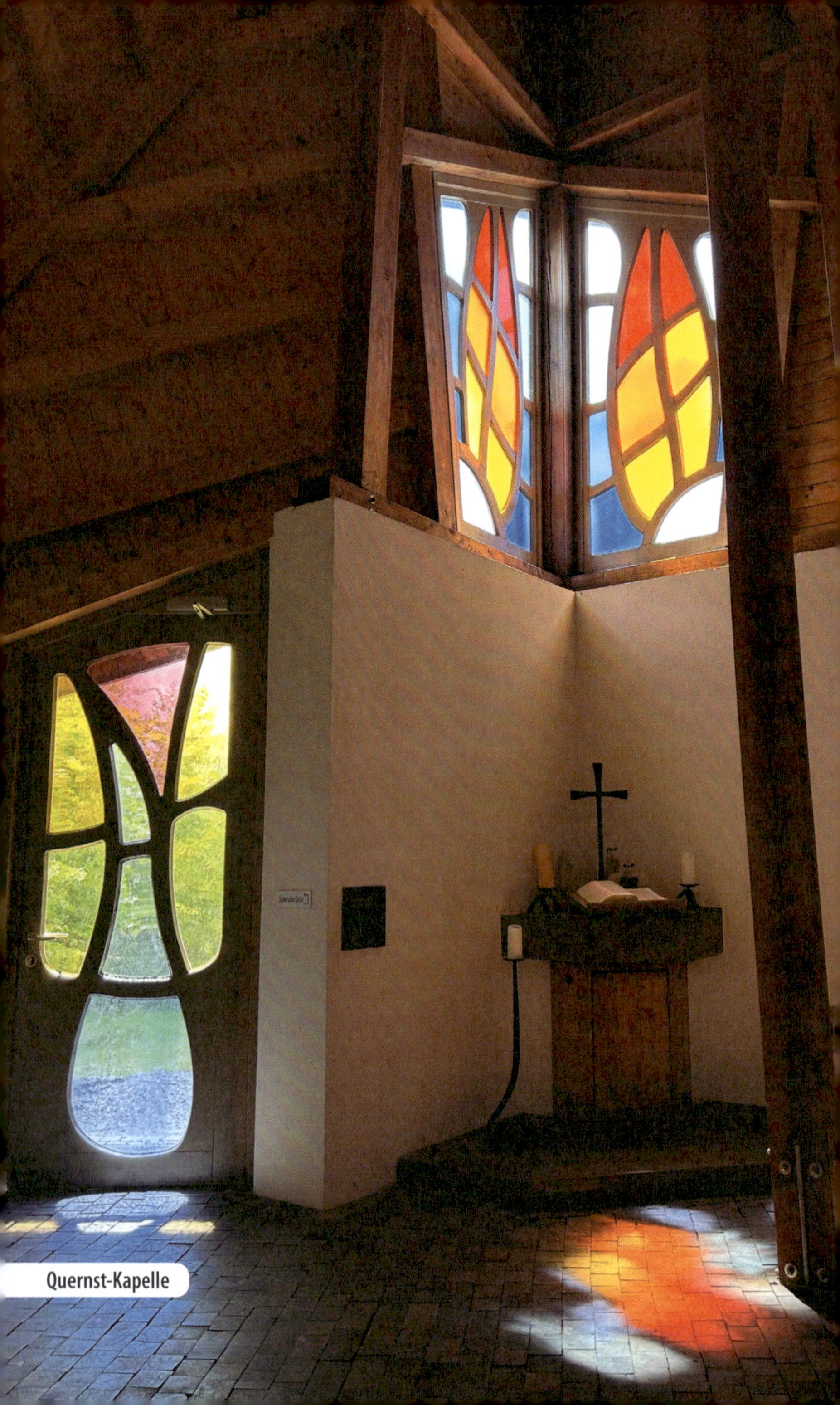

Quernst-Kapelle

Besinnlich

Zur Quernst-Kapelle bei Frankenau

Vom Parkplatz am **Informationszentrum KellerwaldUhr** begeben wir uns auf eine besinnliche Wanderung zur Quernst-Kapelle. Am Schilderbaum gegenüber der Bushaltestelle orientieren wir uns **Richtung Quernstweg** (Symbol der Quernst-Kapelle), dem Zuweg zur Dreiherrensteinrunde. Zuerst biegen wir rechts, dann gleich wieder links ab und es geht in einer knackigen Steigung bergan. Zunächst laufen wir noch auf einem breiten Schotterweg, doch schon bald geht es auf einem schmalen Waldpfad weiter. Junge Buchen säumen den Weg. Nach etwa 500 Metern haben wir den fordernden Aufstieg geschafft und wandern durch einen mystisch anmutenden Rotbuchenwald. Bei Sonneneinstrahlung verwandelt sich der Wald in eine Kunstgalerie aus Licht und Schatten. Am Wegesrand entdecken wir Grenzsteine, die in früherer Zeit Grenzverläufe markierten. Wir erreichen die Weggabelung am ❶ **Dreiherrenstein,** an der wir links abbiegen und somit auf der Quernst-Route bleiben.

Zum bekannten Kapellen-Zeichen gesellt sich jetzt das **Symbol der Dreiherrenstein-Route.** Beide Markierungen begleiten uns bis zur nächsten Gabelung in etwa 700 Metern Entfernung, die wir über einen schmalen Waldpfad erreichen. Dort, wo der Pfad auf einen breiteren Waldweg stößt, halten wir uns rechts und gehen an dem Grenzstein mit dem großen H vorbei. Gleich daneben steht ein Holzpfosten mit einem neuen Wegzeichen, einer **gelben Primel,** mit der die **Talgang-Route** markiert ist. Diesem Wanderweg folgen wir fortan bis hinauf zur

Kilometer: 7,3

Höhenmeter: 290

Stunden: 2

RUNDWEG

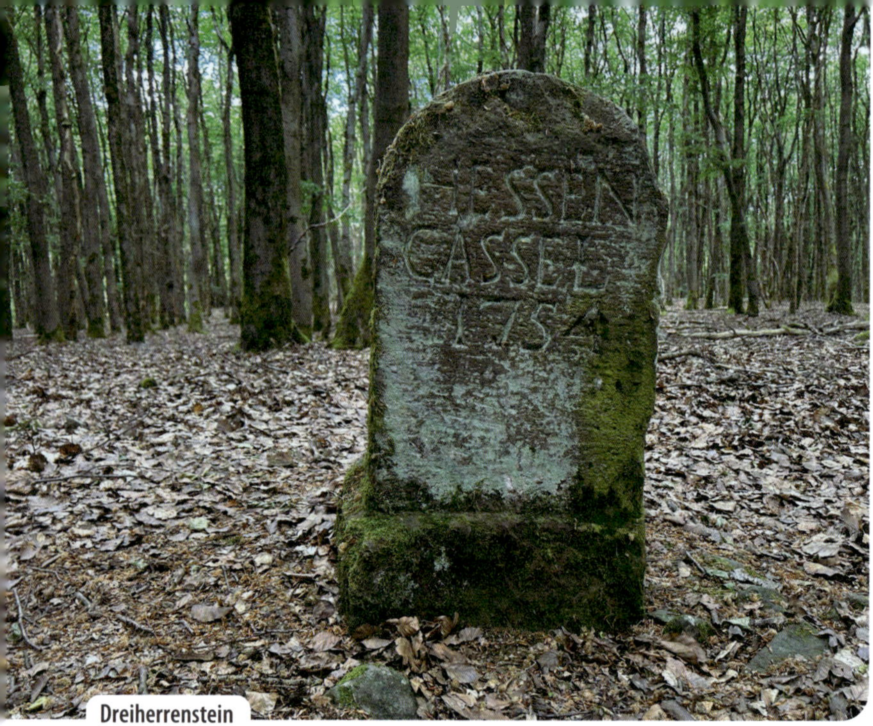

Dreiherrenstein

*Der **Dreiherrenstein** ist einer von vielen Grenzsteinen. Seine Besonderheit liegt darin, dass an seiner Stelle gleich drei Territorien aneinandergrenzten: das Kurfürstentum Hessen (KH), das Großherzogtum Hessen (GH) und das Fürstentum Waldeck (FW).*

Quernst. In regelmäßigen Abständen finden wir Holzpfosten mit der Markierung, sodass wir uns kaum auf den Weg konzentrieren müssen. Nun folgt ein landschaftlich abwechslungsreicher Abschnitt. Auf wild überwucherten Windwurfflächen wird uns die Kraft der Natur gewahr, die sich ihr Territorium neu erobert. Nebenbei werden wir von Brombeerhecken am Weg zum Naschen verleitet. Mal durchschreiten wir schattigen Buchenwald, mal wandern wir an Feucht- und Weidewiesen entlang, durch die ein Bach plätschert, ab und an ragt ein riesiger Wurzelteller aus der Erde. Mit herrlichem Wiesenduft in der Nase und einem Lächeln im Gesicht wandern wir in stetem Bergab an den Wiesen entlang. Wir fühlen uns zunehmend ausgeglichen. Das satte Wiesengrün entlockt uns ein glückliches Seufzen. Kurz bevor wir das Dorf **Frebershausen** erreichen, marschieren wir auf einem geteerten Feldweg zwischen den Bergwiesen hindurch, überqueren einen Bach und biegen an einer Straße links Richtung Quernst-Kapelle (2,1 km) ab. Ab hier leitet uns die Primel auf der anderen Seite des Talgangs bergauf durch den romantischen ② **Quernstgrund.** Nach etwa einer halben Stunde Wanderzeit gelangen wir auf eine Waldlichtung, an der sich Wege kreuzen. Dort folgen wir dem Graspfad nach links Richtung Quernst-Kapelle (0,4 km). Wenige Minuten später mündet unser Pfad auf den breiten Quernstweg. Vor uns sehen wir einen Trampelpfad, über den wir hoch zur ③ **Quernst-Kapelle** kommen. An diesem wundervollen Ort der Stille legen wir eine besinnliche Ruhepause ein und schreiben einen Dank, einen Gruß oder auch einen Wunsch ins ausgelegte Besucherbuch. In der Kapelle nehmen wir Platz und gestatten uns einen Moment innerer Einkehr.

Für die Seele

Entlang jahrhundertealter Grenzen wandern wir durch werdende Wildnis und sinnieren über Mensch und Natur.

Auf der Quernsthöhe liegt die ***Quernst-Kapelle,*** *deren Form an den guten Hirten erinnert, der seinen schützenden Mantel ausbreitet. Sie wurde aus natürlichen Baustoffen aus dem Kellerwald errichtet.*

Ausgeruht und beflügelt setzen wir unsere Wanderung fort und laufen von der Kapelle auf dem Grasweg hinunter zum ④ **Quernst-Pavillon.** Übersichtliche Schautafeln informieren uns dort über Geschichten zu diesem Ort. Überlieferungen zufolge war die alte Quernst-

Quernst-Pavillon

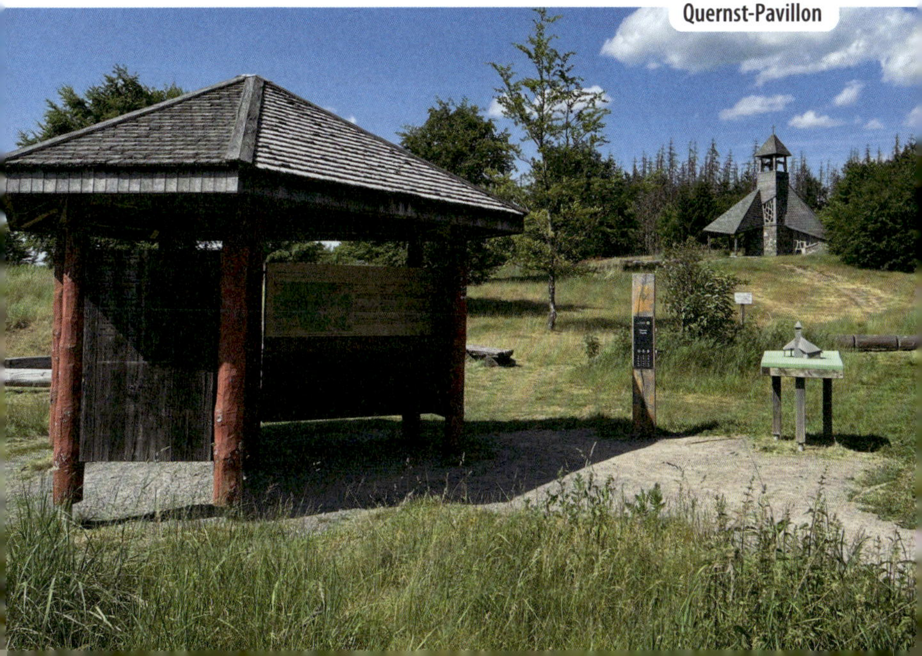

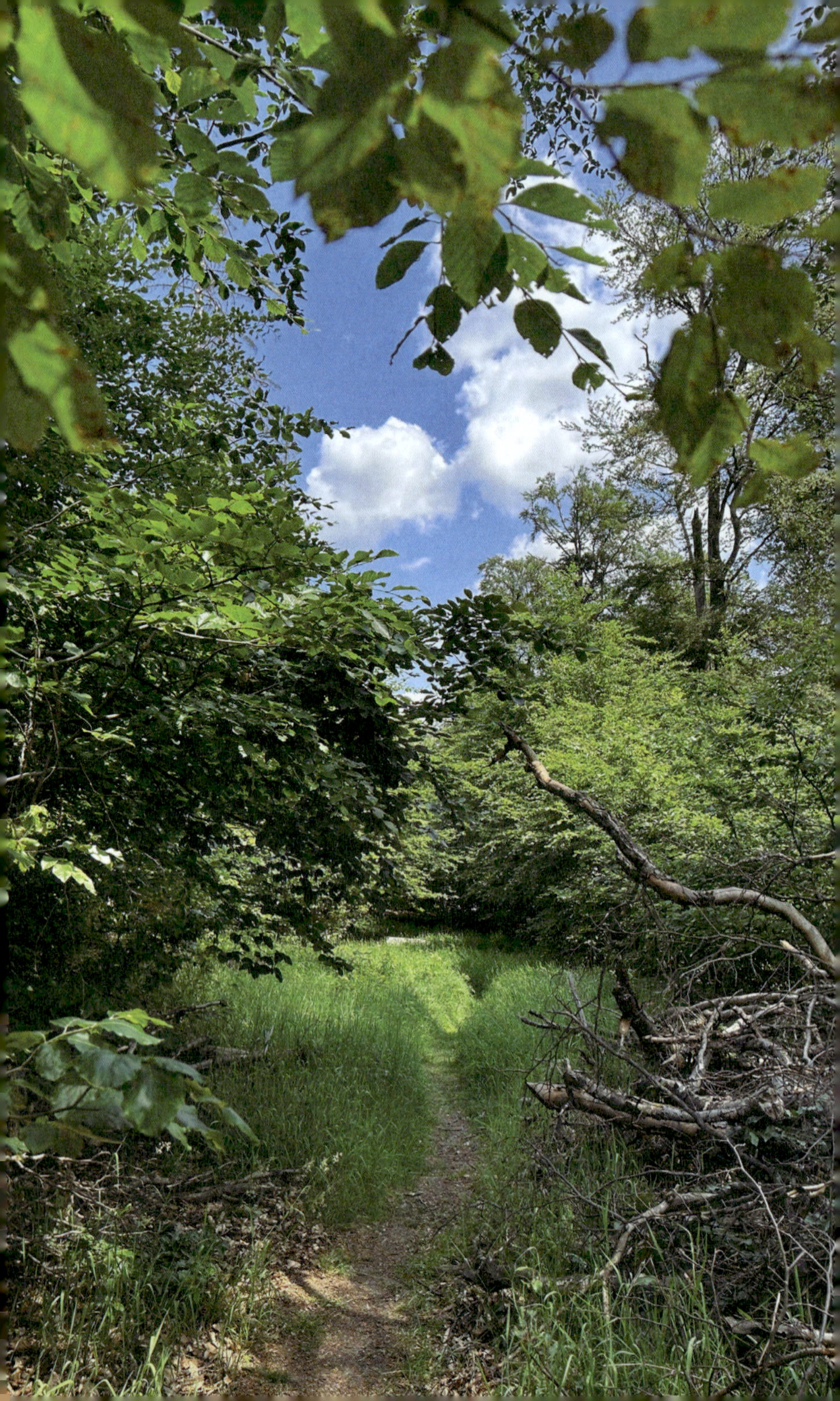

kirche eine Wallfahrtskirche, die im Mittelalter viele Pilger angezogen hat. Ein paar wenige steinerne Überreste sind etwas oberhalb des Pavillons noch zu sehen. Vom Pavillon aus folgen wir dem breiten barrierefreien Quernstweg nach rechts und biegen nach etwa 200 Metern links auf den schmaleren **Quernstpfad** Richtung KellerwaldUhr (1,4 km) ab. Zurück in der geheimnisvollen Atmosphäre des Rotbuchenwalds lauschen wir den wohltuenden Waldgeräuschen. Nach ca. 500 Metern passieren wir ein Gattertor. Hier verlief einst der Zaun um das Jagdgebiet des Waldecker Fürstenhauses, der zum Schutz vor Wildschäden auf den Feldern der damaligen Bauern errichtet wurde. Der Quernstpfad endet wieder auf dem breiten Schotterweg. Hier werden wir nach links geleitet, zurück zum Parkplatz an der Kellerwalduhr. Zum Abschluss unseres besinnlichen

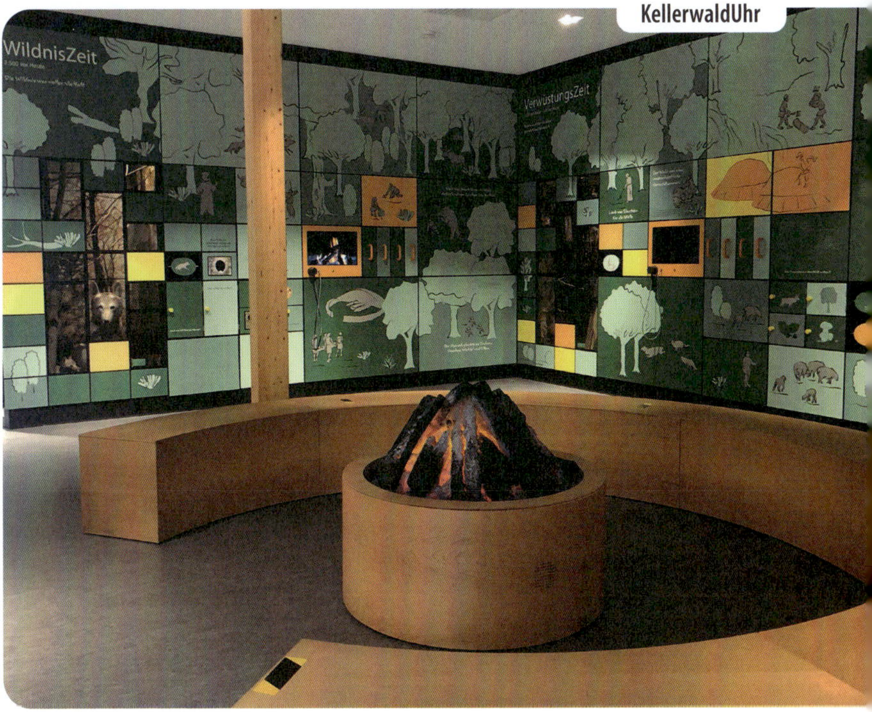

KellerwaldUhr

*Vom 16. bis ins 19. Jahrhundert wurde **Köhlerei** betrieben, um Holzkohle für die Erzschmelze herzustellen. Der Durchmesser einer Köhlerplatte im Wald betrug zwischen 7 und 15 Metern. Etwa 8 bis 20 Tage dauerte der Prozess der Verkohlung.*

Wanderspaziergangs sehen wir uns die Ausstellung im ⑤ **Besucherzentrum KellerwaldUhr** an. Ein künstliches Lagerfeuer in der Mitte des Besucherraums symbolisiert das Hauptthema der Ausstellung: Feuer und seine Auswirkungen auf die Waldstruktur. Wie hat sich der Wald über die Jahrtausende gewandelt und welchen Beitrag hat der Mensch dazu geleistet? Auf großflächigen Schaubildern wird verdeutlicht, welche Auswirkungen der menschliche Eingriff auf die Entwicklungsgeschichte des Kellerwalds hatte. Entlang einer Zeitachse informieren wir uns in der Ausstellung über die verschiedenen Epochen der Waldentstehung und -nutzung. Reich an neuem Wissen beenden wir unseren Ausflug in die Kellerwaldgeschichte.

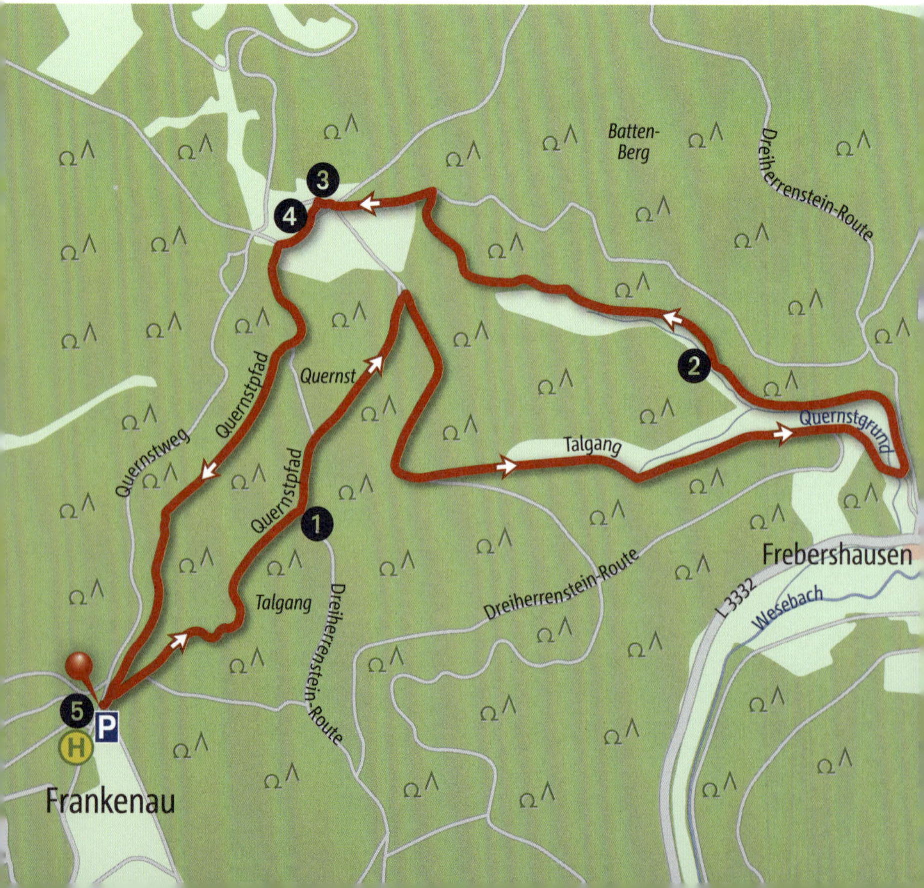

ALLES AUF EINEN BLICK

Entspannung 4/5
Abenteuer 2/5
Vielfalt 3/5

WIE & WANN

Breite und schmale Waldwege, verschlungene Pfade und Wiesenwege, befestigte Schotterwege. Ganzjährig schön, besonders zur Bergwiesenblüte von Mai bis Anfang August.

HIN & WEG

Auto: Parkplatz am Nationalparkeingang KellerwaldUhr, 35110 Frankenau
ÖPNV: Haltestelle Frankenau-KellerwaldUhr

ESSEN & ENTSPANNEN

Bitte an Rucksackverpflegung für unterwegs denken.

ENTDECKEN & ERLEBEN

1. **Dreiherrenstein**
2. **Quernstgrund**
3. **Quernst-Kapelle**
4. **Quernst-Pavillon**
5. **Besucherzentrum KellerwaldUhr**

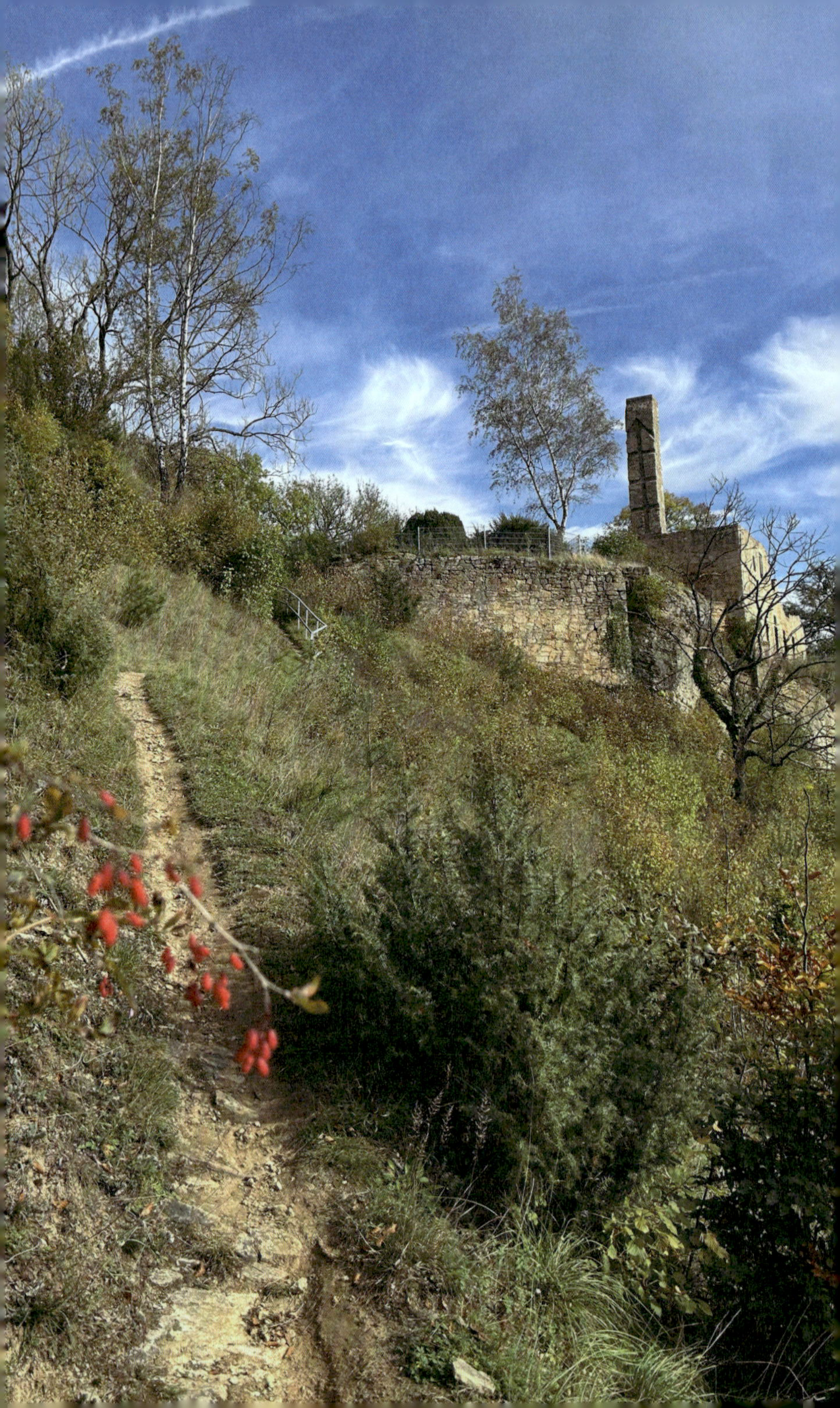

Klosterblick

Zur Klosterruine Ober-Werbe

Am Infopavillon in der Dorfmitte beginnt unsere entspannende Wanderung durch das Werbetal hinauf zur Klosterruine. Vom Pavillon aus gehen wir bis zur **Vöhler Straße,** laufen nach links **Richtung Klosterblick (Markierung Ziffer 2)** und folgen dem Straßenverlauf bergan. Wir passieren die evangelische Kirche und biegen gleich darauf links ab, in die Straße **Arnstein.** In stetem Anstieg lassen wir uns von der Wegmarkierung Ziffer 2 aus dem Dorf hinausleiten. Ab und zu lohnt ein Blick zurück auf die Reste des ehemaligen Benediktinerinnenklosters auf dem Felsriff des Klosterbergs. Nachdem wir den ersten Anstieg geschafft haben, wandern wir auf einem Naturweg weiter und finden eine **❶ Ruhebank mit Dorfblick,** auf der wir kurz zu Atem kommen können. Eine idyllische Wiesenlandschaft liegt vor uns, gemütlich grasen Rinder auf der Weide und wir hören nur das Zwitschern der Vögel. Rechter Hand sehen wir den Langenstein aus dem Berg ragen. Gegen Ende unserer Tour werden wir ihn besteigen. Doch jetzt geht es zunächst auf dem Weg Nummer 2 weiter bergauf. An einer Gabelung werden wir nach links geleitet und gehen an einer Weide entlang hinaus auf offenes Grasland. Unser Herz hüpft vor Freude angesichts der Weite, in die unsere Blicke schweifen können. Mitten durch das Grasland führt unser Weg. Wir fühlen uns frei wie die Vögel, breiten unsere Arme aus und atmen ein paarmal tief und genussvoll ein und aus. Der weiche Grasweg endet an der **Landstraße K 23,** die wir überqueren und ihr

Kilometer: 7,2
Höhenmeter: 280
Stunden: 2
RUNDWEG

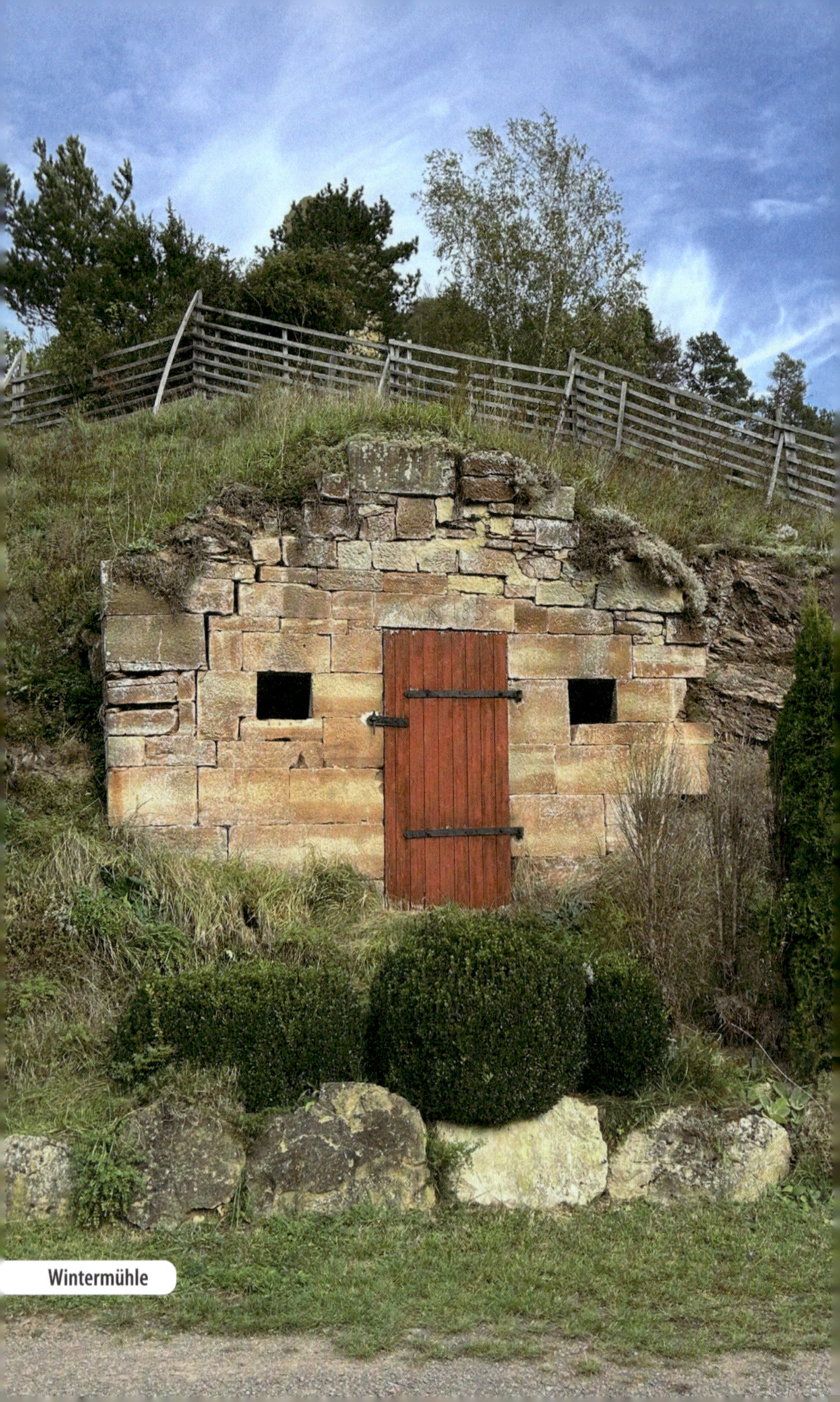

Wintermühle

dann ein paar Meter nach links folgen, bevor wir in einem Bogen nach rechts unten gelotst werden. Eine Wegmarkierung finden wir an der Leitplanke und an einem Metallpfosten. Nach wenigen Metern finden wir eine ❷ **Ruhebank mit Blick auf den Steinbruch,** der sich in der Ferne abzeichnet. Wir nehmen uns die Zeit für eine kurze Sinnespause und lassen unsere Blicke über die sanft geschwungene Landschaft gleiten. Unterhalb des Steinbruchs können wir das tief eingeschnittene Tal der Werbe erkennen. Herrliche Stille umgibt uns. Ab und zu ertönen die Rufe der Greifvögel. Unser Weg verläuft weiterhin auf weichem Gras. Wir verfallen in einen Schlendergang und lassen uns von der Natur verzaubern. Kurze Zeit später haben wir Waldboden unter unseren Füßen und lassen uns von der Nummer 2 um eine Kurve und anschließend durch einen lichtoffenen Waldabschnitt geleiten. Danach wandern wir talwärts durch eine große Windbruchfläche und werden dann in einem Bogen nach links um die Kläranlage von Ober-Werbe herumgeführt. Nun treten wir den Rückweg nach Ober-Werbe an und marschieren auf einem Betonweg an Kuhweiden vorbei, begleitet vom beruhigenden Rauschen der Werbe. Wir nähern uns wieder dem Dorf und laufen schnurgerade zum ❸ **Infopavillon,** wo wir eine kurze Rast einlegen, bevor wir uns zur zweiten Schleife unserer Wanderung aufmachen.

Vom Infopavillon aus wandern wir erneut vor bis zur Straße. Nun biegen wir aber rechts ab auf den **Meierweg, Richtung Klosterruine.** Wir folgen der **Wegmarkierung Ziffer 1** (Klosterblick Nord-Route) und biegen nach etwa 100 Metern links in den Mühlenweg ein. Auf ihm marschieren wir zum Dorf hinaus, passieren unterwegs die Wintermühle und wandern ohne nennenswerte Steigung bachaufwärts. Nach etwa 400 Metern stehen wir überrascht vor der ❹ **Grillhütte Ober-Werbe,** die sich

Für die Seele

Auf entspannenden Wegen erleben wir Erdgeschichte hautnah und begeben uns auf eine spannende Zeitreise.

*Vor rund 257 Millionen Jahren waren große Teile Mitteleuropas vom Zechsteinmeer bedeckt. Der Kellerwald ragte wie eine Insel heraus. An der Westküste lag Ober-Werbe. Damals an der Küste abgelagerte Sedimente treten an der Abbaufront des **Zechsteinbruchs** zutage.*

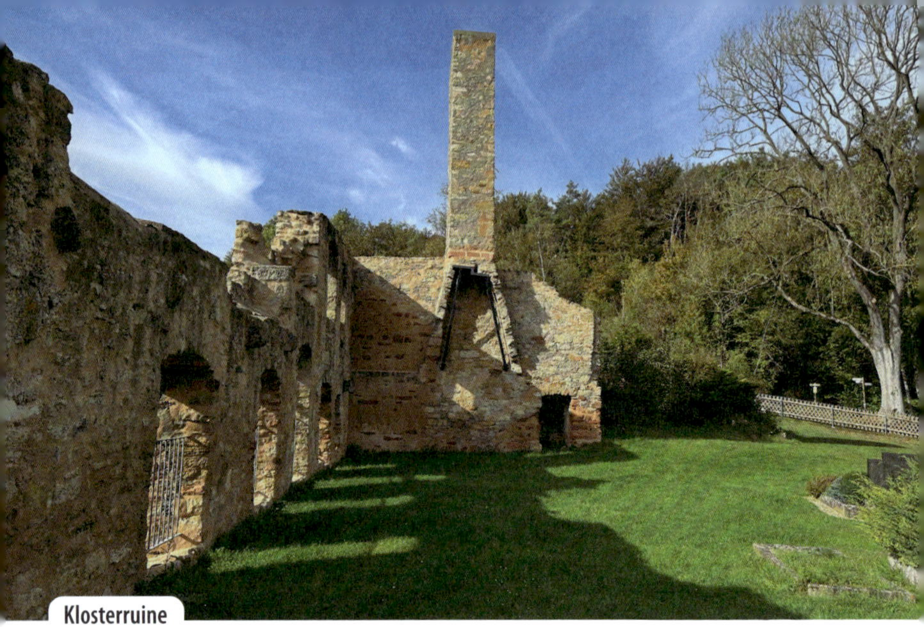

Klosterruine

Das ehemalige ***Kloster Werbe*** *wurde im 12. Jahrhundert von den Benediktinern gegründet und war eines der frühesten Klöster im Waldecker Land.*

unterhalb eines ehemaligen Zechsteinbruchs befindet, ein idealer Platz für eine ausgedehnte Rast. An der Bruchwand ist eine beeindruckende, schräg geneigte Grauwackenbank zu erkennen, die einst die Landoberfläche bildete. Auf der Wellnessliege genehmigen wir uns eine kleine Ruhepause.

Wir verlassen den Grillplatz und setzen unsere Wanderung fort. Nach ca. 200 Metern wechseln wir auf einen Waldweg, der nach rechts abzweigt. Die **Markierung Ziffer 1** finden wir an einem Baumstamm direkt am Weg. Nun geht es etwa 300 Meter steil bergauf. Gegen Ende des Aufstiegs werden wir nach rechts an einer Viehweide entlanggeführt. Am höchsten Punkt unserer Wanderung lotst uns die Nummer 1 erneut nach rechts auf einen Sand-Kies-Weg. Ihm folgen wir gemütlichen Schrittes durch eine offene Kulturlandschaft und lassen unsere Blicke über die geschwungene Hochebene schweifen. Der Weg geht in eine asphaltierte Straße über und macht eine Biegung nach links. Hier werden wir von der Straße nach rechts durch ein kleines Holzgatter geleitet. Wir laufen etwa 100 Meter auf einem Graspfad an einer Weidefläche entlang, bis wir durch eine Holzpforte wieder in den Wald gelangen. Kurz darauf führt an einer Weggabelung ein Stichweg nach rechts zum Langenstein (0,3 km). Zunächst geht es steil bergauf, dann laufen wir durch eine Senke und erklimmen nach einem erneuten Anstieg den markanten Kalksteinfelsen 5 **Langenstein.** Wir setzen uns auf eine der sonnengewärmten Felsplatten und lassen die herrliche Aussicht auf uns wirken.

Über den Stichweg kommen wir wieder zurück zur Weggabelung. Nun laufen wir an der Gabelung geradeaus auf den schmalen Waldweg und erreichen nach etwa 50 Metern den alten Friedhof und die 6 **Klosterruine Ober-Werbe.** Auf dem weitläufigen Gelände finden wir einen Rastplatz, von dem wir einen schönen Blick auf Ober-Werbe haben. Lediglich ein paar Mauerreste sind von der ehemaligen Klosterkirche erhalten. Schautafeln vermitteln uns die Geschichte dieses Orts und lassen uns gedanklich auf eine Zeitreise gehen.

Wir verlassen den Friedhof nach links und begeben uns auf das absteigende **Klosterpfädchen Richtung Ober-Werbe/Klosterblick** (0,6 km). Der Trampelpfad ist zu Beginn mit einem Geländer gesichert und führt am Naturschutzgebiet Langenstein vorbei. Während wir talwärts wandern, haben wir eine herrliche Aussicht auf das Dorf. Eine Sitzbank am Wegesrand lädt uns zu

*Im **Naturschutzgebiet Langenstein** werden die vegetationsgeografisch bemerkenswerten, an Blaugras reichen Kalk-Felsfluren, Magerrasen und Kalkbuchenwaldreste geschützt. Das Kalk-Blaugras (Sesleria albicans) gilt in nördlichen Mittelgebirgen als Eiszeitrelikt.*

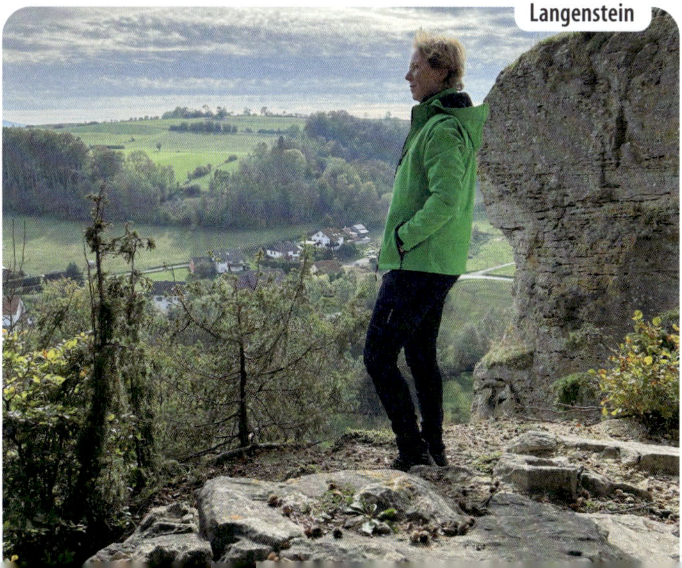
Langenstein

einer kurzen Sinnespause ein. Wenn wir zurückblicken, sehen wir die Mauern der Klosterkirche in einem hübschen Postkartenmotiv.

Der Trampelpfad endet an der Wintermühle auf dem **Mühlweg.** Wir halten uns links und gehen die gleiche Straße zurück, wie zu Beginn dieser Wanderschleife. Direkt unterhalb der Klostermauern machen wir auf einem Rastplatz mit einem kleinen Denkmal am Wegesrand kurz halt und erfahren, dass an dieser Stelle im Jahr 2009 ein riesiger Felsbrocken ins Dorf rollte. Der Mühlweg endet wieder am **Meierweg.** Hier biegen wir rechts ab und kommen nach wenigen Minuten zurück zu dem Infopavillon, an dem unser abwechslungsreicher Wandertag begann.

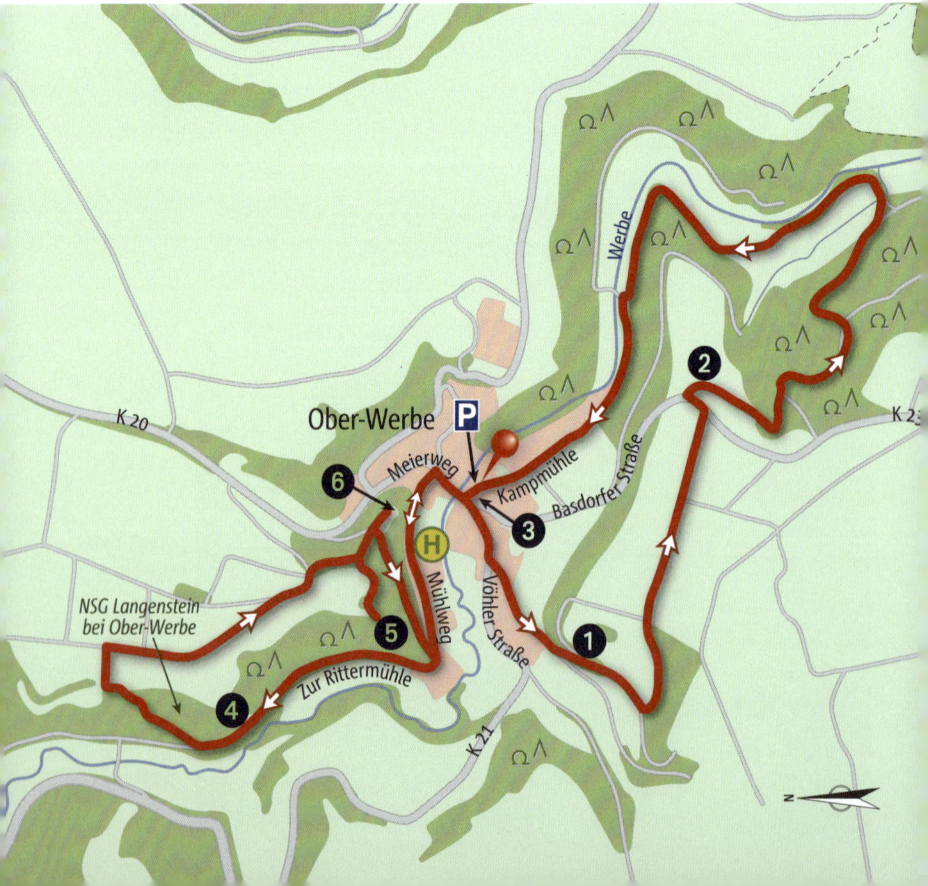

ALLES AUF EINEN BLICK

Entspannung ●●●●●
Abenteuer ●○○○○
Vielfalt ●●●○○

WIE & WANN

Breite Wald- und Wiesenwege, befestigte Schotter- und Feldwege, innerorts asphaltierte Straßen. Beste Wanderzeit von April bis Oktober, besonders schön zur Obst- und Wiesenblüte.

HIN & WEG

Auto: Wanderparkplatz Klosterblick (Ober-Werbe, Waldeck), neben der Freiwilligen Feuerwehr, Kampmühle, 34513 Waldeck
ÖPNV: Haltestelle Waldeck-Ober-Werbe

ESSEN & ENTSPANNEN

Bitte an Rucksackverpflegung für unterwegs denken, es gibt schöne Rastmöglichkeiten am Weg.

ENTDECKEN & ERLEBEN

1. **Ruhebank mit Dorfblick**
2. **Ruhebank mit Blick auf den Steinbruch**
3. **Infopavillon**
4. **Grillhütte Ober-Werbe**
5. **Langenstein**
6. **Klosterruine Ober-Werbe**

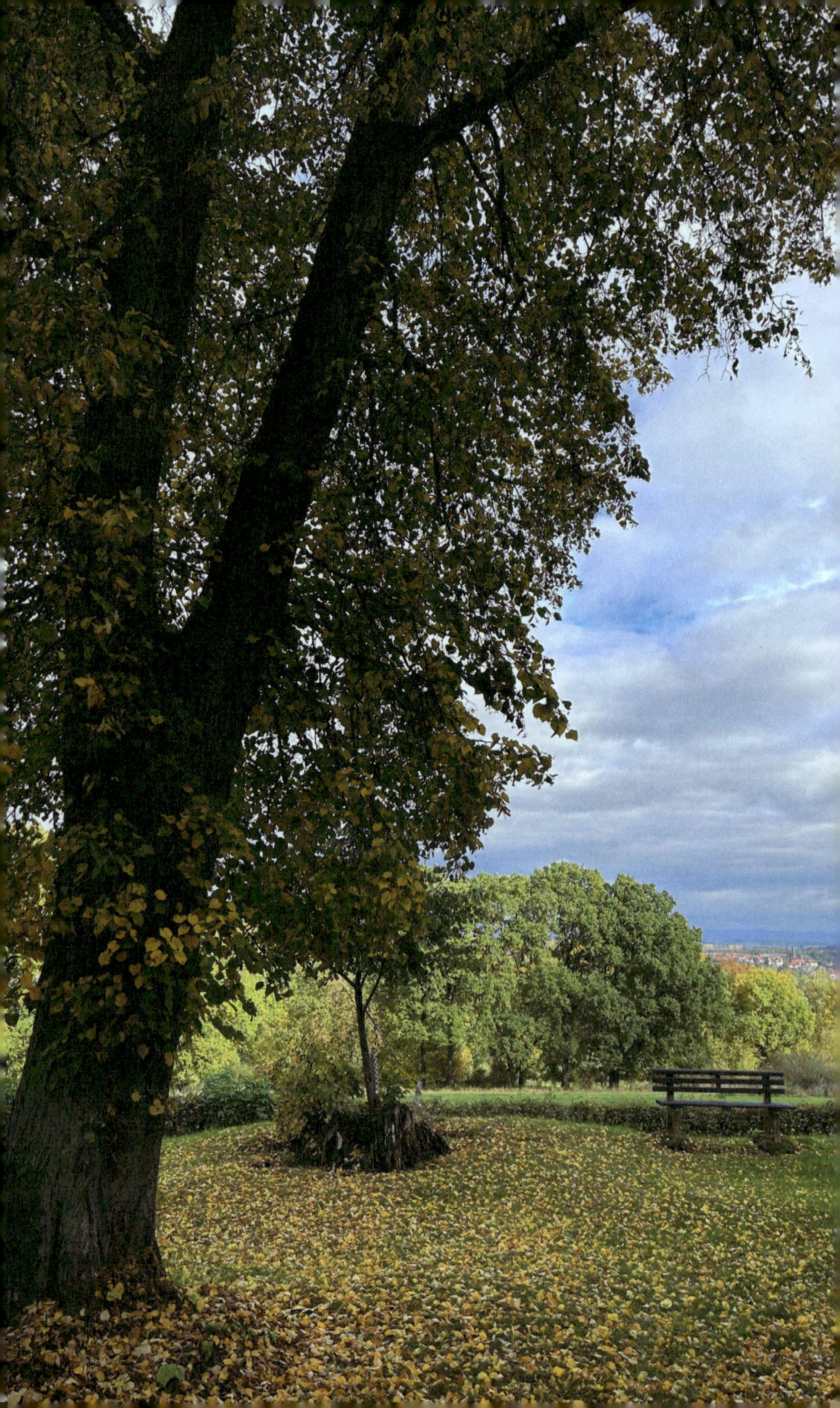

Mußezeit

Nach St. Brigida in Ungedanken

Wir starten am Parkplatz am ❶ **Grauen Turm** und gehen nach rechts, an der gleichnamigen Straße entlang, bis zur Gleismarstraße. Dieser Straße folgen wir nach links und sehen nach wenigen Metern unsere Wanderwegmarkierung, ein **weißes E** für den Ederhöhenweg. Sie lotst uns nach links in die Kaiser-Heinrich-Straße. Wir folgen dem Straßenverlauf bis zum Chattenweg. Dort werden wir nach rechts geleitet und lassen uns von der Markierung geradewegs aus der Stadt hinausführen, hinein ins Grün der Kulturlandschaft. Ein kurzer Anstieg steht bevor, an dessen Ende wir die Umrisse der Eckerichswarte erkennen können. Von einer Sitzbank am Wegesrand haben wir einen schönen Blick zurück auf Fritzlar. Der Graue Turm, der Dom und weitere Türme ragen aus dem Stadtbild hervor. Wir marschieren hinauf zur ❷ **Eckerichswarte** und erfahren dort etwas über die Geschichte der Warten rund um Fritzlar.

Die im 13. Jahrhundert auf der Kuppe des Eckerichs errichtete ***Eckerichswarte*** *war ein guter Überwachungsstandort gegenüber der Büraburg am anderen Ufer der Eder. Büraberg und Eckerich bilden gemeinsam die Hessische Pforte – Porta Hassiaca.*

Wir kehren der Warte den Rücken, gehen an der Infotafel vorbei, biegen nach wenigen Metern rechts auf einen unmarkierten Weg ab und kommen an eine unscheinbare Gabelung. Hier nehmen wir den linken Abzweig, wandern in wenigen Minuten aus dem Wald hinaus und finden eine Sitzbank mit herrlicher Aussicht. Wie wäre es mit einem Moment der Muße? Von der Bank laufen wir nach links, den Berg hinunter durch das Landschaftsschutzgebiet Eckerich.

Kilometer: 7,2
Höhenmeter: 215
Stunden: 2
STRECKE

Begeistert von der Wildheit dieses Naturraums schlendern wir auf dem weichen Grasweg zu einer Streuobstwiese und dem

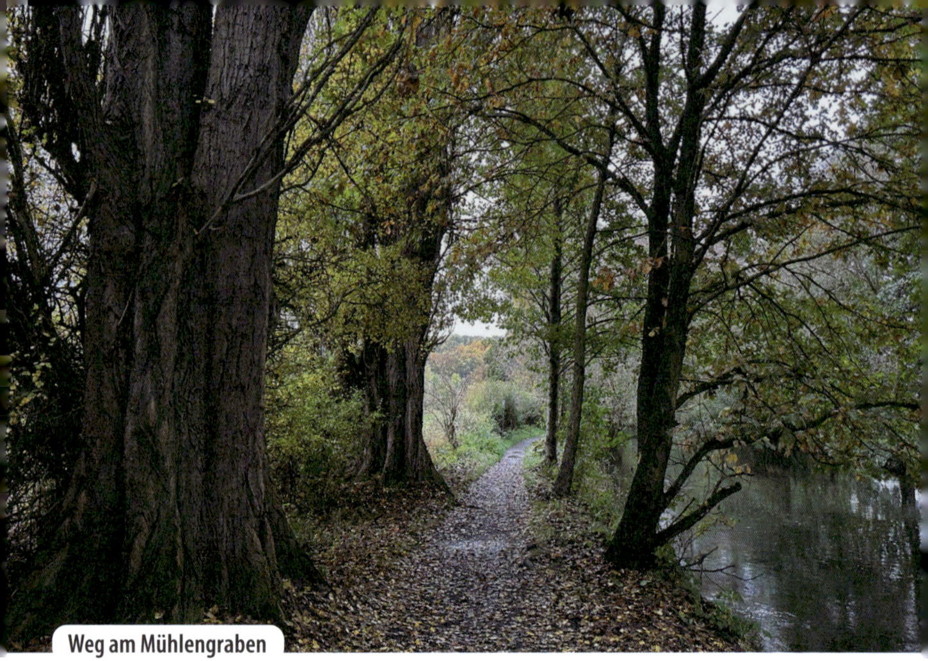

Weg am Mühlengraben

*Das **Gebiet Eckerich** bei Fritzlar ist seit 2008 Natura-2000-Landschaftsschutzgebiet. Insbesondere der submediterrane Halbtrockenrasen mit Schlingnattern und Zauneidechsen gilt als schützenswert.*

❸ **Aussichtspunkt an der Vogeltränke.** Von dort eröffnen sich traumhafte Panoramen auf die Stadt Fritzlar mit ihren markanten Türmen. Wir verlassen den weitläufigen Platz nach rechts, laufen an der Vogeltränke, einem gemauerten Quader mit Sitzbank, vorbei und tauchen in die faszinierende Natur des Eckerichs ein. Von der Bergkuppe und den Hängen können wir in nahezu alle Richtungen blicken: ins Edertal im Westen, im Südosten bis nach Homberg, im Osten zum Heiligenberg bei Felsberg und zu den Gudensberger Basaltkuppen im Nordosten. Der Weg senkt sich ab und wir sehen einen spitzen Abzweig nach links. Diesen Abzweig nehmen wir und laufen weiter talwärts. Angenehm weich ist das Gras unter unseren Füßen. Dann wird der Weg etwas steiler und wir kommen an eine Gabelung. Vor einem Haus biegen wir rechts ab und folgen dem Weg geradeaus zu einem großen Platz mit einer ❹ **Ruhebank mit schöner Aussicht.** Ein herrlicher Ort für eine Pause. Wir gehen dann wieder ein paar Meter zurück, um sogleich rechts auf einen Wiesenweg abzubiegen. Wir sind begeistert vom Eckerich – ein Kleinod am Stadtrand von Fritzlar. Auf dem Pfad wandern wir stetig talwärts, bis wir auf einen kreuzenden Naturweg treffen. Linker Hand sehen wir auf die Häuser am Stadtrand. Wir halten uns rechts, gehen den Weg bis zur Schranke hinunter und biegen dort links ab. Nun durchqueren wir ein Areal mit niedrigem Buschwerk. Möglicherweise schrecken wir ein paar Rehe auf. Manche Sträucher sind mit Flechten übersät, die dekorativ in kleinen Büscheln an den Ästen hängen. Der Weg endet auf dem fein geschotterten **Rundweg Nummer 2.** Links von uns entdecken wir ein Industriedenkmal der Stadt Fritzlar, den ❺ **Kalkofen.**

Für die Seele

Auf dem Weg zu St. Brigida erleben wir stille Momente in der Natur und finden Gelegenheit zur inneren Einkehr.

*Der **Kalkofen** wurde zur Herstellung von Kalk für die Land- und Bauwirtschaft genutzt. Der Rohstoff aus dem unmittelbar angrenzenden Kalksteinbruch wurde in einem mehrtägigen Brennvorgang verarbeitet.*

An der Weggabelung biegen wir rechts ab und folgen fortan der **Markierung des Rundwegs Nummer 2** durch die Kulturlandschaft und das Vogelschutzgebiet Ederaue, mit seinem typisch ausgebildeten Mittelgebirgsfluss-Ökosystem und bedeutsamen Auenwaldresten. An einem Querweg halten wir uns rechts, um gleich darauf wieder nach links abzubiegen. Nun geht es auf einem breiten, befestigten Feldweg bis zu einer Kreuzung, an der wir nach links geleitet werden. Nach wenigen Gehminuten erreichen wir eine Brücke, über die wir den **Mühlengraben** überqueren. Danach biegen wir rechts ab **Richtung Büraberg** (2,2 km), verlassen den Rundweg Nummer 2 und folgen nun der **Wegmarkierung X12.** Gemütlich schlendern wir am Mühlengraben entlang und lauschen dem beruhigenden Fließgeräusch der Eder. Riesengroße alte Pappeln säumen den Weg. Ab und zu bleiben wir an den Informationstafeln des Ederauen-Lehrpfads stehen und erweitern unser Wissen. Aus der Ferne hören wir ein lautes Rauschen, das wir kurze Zeit später dem ❻ **Ederwehr** zuordnen können. In lautem Getöse stürzt das Wasser über die künstliche Fallstufe und fließt danach etwas gemäßigter in eine breite, wildromantische Auenlandschaft. Am nahen Rastplatz lassen wir uns für eine ausgedehnte Rast nieder. Unser Blick fällt auf ein stilles Gewässer, auf dem wir Wildenten, Grau- und Silberreiher und andere Wasservögel beobachten. Der Aufenthalt am Wasser lädt unsere Energiebatterien wieder auf, sodass wir uns frisch gestärkt zurück auf den Weg machen. Auf einem Kiesweg umrunden wir den großen Teich und überqueren auf einer Holzbrücke die Eder. Nach der Brücke halten wir uns rechts und laufen **Richtung St. Brigida/Büraberg** an einer Streuobstwiese entlang. In einem Halbbogen passieren wir die andere Seite des Ederwehrs und folgen der **Markierung X12** zur Landstraße. Wir überqueren die Straße, laufen auf dem Seitenstreifen etwa 50 Meter nach rechts und werden dann links hinaufgeleitet. Achtung beim Überqueren der viel befahrenen Straße! Ab jetzt geht es aufwärts. Der Wald nimmt uns auf und wir inhalieren den frischen Laubduft. Wie riesige Bohnenstangen ragen hochgewachsene, schlanke Rotbuchen aus dem Walddickicht heraus. Vereinzelt sichtbare Gräben und Wälle erinnern an die Geschichte des Bürabergs, auf dem einst die Büraburg der Bevölkerung Schutz vor feindlichen Angriffen bot. An der kommenden Weggabelung lotst uns ein Wegweiser nach links **Richtung Büraberg.** Wir kommen an eine Lichtung, auf der Reste des Südosttors der ehemaligen Burganlage zu sehen sind. Hier beginnt der etwas steilere **7 Kreuzweg** mit seinen 14 Stationen, der an der Kapelle St. Brigida enden wird. Wir nehmen uns Zeit für den Anstieg, lassen unsere Gedanken kommen und gehen. Hohe Kastanienbäume und Eschen breiten ihre Äste in einem Halbbogen über uns aus. Uns ist, als liefen wir durch das Gewölbe einer Kathedrale. An der neunten Station führt ein Stichweg nach rechts hinauf zur **8 Kapelle St. Brigida.** Die Kirche liegt auf dem Plateau des Bürabergs. Wenn wir links an ihr vorbeilaufen, haben wir eine schöne Sicht auf Fritzlar und den Dom.

*Die **Kapelle St. Brigida** war um 741 n. Chr. eine der irischen Landesheiligen Brigida geweihte Klosterkirche. Ihr Ursprung geht auf Mitte des 6.–7. Jahrhunderts zurück. Sie ist das älteste Sakralgebäude in Stein- und Mörtelbauweise nördlich des Limes.*

Nach einer ausgedehnten Sinnespause laufen wir den Stichweg wieder hinab und folgen dem Straßenver-

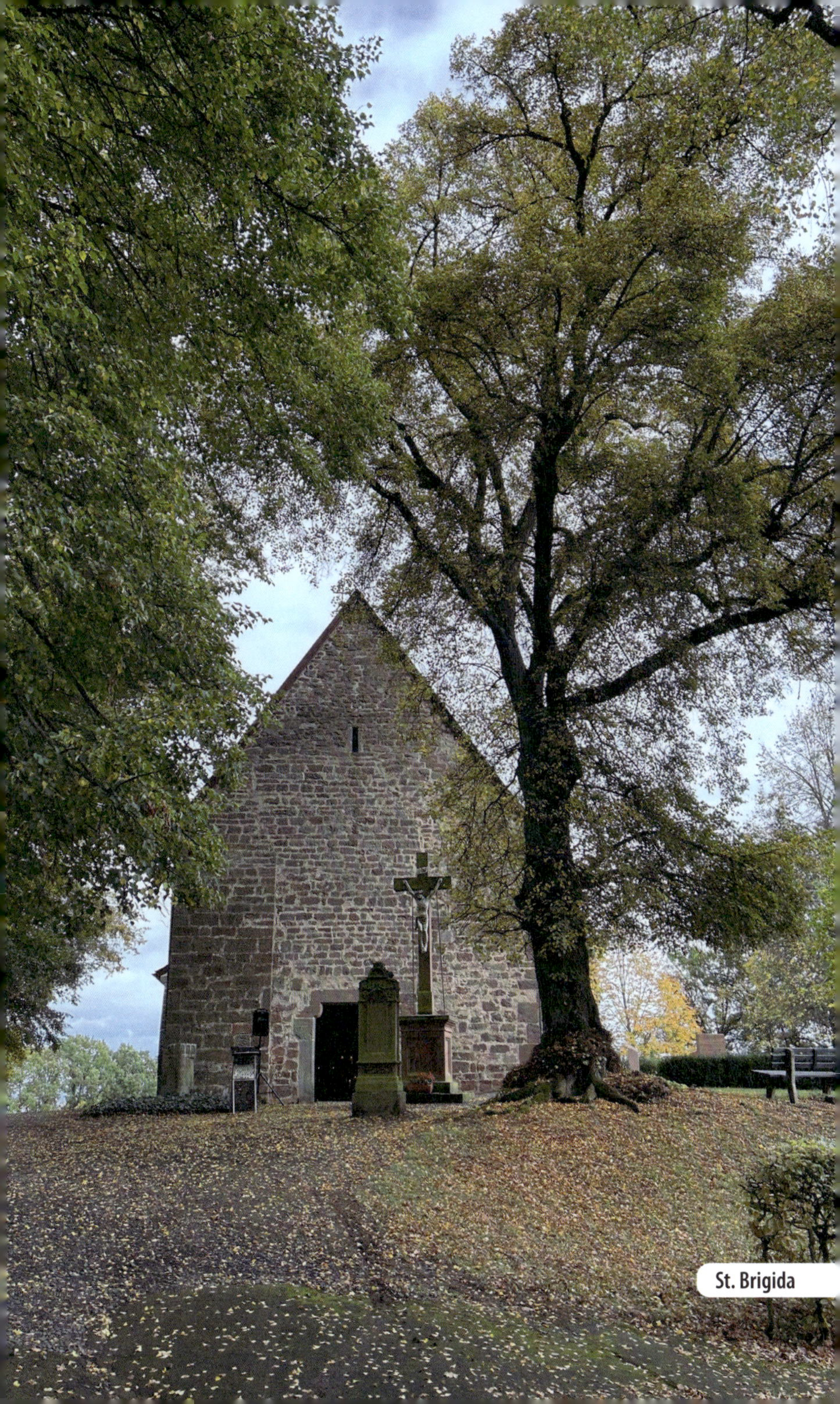

St. Brigida

lauf in einem Bogen nach rechts, der **Markierung Ziffer 3** nach Ungedanken folgend. Auf der Bürabergstraße marschieren wir aus dem Wald hinaus auf das offene Feld. Es geht immer geradeaus weiter bis nach Ungedanken. Am jüdischen Friedhof knickt die Bürabergstraße rechts ab. Wir laufen jedoch geradeaus über die Straße, gehen rechts neben der Bushaltestelle den Treppenweg hinunter bis zur Hauptstraße und dann wieder rechts. Nach etwa 300 Metern verlassen wir die Hauptstraße und biegen links in die Bahnhofstraße ein, die uns zum 9 **Hotel Restaurant Zum Büraberg** führt. Eine erlebnisreiche Wanderung liegt hinter uns, jetzt freuen wir uns auf eine gemütliche Einkehr, bevor wir mit dem Bus zurück nach Fritzlar fahren.

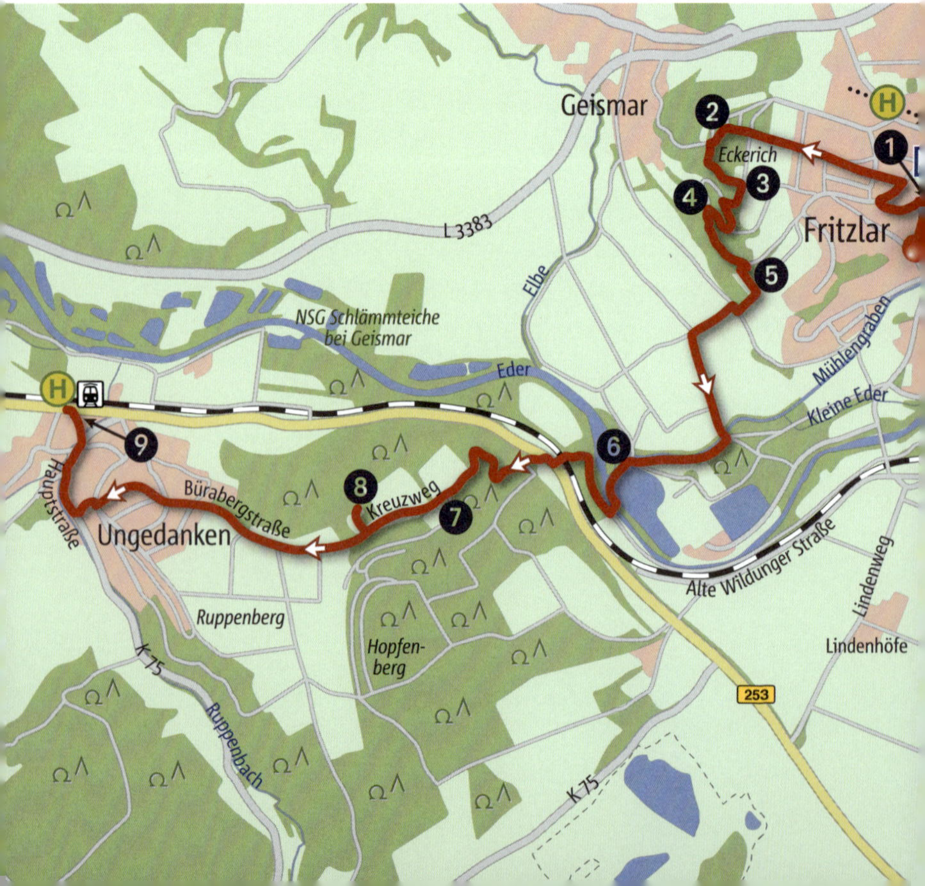

ALLES AUF EINEN BLICK

Entspannung 5/5
Abenteuer 3/5
Vielfalt 5/5

WIE & WANN

Breite Natur- und Wiesenwege, steiler Anstieg zu St. Brigida, fein geschotterte Feldwege, innerorts asphaltierte Straßen. Beste Wanderzeit von April bis Oktober, besonders schön zur Obstblüte.

HIN & WEG

Auto: P2 Altstadt am Grauen Turm, 34560 Fritzlar
ÖPNV: Busbahnhof Fritzlar Allee; am Ziel: Haltestelle Ungedanken Hauptstraße

ESSEN & ENTSPANNEN

9 **Hotel Restaurant Zum Büraberg,** Bahnhofstraße 5, 34560 Fritzlar-Ungedanken, Tel. (0 56 22) 99 80, www.hotel-bueraberg.de

Reichlich Gastronomie in der Altstadt von Fritzlar.

ENTDECKEN & ERLEBEN

1 **Grauer Turm**
2 **Eckerichswarte**
3 **Aussichtspunkt an der Vogeltränke**
4 **Ruhebank mit schöner Aussicht**
5 **Kalkofen**
6 **Ederwehr**
7 **Kreuzweg**
8 **Kapelle St. Brigida**

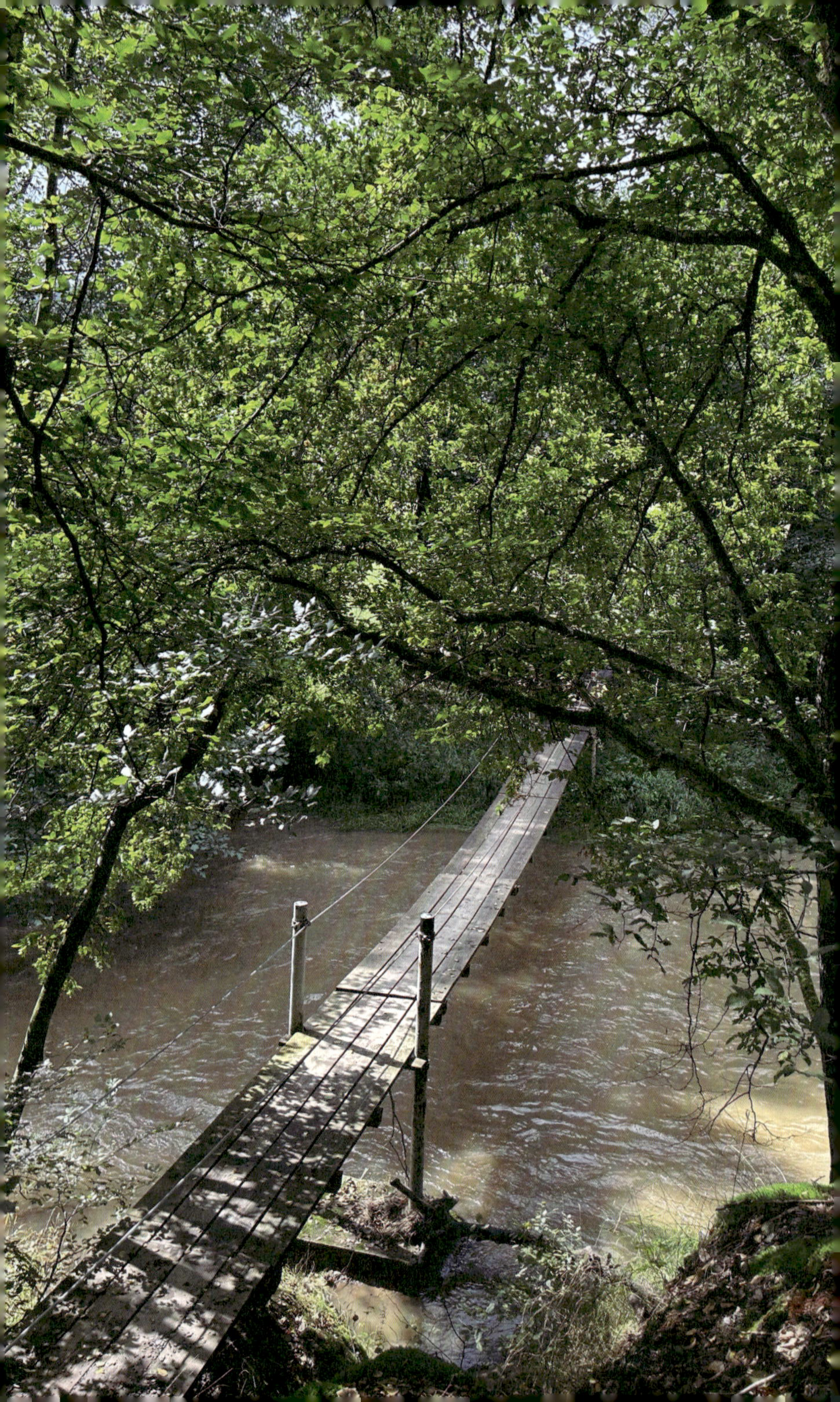

Erlebnis Fluss

Durchs Orketal bei Niederorke

In Niederorke am Wanderparkplatz Orke beginnt unsere erfrischende Rundwanderung, die auf der **Route Nummer 3** verläuft **(Markierung gelber Kreis mit der 3 auf schwarzem Grund).** Wir laufen den Rundwanderweg im Uhrzeigersinn und halten uns am Schilderbaum bei der Informationstafel links **Richtung Fürstenberg.** Da sich die Wegweisung des Rundwegs Nummer 3 in den Richtungsangaben gleicht, gibt uns der Wegweiser des **Kellerwaldsteigs (weißes K auf rotem Grund)** zusätzliche Orientierung. Zunächst marschieren wir auf einem asphaltierten Radweg unter prächtigen Linden an der Orke entlang. Nach etwa 300 Metern gelangen wir an eine Weggabelung, an der wir nach links, auf den zu Beginn leicht ansteigenden, befestigten Naturweg gelenkt werden. Wir wandern zwischen Wald und Kulturlandschaft, blicken auf schöne Wiesen und Felder, beobachten gemütlich grasende Kühe und kommen in der Natur an. Zwischendurch steigt der Weg wieder leicht an und führt uns durch ein wild anmutendes Waldareal. Wir folgen dem Verlauf des Wegs und lenken unsere Wahrnehmung auf Gerüche, Geräusche, Temperaturunterschiede und wechselnde Naturräume. Nach einer Wegbiegung mit Sitzbank nähern wir uns wieder dem Fluss, der rechts unter uns fließt. Fortan begleitet das Rauschen der **Orke** unsere Wanderung. Nach einem Stück auf weichem Waldweg folgt ein stark verwilderter Abschnitt, den wir aber schnell durchschritten haben. Dann senkt sich der Wanderweg talwärts und bringt uns näher zum Flussufer. Zwischen

Kilometer: 6,5
Höhenmeter: 190
Stunden: 2
RUNDWEG

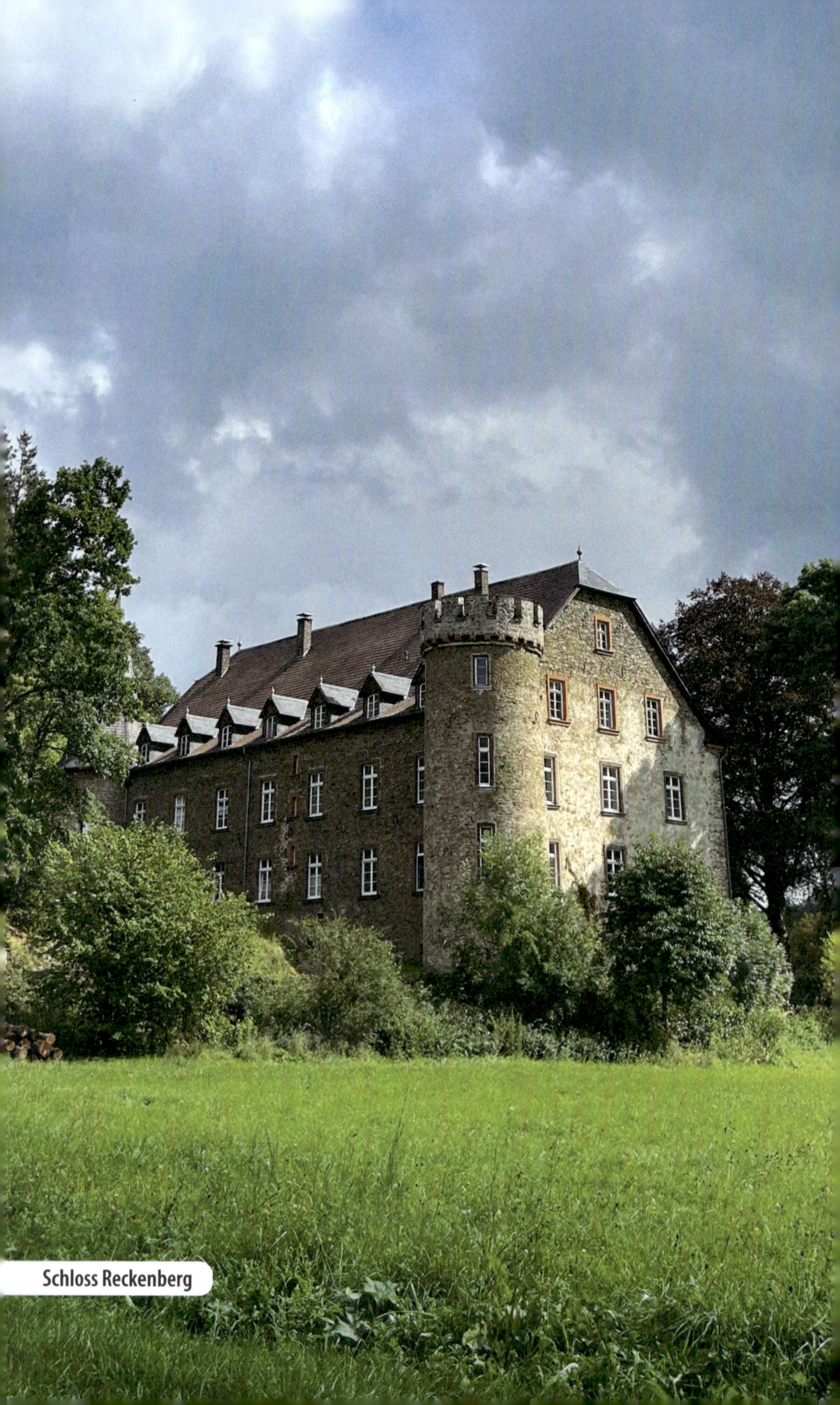
Schloss Reckenberg

den Bäumen hindurch erhaschen wir einen ersten Blick auf **Schloss Reckenberg,** das rechts von uns, auf der anderen Flussseite liegt. Der breite Weg verengt sich zu einem schmalen Pfad, der uns durch einen Mischwald aus Hainbuche und Haselnuss führt. Nach einem kurzen Anstieg werden wir zweimal hintereinander nach rechts Richtung Fürstenberg geleitet und landen auf einem Wiesenweg, der uns zu einer Hängebrücke über die Orke führt. Nun haben wir freie Sicht auf ❶ **Schloss Reckenberg.**

Für die Seele

Begleitet vom Rauschen der Orke wandern wir durch idyllische Bachlandschaften und kommen zur Ruhe.

Am ❷ **Rastplatz an der Schlosswiese** machen wir in idyllischer Lage eine erste ausgedehnte Rast. Hinter uns rauscht der Fluss und vor uns breitet sich eine großzügige Wiesenlandschaft aus, eine wohltuende Mischung aus Natureindrücken, die eine tiefe Entspannung in uns auslöst. Mit etwas Glück können wir aus der Distanz Wild auf der Weidefläche beobachten. Gestärkt und ausgeruht geht es vom Rastplatz aus links am Wiesenrand entlang und dann nach rechts Richtung Schloss. Vor dem Anwesen werden wir nach links auf einen schmalen Pfad gelenkt, von dem aus wir versteckte Blicke auf die Gebäude des Herrenhauses werfen können. Auf dem romantischen Pfad wandern wir leicht bergab. Ein zauberhaftes Lichtspiel zeichnet sich durch die dichten Baumkronen ab und lässt die Umgebung wie ein Gemälde erscheinen. Der Pfad geht in einen Waldweg über, der auf dem breiten, geschotterten **Lichtenfelser Panoramaweg** endet. Hier ist der Wendepunkt unserer Rundwanderung. Wir biegen rechts ab und folgen dem Weg Nummer 3 zurück **Richtung Niederorke** (2,9 km). Gemütlich schlendern wir an einer Wiese entlang, mit dem Rauschen der Orke im Hintergrund. Nach etwa 300 Metern kommen wir an eine Weggabelung, an der wir nach links über einen Bach und an einem Rastplatz vorbeigeleitet werden. Herrliche Wald- und Wiesenabschnitte wechseln sich ab. Mitten

Das barockartige Herrenhaus ***Schloss Reckenberg*** *wurde im 17. Jahrhundert auf den Resten eines mittelalterlichen Wasserschlosses erbaut. Es ist in Privatbesitz und nicht zu besichtigen. Zwei der runden Ecktürme sind weitgehend erhalten.*

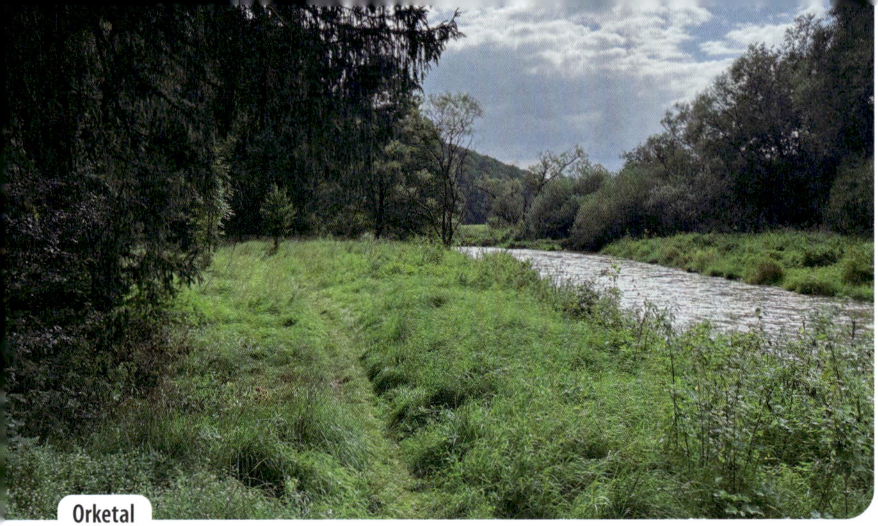

Orketal

in dieser abwechslungsreichen Natur entspannen und regenerieren wir uns. Das Rauschen des Wassers nimmt zu, wir nähern uns dem Fluss und einer entstehenden Waldwildnis. Oberhalb des Ufers entdecken wir eine Holzbank unter einer alten Fichte – ein herrlicher ❸ **Ruheplatz an der Orke,** um ein wenig Energie zu tanken. Wir schauen hinunter auf das Wasser, atmen die kühle, belebende Luft ein, beobachten kleine Wasserwirbel und Stromschnellen, nehmen Spiegelungen wahr und sirrende Insekten. Diese Auszeit im Herzen der Natur haben wir uns verdient und lassen einfach mal die Zeit stillstehen. Erholt und mit frischer Kraft setzen wir unsere Wanderung fort und finden uns alsbald in der traumhaften ❹ **Auenlandschaft des Orketals** wieder.

Dem Lauf der Orke folgend, lassen wir uns durch diesen wildromantischen Naturraum lenken. Anschließend wandern wir durch ein Waldstück und bemerken linker Hand einen Steinquader mit einer Inschrift, die wir leider nicht entziffern können. Wir schauen den felsigen Hang hinauf, dessen Gestein und Geröll mit Mooskissen bedeckt ist. Es scheint eine Blockhalde zu sein. Wir sind von den Überraschungen begeistert, die der Weg uns bisher bereitet hat. Nun werden wir rechts hinuntergelotst auf eine abenteuerliche ❺ **Hängebrücke,** über die wir den Fluss überqueren.

*Die **Orke,** der wichtigste Zufluss der Eder, zeichnet sich durch ihre Naturnähe aus. Typisch sind die Erlen-Eschen-Bruchwälder, die eine natürliche Uferzone bilden. Der Lauf der Orke ist als Naturschutzgebiet und FFH-Gebiet ausgewiesen.*

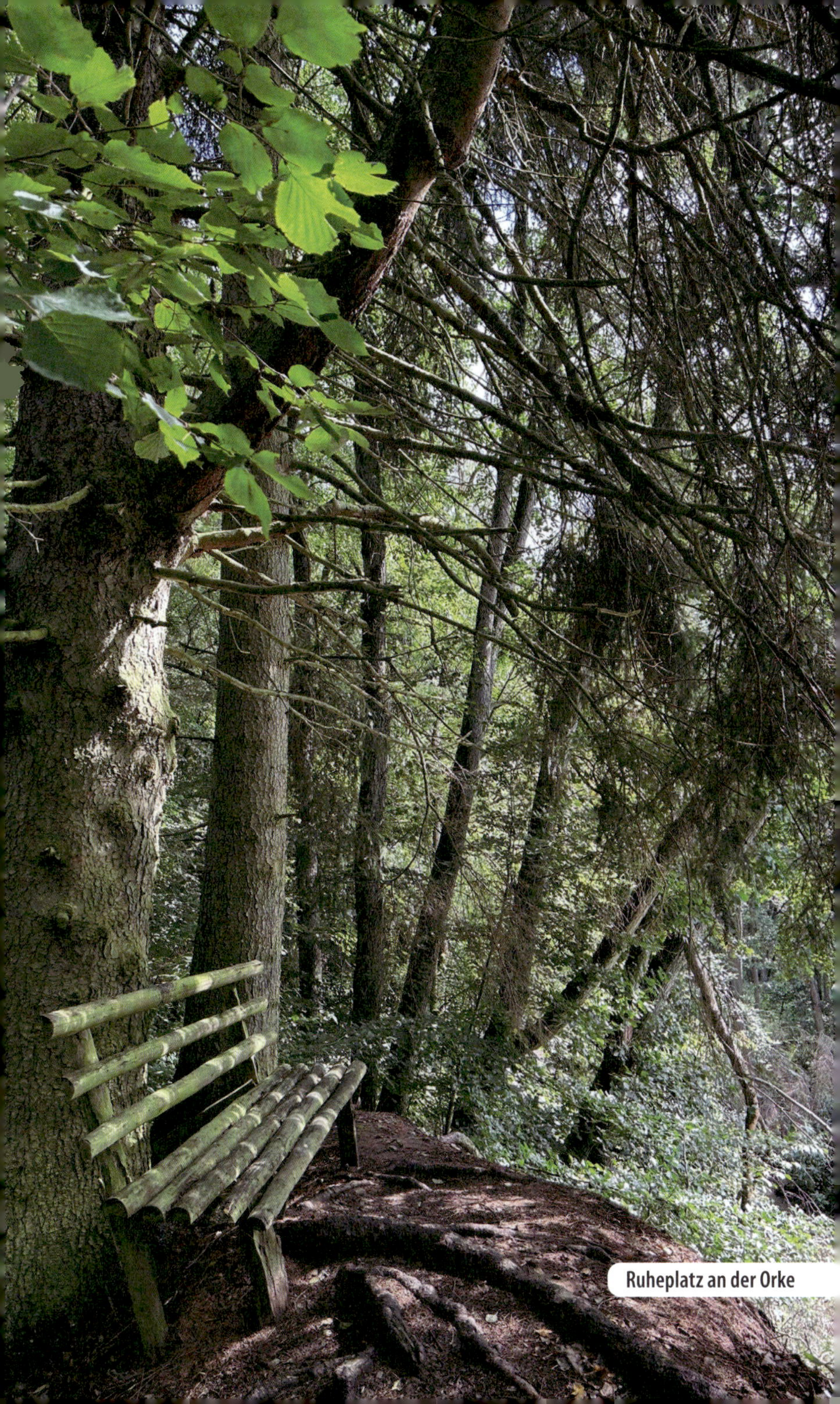

Ruheplatz an der Orke

Nach der Brücke geht es zunächst auf einem Wiesenweg ins offene Feld, dann biegen wir links auf einen geteerten Feldweg ab. Auf einer Bank vor einem Steinhäuschen machen wir kurz halt und schauen den Kühen beim Grasen zu. Von den Tieren geht eine besänftigende Ruhe aus, die sich auf uns überträgt. Nur das Geräusch des Winds und die Schreie der Greifvögel, die über den Wiesen kreisen, ist zu hören. Schon bald werden wir wieder an den Fluss herangeführt und nähern uns Meter für Meter der Ortschaft **Niederorke.** Nach einer kleinen Erhebung finden wir uns an der Weggabelung wieder, an der wir zu Beginn unserer Wanderung abgebogen sind. Oberhalb der Orke laufen wir jetzt geradeaus zurück zum Parkplatz.

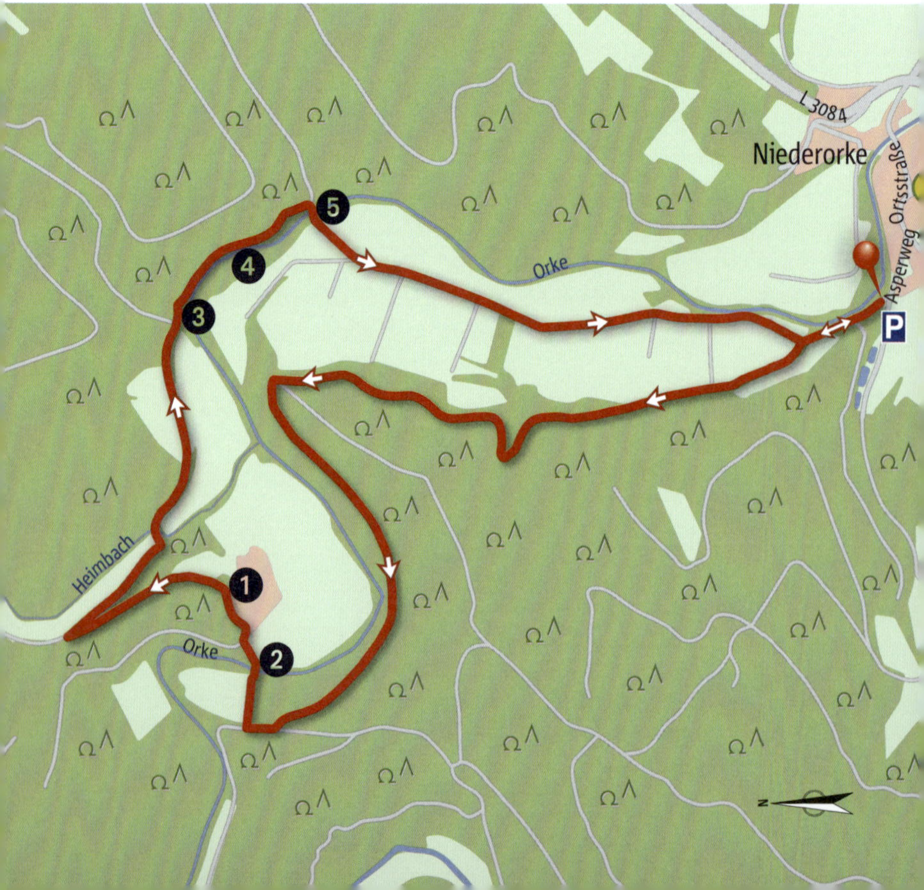

ALLES AUF EINEN BLICK

Entspannung 4/5
Abenteuer 2/5
Vielfalt 4/5

WIE & WANN
Breite und schmale Waldwege, weiche Wiesenwege und befestigte Schotterwege, asphaltierte Wege in Ortsnähe. Beste Wanderzeit von April bis Oktober, nicht geeignet nach starken Regenfällen.

HIN & WEG
Auto: Wanderparkplatz Tor zum Orketal, Asperweg 1, 34516 Vöhl
ÖPNV: Haltestelle Niederorke, Vöhl

ESSEN & ENTSPANNEN
Bitte an Rucksackverpflegung für unterwegs denken, es gibt schöne Rastmöglichkeiten am Weg. Die nächsten Einkehrmöglichkeiten gibt es in Ederbringhausen.

ENTDECKEN & ERLEBEN
1. **Schloss Reckenberg**
2. **Rastplatz an der Schlosswiese**
3. **Ruheplatz an der Orke**
4. **Auenlandschaft des Orketals**
5. **Hängebrücke**

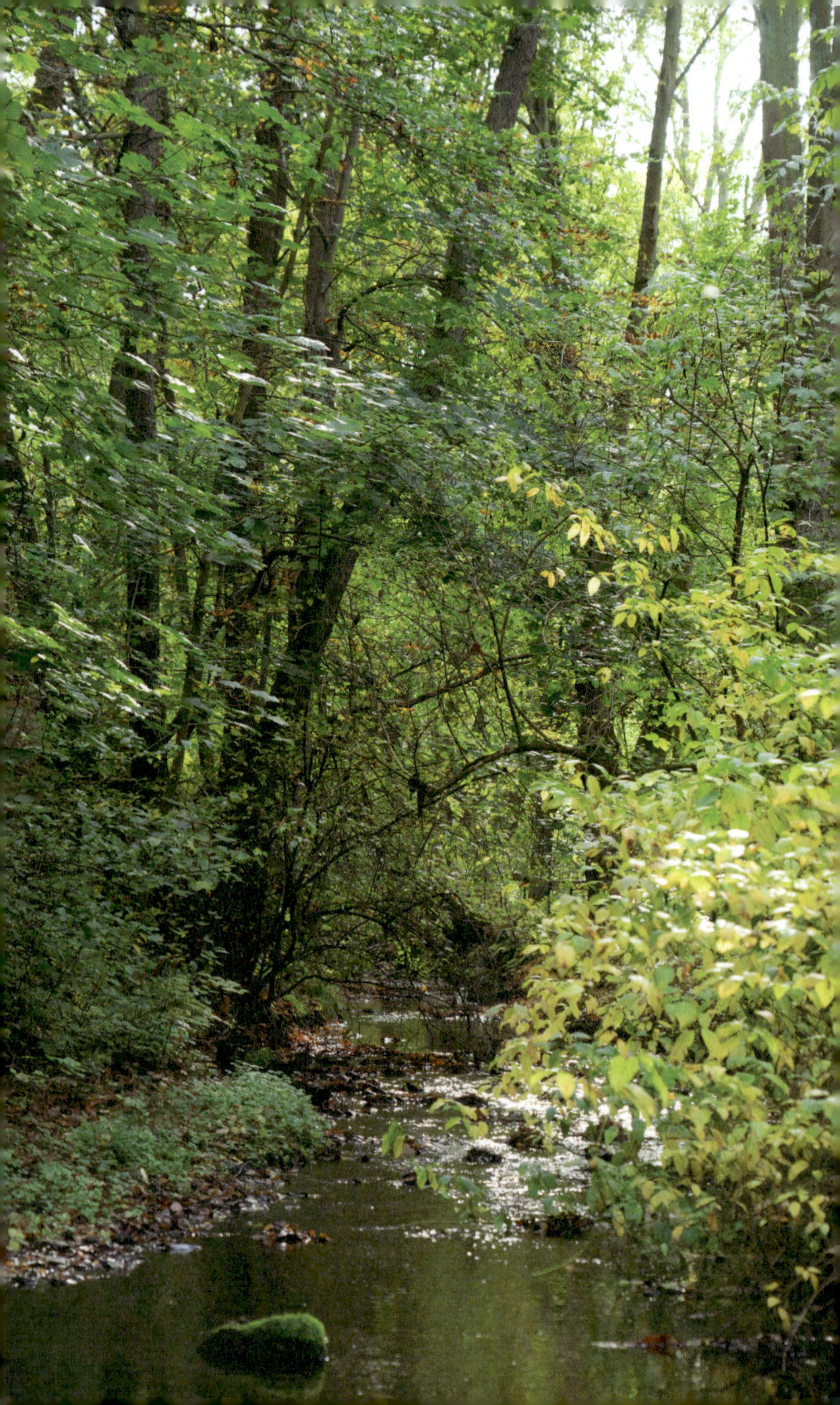

Wilde Wasser

Das Helenental bei Bad Wildungen

Wir starten am Wanderparkplatz Spitzegrund in Bad Wildungen-Odershausen. An der Informationstafel stehend, orientieren wir uns nach rechts, folgen der Route Nummer 2 am Parkplatz vorbei und lassen uns an der Naturtretstelle nach links um eine Kurve leiten. Dort überqueren wir den Sonderbach und stoßen auf einen Landwirtschaftsweg. Ab hier folgen wir dem Rundweg Nummer 1 Richtung Odershausen. Wir erreichen den Ortseingang von Odershausen nach etwa 300 Metern und gehen an der Gabelung nach links auf den Dörnbachweg. Laut Wegweiser liegen 7,2 Kilometer auf dem **Spitzegrund Rundweg Nummer 1** vor uns. Wir bleiben auf dem Dörnbachweg, überqueren erneut den Sonderbach und werden nach rechts gelenkt. Linker Hand schauen wir auf einen steilen felsigen Hang. In der Nähe gibt eine Informationstafel Aufschluss über die sogenannte ❶ **Koppe von Odershausen.** Gegenüber fällt uns ein Trampelpfad auf, der wenige Meter hinunter an den Bach führt. Eine reizende kleine Wasserwildnis empfängt uns. Auf der dortigen Ruhebank schöpfen wir ein paar Atemzüge lang Wasserenergie und lauschen dem Rauschen des Bachs. Zurück auf der Straße gehen wir bis zum Ende des Dörnbachwegs und biegen in der Kurve rechts auf die Wildunger Straße ab. Unterwegs bewundern wir die hübschen alten Fachwerkhäuser. In einem der alten Häuser ist ❷ **Das lebendige Museum** untergebracht.

Hinter dem Museum macht die Wildunger Straße einen Knick nach links. Wir folgen

Das lebendige Museum *in einem über 250 Jahre alten Bauernhof dient der Pflege und Erhaltung ländlichen Brauchtums. An monatlichen Aktionstagen werden traditionelle Arbeitsweisen und alte Handwerksberufe vorgeführt.*

Kilometer: 7,5
Höhenmeter: 200
Stunden: 2,5
RUNDWEG

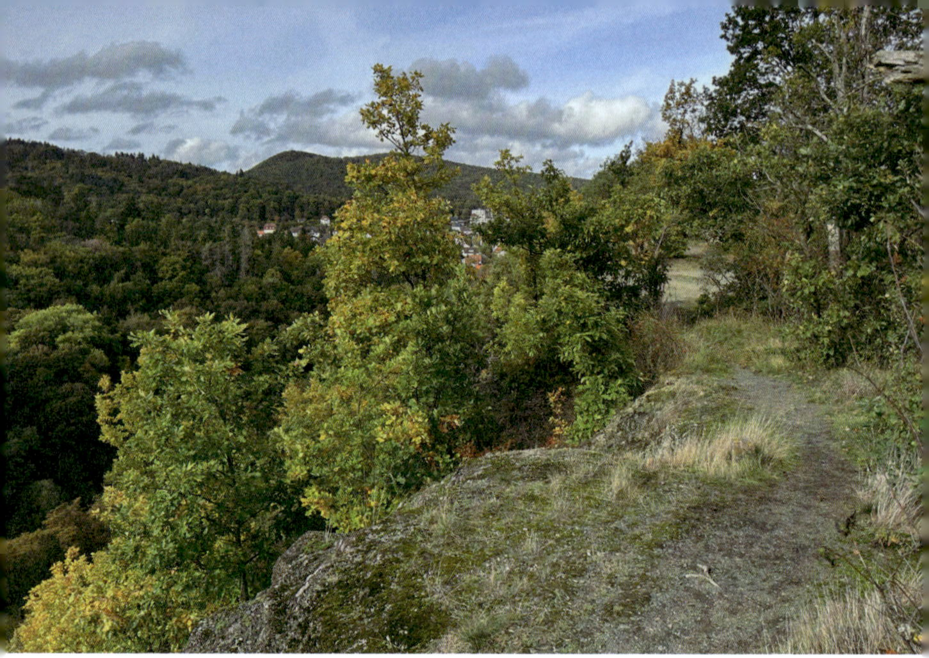

ihrem Verlauf bis zum Fußgängerüberweg. Davor biegen wir dann links ab in die Straße Am Helenental, Richtung Helenenquelle und Dr.-Marc-Turm. Nun folgen wir der Straße etwa 1 Kilometer oberhalb des Helenentals. An manchen Stellen können wir links durch das Buschwerk hinunter ins Tal blicken. Am Ende der Straße geht es links auf einen Waldweg. Die **Markierung mit der Ziffer 1** finden wir an einem Baumstamm. Wir tauchen ein in die Wildnis des Naturschutzgebiets Sondertal-Talgraben. Dieser Naturraum unterliegt dem Prozessschutz, das heißt, der Prozess der Waldentwicklung auf natürliche Art und Weise steht hier unter Schutz und darf nicht gestört werden. Eine urwaldähnliche Atmosphäre herrscht in diesem Waldkomplex, Vogelgezwitscher schallt aus allen Richtungen, überall raschelt es im Laub und im Gebüsch, ein paar Vögel flattern erschrocken vom Weg auf. Vitalität und Lebensenergie geht von diesem herrlich wilden Naturraum aus. Der Waldweg führt bergab und leitet uns nach einer Kurve auf einen Parkplatz. Hier halten wir uns links, gehen ein Stück parallel zur Straße und biegen an der Gabelung links ab zum

③ Dr.-Marc-Turm. Der Turm wurde 1922 von Kurgästen aus Bruchsteinen errichtet, als Würdigung für die herausragenden medizinischen Leistungen des Bad Wildunger Arztes Dr. Wolrad Marc.

Vom Turm aus geht es zurück auf den Weg und nach links auf den Felsenpfad, der uns auf ein Plateau führt. Eine großartige Aussicht offenbart sich uns. Wir befinden uns im **④ Naturschutzgebiet Sonderrain** auf den steilen Felshängen oberhalb des Helenentals. Felsvorsprünge, windgeschützte Nischen und Schutthalden bilden ein Mosaik an Lebensräumen für seltene Pflanzen, wie beispielsweise Küchenschelle, Astlose Graslilie und Pfingstnelke. Fasziniert schlendern wir den Weg entlang. Wachholderbäume, Kiefern und knorrige Eichen versprühen einen mediterranen Charme. Zu unserer großen Überraschung finden wir eine Sitzbank. Wir lassen uns gerne zu einer kurzen Auszeit verführen und genießen die Wärme an diesem sonnenverwöhnten Standort. Unten im Tal können wir sogar die helle Kuppel der Helenenquelle erkennen.

Für die Seele

Wir erleben einzigartige Naturräume und erhabene Aussichten und kosten frisches Quellwasser.

Wir setzen unsere Wanderung auf dem **Plateau** fort und halten uns an der schmalen Weggabelung rechts. Eine weitere Sitzbank lädt zu einer Sinnespause ein. Der schmale Pfad führt uns hinaus aufs freie Feld, von wo wir einen atemberaubenden Weitblick auf die Stadt Bad Wildungen und die umliegende Berglandschaft haben. Zwischen Hagebutten, Wacholderbäumen und Ginsterbüschen wandern wir talwärts. Kurze Stichwege zweigen vom Weg ab und führen zu lauschigen Aussichtsbänken. Schritt für Schritt nähern wir uns Bad Wildungen und laufen auf einem Fußweg an eingezäunten Grundstücken vorbei. An der Weggabelung halten wir uns links und wandern weiter talwärts. Ein Handlauf am Wegesrand sorgt für Sicherheit am Steilhang. Links unter uns vernehmen wir Wasserrauschen – wir nähern uns dem **5 Sonderteich,** den wir zwischen den Bäumen bereits erkennen können. Am Teichende passieren wir eine Steintreppe und biegen wenige Meter weiter in einer spitzen Kehre nach links unten ab. Wir werden in einem Halbbogen um das Ende des Teichs herumgeführt, um nun auf der anderen Teichseite in die Richtung zu laufen, aus der wir gekommen sind. In regelmäßigen Abständen finden wir Sitzbänke am Wegesrand, die uns zu kleinen Auszeiten am beruhigenden Wasser einladen. Hinter dem Teich halten wir uns links und lassen uns am Sonderbach entlangführen. Parallel zu unserem Wanderweg verläuft hier auch ein Lehr- und Erlebnispfad. Interessiert lesen wir die Informationstafeln und lernen viel Neues über das **6 Naturerlebnis Bach.** Das friedliche Plätschern des Wassers wirkt sich beruhigend auf uns aus. Wir wandern in unmittelbarer Nähe zum Bach. Riesige Lindenbäume von anmutender Schönheit säumen unseren Weg. Wenn die Sonne durch das Blätterdach schimmert, entsteht eine reizende Atmosphäre. Fast fühlen wir uns wie in einem romantischen Gemälde von Caspar David Friedrich. Vor uns gabelt sich der Weg. Erstaunt erblicken wir ein kurioses Kunstwerk am Wegesrand: zwei Stühle auf hohen Holzstämmen. An dieser Stelle überqueren wir den Bach und gehen auf der linken Bachseite, dem Spitzegrund Rundweg Nummer 1 weiter folgend, Richtung Odershausen und Helenenquelle. Linker Hand erhebt sich ein gigantischer Felsen. Wir umrunden den Felsen und gelangen zu einer **7 Fledermaushöhle,** die sich in einem alten, verschlossenen Bergwerkstollen befindet. Auf dieser Seite des Sonderbachs breiten hohe Kastanien- und Ahornbäume ihre ausladenden Äste über uns aus. Auf unserem Weg werden wir auf Quellsumpfgebiete und Feuchtbrachen aufmerksam gemacht. Im gemütlichen Schlendergang erreichen wir nach etwa 700 Metern das Abwasserhäuschen, an dem wir erneut den Bach überqueren. Nun geht es links an

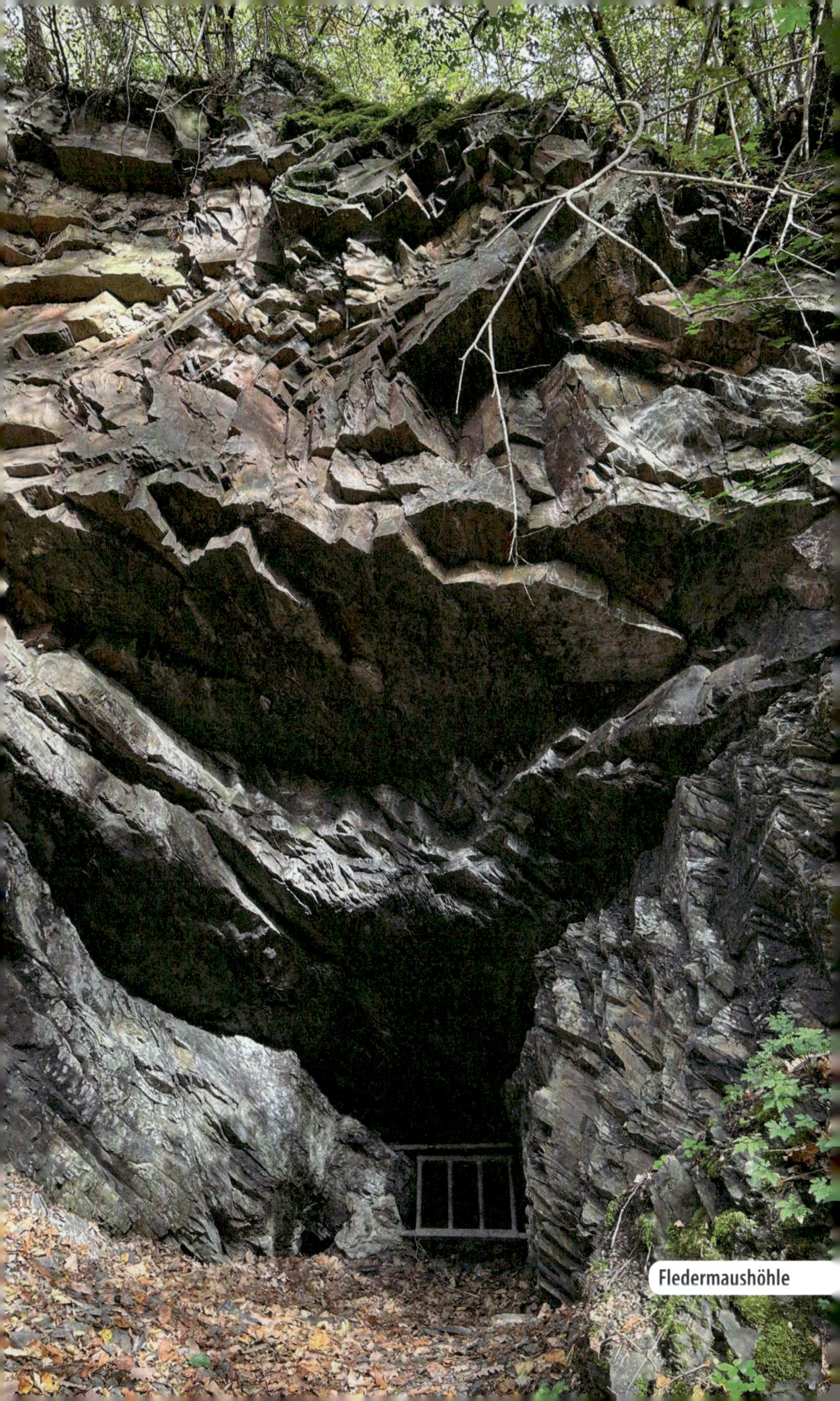
Fledermaushöhle

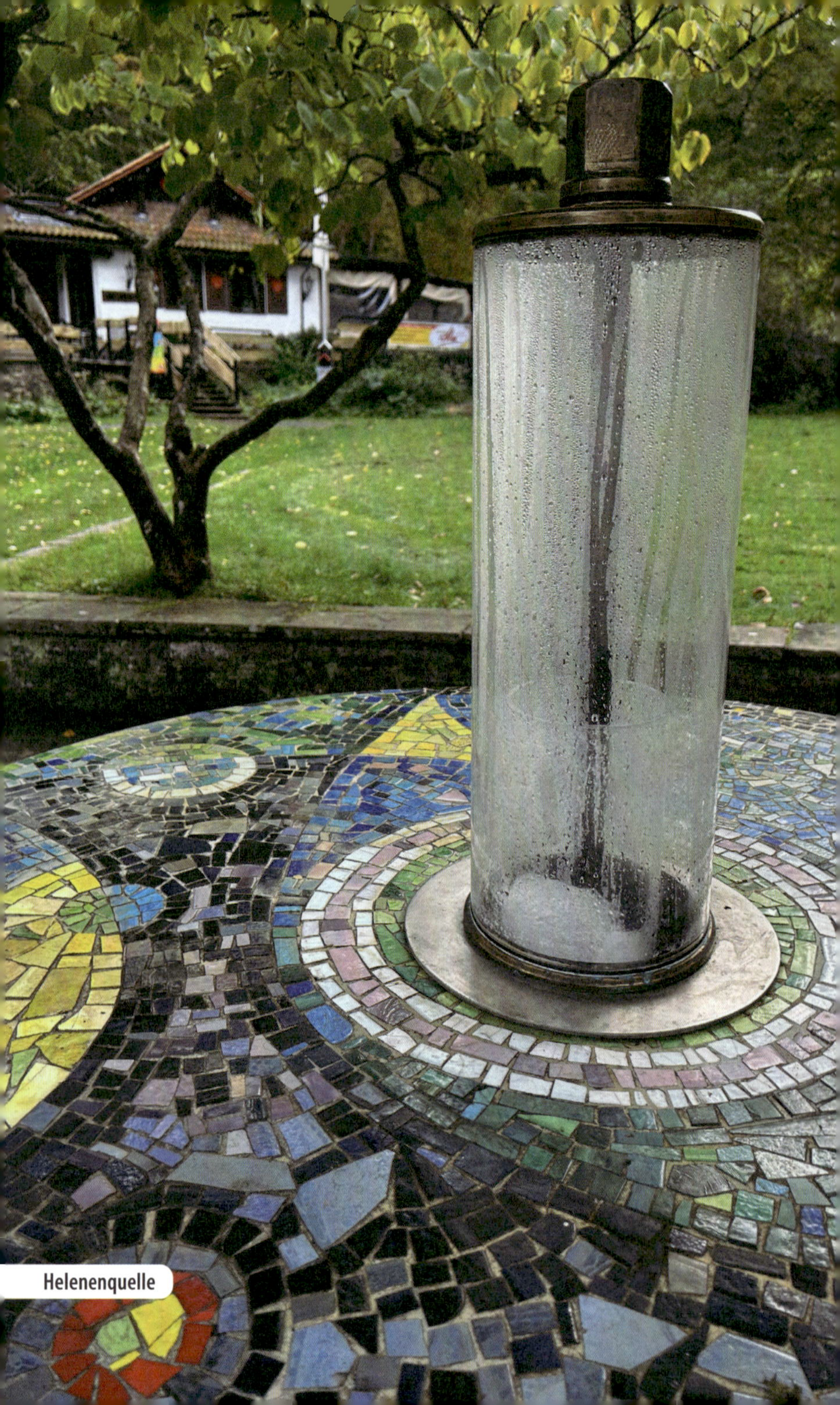

Helenenquelle

der Grünfläche entlang bis zur **8 Helenenquelle.** Laut Infotafel ist die Helenenquelle ein „alkalisch erdiger Säuerling". Neugierig probieren wir das Heilwasser. Es schmeckt sehr stark nach Eisen.

Von der Quelle aus folgen wir der Straße ein Stück aufwärts, passieren einen Buswendeplatz und kommen auf einen Waldweg. Gleich darauf geht es zuerst nach links über den Sonderbach, dann nach rechts, der Wegmarkierung Ziffer 1 folgend. Links vom Sonderbach wandern wir in sanftem Anstieg, genießen dabei die Waldesstille und das stete Rauschen des Wassers. Es bieten sich ständig neue Blicke auf den Bachlauf an, mal aus erhabener Position, dann wieder unmittelbar am Wasserlauf. Die Energie, die von diesem Tal ausgeht, überträgt sich auf uns, wir fühlen uns zunehmend leicht und beschwingt, zufrieden und ausgeglichen.

Unser Weg führt uns durch das beeindruckende **9 Naturschutzgebiet Sondertal-Talgraben.** Für etwa 1,5 Kilometer wandern wir am Sonderbach entlang, Richtung Odershausen/Spitzegrund. Fasziniert lassen wir unsere Augen auf Entdeckungsreise gehen. Wir nähern uns dem Bachlauf und gelangen auf eine große Holzbrücke mitten in einer atemberaubenden Wildnis. Hinter der Brücke geht es etwa 100 Meter an der anderen Bachseite entlang, dann werden wir in einer spitzen Kehre nach links oben gelotst. Schweren Herzens verlassen wir diesen wildromantischen Ort, doch auch der Blick von oben, den wir nun beim Aufstieg haben, ist nicht weniger beeindruckend. Rechter Hand sehen wir bemoostes Felsgestein, das in Schichten aus dem Hang ragt. Der schmale Pfad windet sich den Berg hinauf und lässt uns tief hinab in die Schlucht blicken. Lautes Wasserrauschen weckt unsere Aufmerksamkeit. Kleine Wasserfälle ergießen sich in die Schlucht, der Geruch von Süßwasser liegt in der Luft. Für einen Moment schließen wir die Augen und lauschen dem tosenden Wasser.

*Die **Helenenquelle** ist eine von sechs staatlich anerkannten Heilquellen in der Umgebung von Bad Wildungen, die zu Heilzwecken genutzt werden.*

*Die Schlucht des Sonderbachs im **Naturschutzgebiet Sondertal-Talgraben** ist erdgeschichtlich gesehen bemerkenswert jung: Erst seit der letzten Eiszeit hat sich der Bach in den weichen Tonschiefer geschnitten, wodurch mehrere Wasserfälle entstanden sind.*

Eine Sitzbank am Wegesrand verführt uns zu einer kurzen, energetischen Atempause. Kurz bevor wir den Dorfrand erreichen, passieren wir eine letzte Holzbrücke. Wir bleiben auf der rechten Bachseite und folgen dem Wegweiser bergauf, hinter den Häusern entlang über eine Treppe hinauf zur Straße. In der Kurve halten wir uns rechts, folgen dem **Pärrnerweg** den Berg hinauf und biegen dann links in die Straße **An der Koppe.** Zum Parkplatz sind es ab hier noch etwa 400 Meter. Wir laufen immer geradeaus, bis wir aus dem Dorf herausgeführt werden und kommen auf direktem Weg zurück zum Parkplatz. Zum Abschluss unserer erlebnisreichen Wanderung gönnen wir unseren Füßen eine belebende Erfrischung im **Naturtretbecken.**

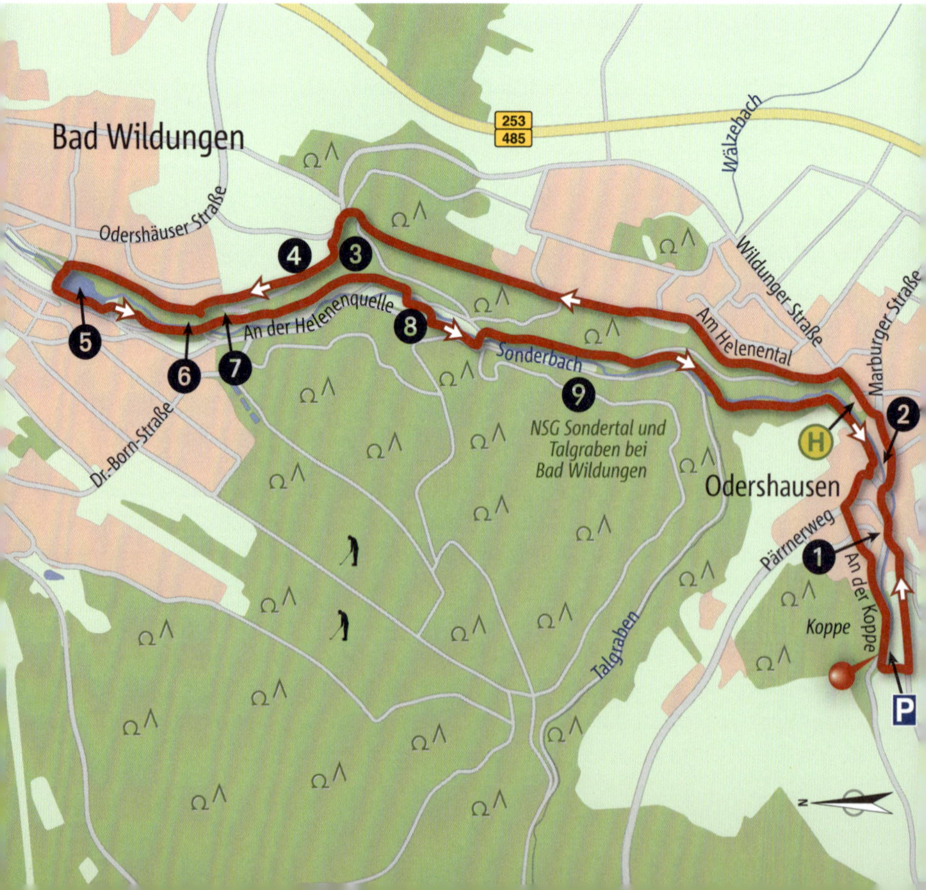

ALLES AUF EINEN BLICK

Entspannung 4/5
Abenteuer 5/5
Vielfalt 5/5

WIE & WANN

Breite und schmale Waldwege, verschlungene Pfade, innerorts asphaltierte Straßen. Ganzjährig schön.

HIN & WEG

Auto: Wanderparkplatz Spitzegrund, 34537 Bad Wildungen-Odershausen
ÖPNV: Haltestelle Odershausen Mitte

ESSEN & ENTSPANNEN

Bitte an Rucksackverpflegung für unterwegs denken, es gibt schöne Rastmöglichkeiten am Weg.

ENTDECKEN & ERLEBEN

1. **Koppe von Odershausen**
2. **Das lebendige Museum,** Wildunger Straße 3, 34537 Bad Wildungen-Odershausen, www.lebendigesmuseum.de
3. **Dr.-Marc-Turm**
4. **Naturschutzgebiet Sonderrain**
5. **Sonderteich**
6. **Naturerlebnis Bach**
7. **Fledermaushöhle**
8. **Helenenquelle**
9. **Naturschutzgebiet Sondertal-Talgraben**

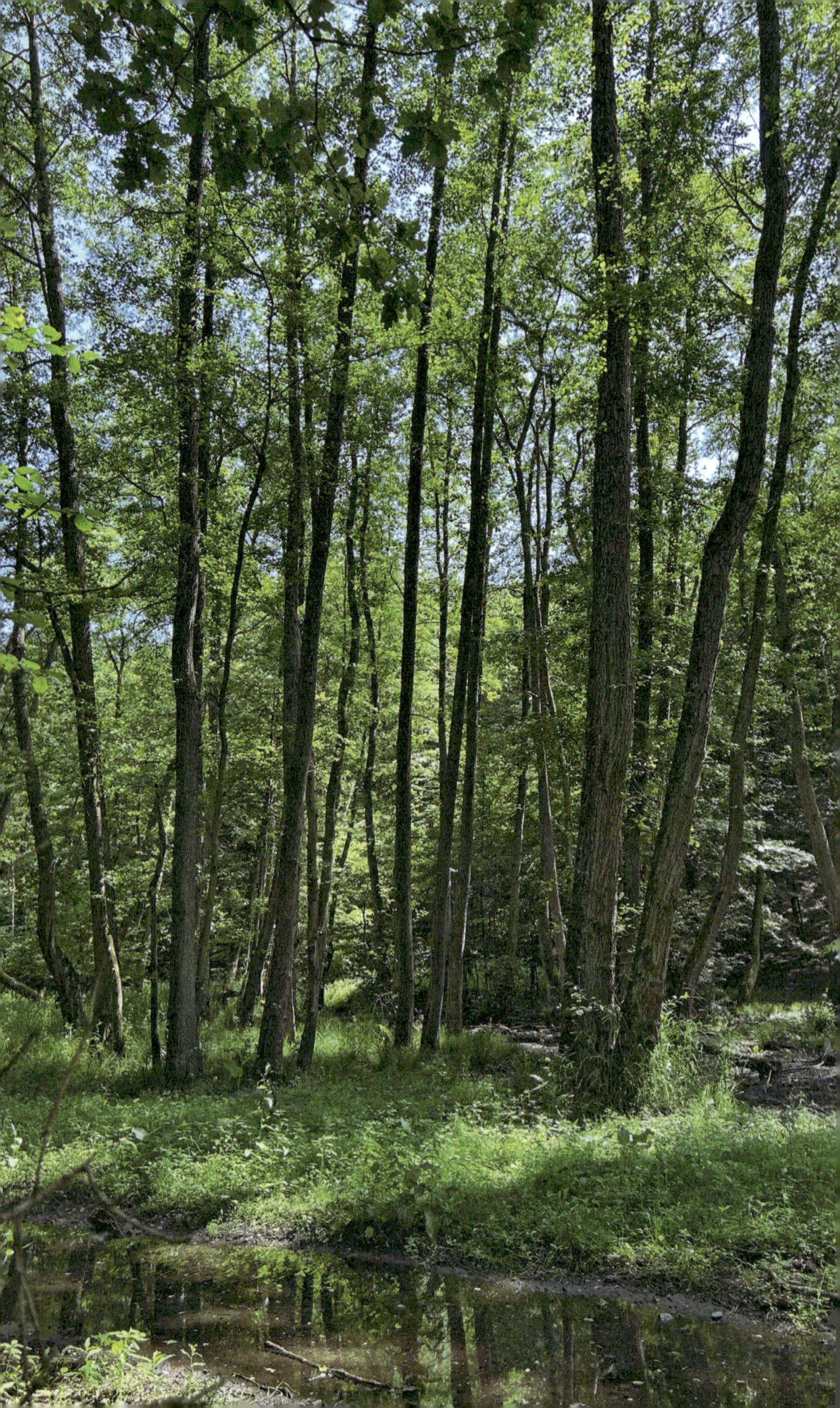

Abenteuer Urwald

Asel-Süd und Bloßenberg

Vom Wanderparkplatz aus folgen wir dem Zubringer zum **Urwaldsteig – markiert mit einem blauen Punkt –** Richtung Ringelsberg-Route. Anfangs ist der ansteigende Weg steinig, geht dann aber in einen weichen Grasweg über. Wir wandern an Wiesen und Weiden entlang und begeben uns an einer Weggabelung rechts in den Wald hinein. Die dort angebrachte Markierung an einem niedrigen Holzpfosten kann bei hohem Gras leicht übersehen werden. Weicher Waldboden unter unseren Füßen dämpft unsere Schritte und zwischen den Bäumen hindurch erhaschen wir erste Blicke auf den Edersee. Gleich darauf überschreiten wir die **Grenze zum Nationalpark,** worauf uns das gelbe Schild mit der schwarzen Eule hinweist. Unmittelbar nehmen wir wahr, dass dieser Wald anders ist. Hier darf sich Natur frei entfalten und sich zur Wildnis entwickeln. Aus einem Impuls heraus nehmen wir ein paar tiefe Atemzüge und inhalieren den belebenden Duft des entstehenden Urwalds. Jetzt haben wir genügend Energie für den bevorstehenden Anstieg. Die hohen Buchen breiten ihr Blätterdach über uns aus, spenden uns Schatten und angenehme Kühle. Eine silberne Plakette an einem Holzpfosten macht uns auf einen besonderen Waldabschnitt aufmerksam. Mächtige Rotbuchen ragen wie Monumente in die Höhe. Wir schauen in einen Teil des UNESCO-Weltnaturerbes Buchenurwälder der Karpaten und Alte Buchenwälder Deutschlands. Ein paar Meter weiter lädt uns eine Holzbank zu einer kurzen Verschnaufpause ein. Mit Blick auf den

Kilometer: 11,5
Höhenmeter: 420
Stunden: 3–4
RUNDWEG

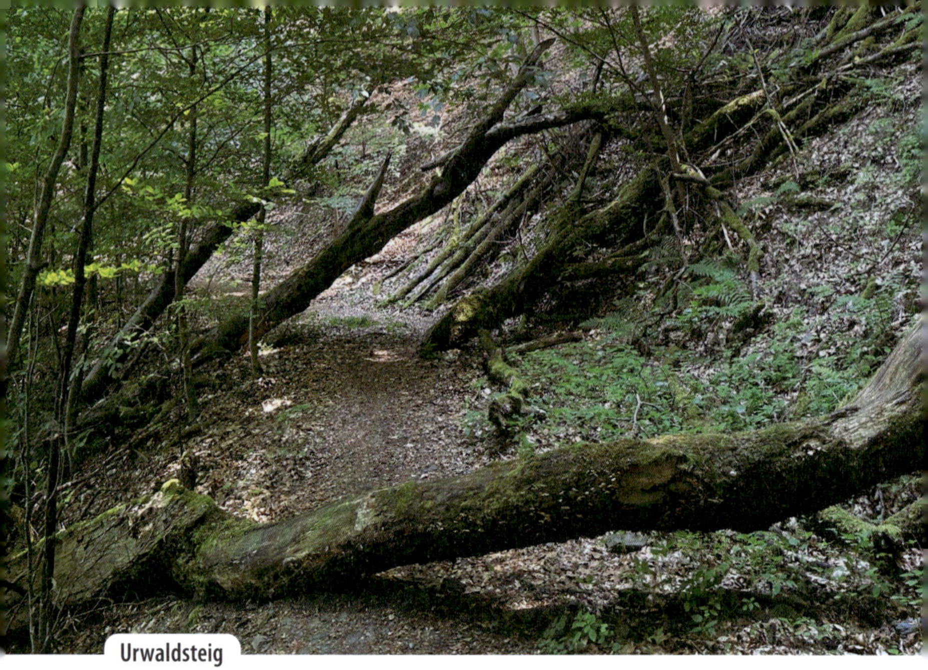

Urwaldsteig

*In mehreren Etappen führt der **Urwaldsteig** einmal um den Edersee herum. Der Rundweg ist 66 Kilometer lang und verbindet besondere Wildnisgebiete des Nationalparks miteinander.*

Edersee lassen wir uns entspannt zu Atem kommen. Direkt am Weg sehen wir eine riesige Eiche und versuchen, ihr Alter zu schätzen. Dem Stammumfang nach könnte sie über 300 Jahre alt sein. Ausgeruht setzen wir unseren Aufstieg fort und kommen nach wenigen Minuten am höchsten Punkt unserer Wanderung an. Am Schilderbaum biegen wir links ab auf den **Urwaldsteig, Richtung Bringhausen** (6,9 km). Von nun an folgen wir der Wegmarkierung des Urwaldsteigs, einem **blauen Punkt mit den weißen Buchstaben UE.**

Vereinzelt vernehmen wir Geräusche und Stimmen, die vom tief unten liegenden See zu uns heraufdringen. An einer Wegspinne mitten in einer Wiesenflur werden wir nach rechts geleitet, weiter über den Urwaldsteig Richtung Bringhausen. Nach etwa 20 Metern geben wir acht, dass wir den **Abzweig nach links** nicht übersehen. Die Wegmarkierung mit einem Pfeil nach links befindet sich an einem Holzpfosten. Auf einem schmalen Fußweg wandern wir nun durch ein wildromantisches Waldareal. Traumwandlerisch folgen wir dem verschlungenen Pfad und lassen unseren Gedanken freien Lauf. Die Wildheit des Walds beflügelt unsere Fantasie und vermittelt uns Kraft und Stärke, Eigenwilligkeit und Selbstständigkeit. An manchen Stellen liegen Bäume quer, die aber problemlos überstiegen werden können. In Serpentinen windet sich der Steig steil den Berg hinab. Achtsam setzen wir unsere Schritte. Der schmale Pfad endet auf einem breiten Waldweg, dem wir ein paar Meter nach rechts folgen, um gleich darauf wieder links abzubiegen, Richtung Bringhausen. Im Zickzack geht es bergab. Stürme haben etliche Bäume zu Fall gebracht, die stellenweise quer über dem Weg liegen. Im Nationalpark wird an solchen Stellen nicht immer eingegriffen. Manchmal wird ein Weg um das Hindernis herumgeleitet oder man klettert einfach darüber. Am Ende des Pfads stoßen wir auf den **Ederhöhenweg.** Zu dieser Weggabelung werden wir auf der Rückrunde unserer Wanderung zurückkommen. Doch zunächst biegen wir hier rechts ab und halten uns weiter **Richtung Bringhausen.** Gleich darauf überqueren wir den Bärenbach und folgen seinem Lauf nach links. Angenehmer Wasserduft liegt in der Luft und schon nach wenigen Gehminuten erhaschen wir einen Blick auf den Edersee. Wir biegen rechts auf den schmalen, steil ansteigenden Pfad ab. Eine große Holztafel informiert uns darüber, dass ein urwaldähnliches Waldareal mit fortgeschrittener Wildnis vor uns liegt.

Für die Seele

Wir wandern durch spannende Naturräume, entdecken seltene Pflanzen und Kunst am Wegesrand.

Die Kern- bzw. Wildniszonen des Nationalparks unterliegen dem ***Prozessschutz.*** *Das bedeutet, dass sich die Natur in diesen Gebieten ohne menschliche Eingriffe ungestört und auf natürliche Weise entwickeln darf.*

Wir spüren Abenteuerlust in uns aufsteigen und lassen uns auf neue Naturerfahrungen ein. Während wir in gemächlichem Tempo den etwa 800 Meter langen Aufstieg angehen, bekommen wir einen Eindruck davon, wie Wildnis in Deutschland künftig aussehen könnte, wenn man die Wälder sich selbst überlassen würde. Im Gegensatz zu den uns bekannten „aufgeräumten" Forstwäldern herrscht in diesem Wald lebendiges Chaos. Querliegende Baumstämme auf dem Weg können wir mühelos übersteigen oder umgehen. Zeuge zu sein, wie sich Natur entfaltet und eine dynamische Pflanzengemeinschaft bildet, berührt uns. Wir verstehen, dass es solche Schutzräume braucht, um Ursprünglichkeit zu fördern und zu erhalten. Die Passage endet an einem breiten Waldweg, auf dem wir nach links dem Urwaldsteig weiter **Richtung Bringhausen** folgen. Bevor wir abbiegen, können wir auf Bänken aus Baumstämmen kurz verschnaufen und den Geräuschen des Walds lauschen.

Gemütlichen Schrittes wandern wir bergab durch eine traumhaft schöne Waldlandschaft, mit hohen schlanken Rotbuchen und saftig grünen Lichtungen. In einer Kurve sehen wir eine ❶ **Ruhebank** an einem kleinen Bach. Umgeben von wohltuender Stille genehmigen wir uns eine kurze Sinnespause.

Nachdem wir den kleinen Bach überquert haben, kommen wir an eine Wegkreuzung, an der wir geradeaus auf einem schmalen Pfad weitergehen. Auf dem Weg orientieren wir uns an Holzpfosten mit der Markierung. Es geht rechts vom Bach leicht bergab. Achtung: Hier scheint der Urwaldsteig umgeleitet worden zu sein, denn auf gängigen Wanderkarten ist der Wegeverlauf links vom Bach eingezeichnet. Nach wenigen Minuten werden wir erneut über den Bach auf die linke Bachseite geleitet und sind somit wieder auf der ursprünglich eingezeichneten Wanderstrecke. Der Pfad geht in einen breiten, absteigenden Schotterweg über; rechts unter uns schauen wir in eine entstehende Wasserwildnis mit Urwaldatmosphäre. An der nächsten Weggabelung halten wir uns zunächst rechts Richtung Banfebucht, dann, wenige Meter weiter nach links Richtung Bringhausen. Von der steinernen Banfebrücke schauen wir auf den mit Schilf zugewucherten ❷ **Banfeteich,** ein beeindruckendes Naturparadies. Jetzt verlassen wir kurzzeitig den Urwaldsteig, biegen rechts ab Richtung Bringhausen und folgen der Wegmarkierung der **Bloßenberg-Route (stilisierte gelbe Pfingstnelke).** Rechts von uns schauen wir in eine wildromantische Auenlandschaft. Kurz darauf errei-

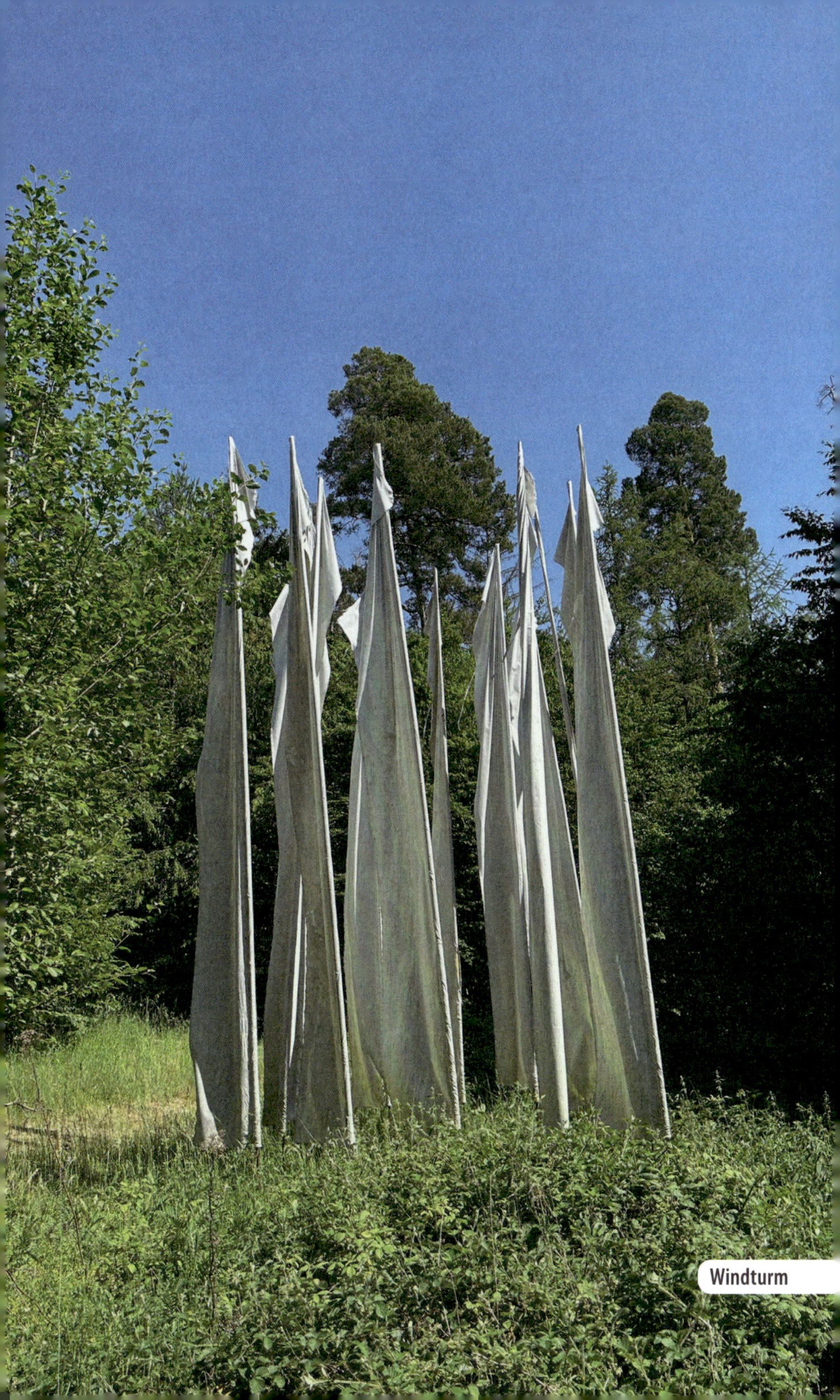

Windturm

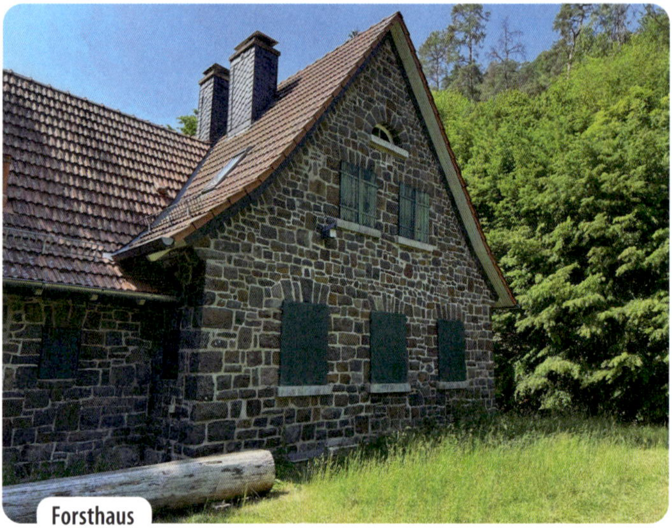
Forsthaus

chen wir das ❸ **Forsthaus Banfetal,** vor dem wir auf der Wiese eine kurze Rast einlegen. Auf dieser Wanderroute verläuft auch der Warzenbeißer Kunstweg mit zehn Land-Art-Objekten. Eines davon sehen wir in der Nähe des Forsthauses.

Unser Marsch auf dem fein geschotterten Weg ist nicht von Dauer. Alsbald werden wir nach links auf einen schmalen Wiesenweg Richtung Kirchweg geleitet. Eine Schutzhütte am Rand der kleinen Wiese lässt uns einen kurzen Moment innehalten. Hinsetzen, lauschen und Stille genießen – dann gehen wir zurück in den angenehm kühlen Buchenwald. Ab hier wandern wir wieder bergauf und lassen es langsam angehen. Wir sind umgeben von einer heranwachsenden Buchenwaldwildnis. Unzählige junge Bäumchen streben ans Licht. Am Ende des anstrengenden Aufstiegs sehen wir etwas Weißes zwischen den Bäumen hindurchblitzen. Wir trauen unseren Augen kaum, denn mitten auf einer Lichtung stehen mit weißem Segeltuch verkleidete lange Stangen. Es ist der sogenannte ❹ **Windturm,** ein Kunstwerk der Künstlerin Reta Reinl aus Lichtenfels. Wir werden nach links auf einen schmalen Grasweg geleitet. Die Wegmarkierungen des Urwaldsteigs und der Bloßenberg-Route weisen uns den Weg. In wilder Manier schlängelt sich der Weg durch das Dickicht. Wir sind berauscht und fasziniert zugleich von der ungestümen Natur, die uns umgibt. Danach durchqueren wir ein Eichenwäldchen mit alten Baumriesen, werden an einer Wiese entlanggeführt und wieder zurück in den Wald. Wie ein Denkmal steht eine uralte Eiche am Wegesrand. Wir sind richtiggehend verzaubert von dieser Passage und den vielen landschaftlichen Wechseln, die wir bisher erlebt haben. Wir überqueren einen Bach und laufen dann links an ihm entlang. Saftig grüne Mooskissen haben sich auf den Steinen im Bachbett gebildet. Es geht steil bergab und wir stellen fest, dass der Bach immer breiter wird und einen schluchtartigen Charakter

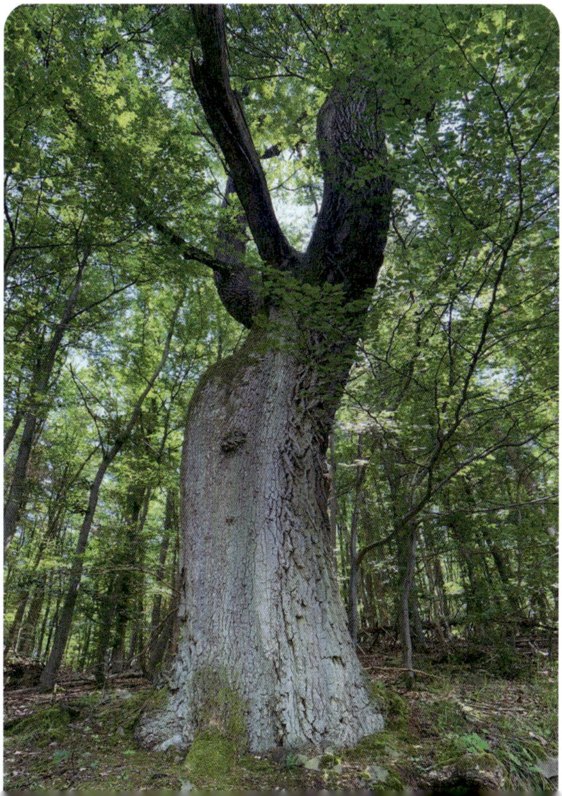

*Für den Kellerwald-Edersee ist die seltene **rosafarbene Pfingstnelke** von herausragender Bedeutung. In Polstern wächst diese Reliktart der nacheiszeitlichen Flora auf warmen Felsbändern und in trockenen Felsspalten der steilen Felshänge am Edersee.*

annimmt. Der Duft von frischem Wasser liegt in der Luft. Unser Pfad endet an einem breiten Wanderweg, dem wir nach links Richtung Banfebucht folgen, und wir blicken auf den Edersee.

Während wir den Uferweg entlanglaufen, entdecken wir ein neues Kunstobjekt: den **5 Skywalk „Die Gedanken sind frei"** des Künstlers Gerhard Hesse aus Wellen. Im Schlendergang folgen wir der Bloßenberg-Route und betrachten den steilen **6 Felshang am Bloßenberg** zu unserer Linken. Nur spezialisierte Pflanzen und Tiere können an diesem Extremstandort existieren. Im Mai und Juni lugen rosafarbene Blütenköpfe aus dem Gestein heraus, denn hier befindet sich der **Lebensraum der seltenen rosafarbenen Pfingstnelke.** Wenn wir uns den Pflanzen etwas nähern, können wir ihren zarten Nelkenduft wahrnehmen.

Unsere genussvolle Runde um den Bloßenberg endet an der **Banfebrücke,** die wir noch einmal überqueren, um dann nach rechts zu laufen. Diesen Weg kennen wir bereits. Doch anders als auf dem Hinweg, verlassen wir hier den Urwaldsteig und halten uns rechts Richtung Asel (Fähre). Von nun an begleitet uns der blaue Punkt als Wegmarkierung am Ufer entlang bis nach Asel. Jetzt können wir von der anderen Seeseite aus auf die steilen Felswände blicken, an denen wir eben noch entlanggelaufen sind. Vom See weht uns eine leichte Brise entgegen. In einer Biegung sehen wir eine **7 Picknickbank am Edersee,** die uns zu einer letzten Pause verführt.

Während wir uns vom blauen Punkt nach Asel leiten lassen, können wir linker Hand auf der Nordseite des Arensbergs eine Veränderung des Walds feststellen. Rotbuchen übernehmen die Herrschaft auf dieser Bergseite. Wie schlanke, glänzende Säulen ragen sie aus dem Hang und bilden ein dichtes Dach über uns. Der Anblick erinnert uns an den Bogengang einer Kathedrale. Dort, wo der Bärenbach in den Edersee fließt, biegen wir rechts ab und kommen an eine uns

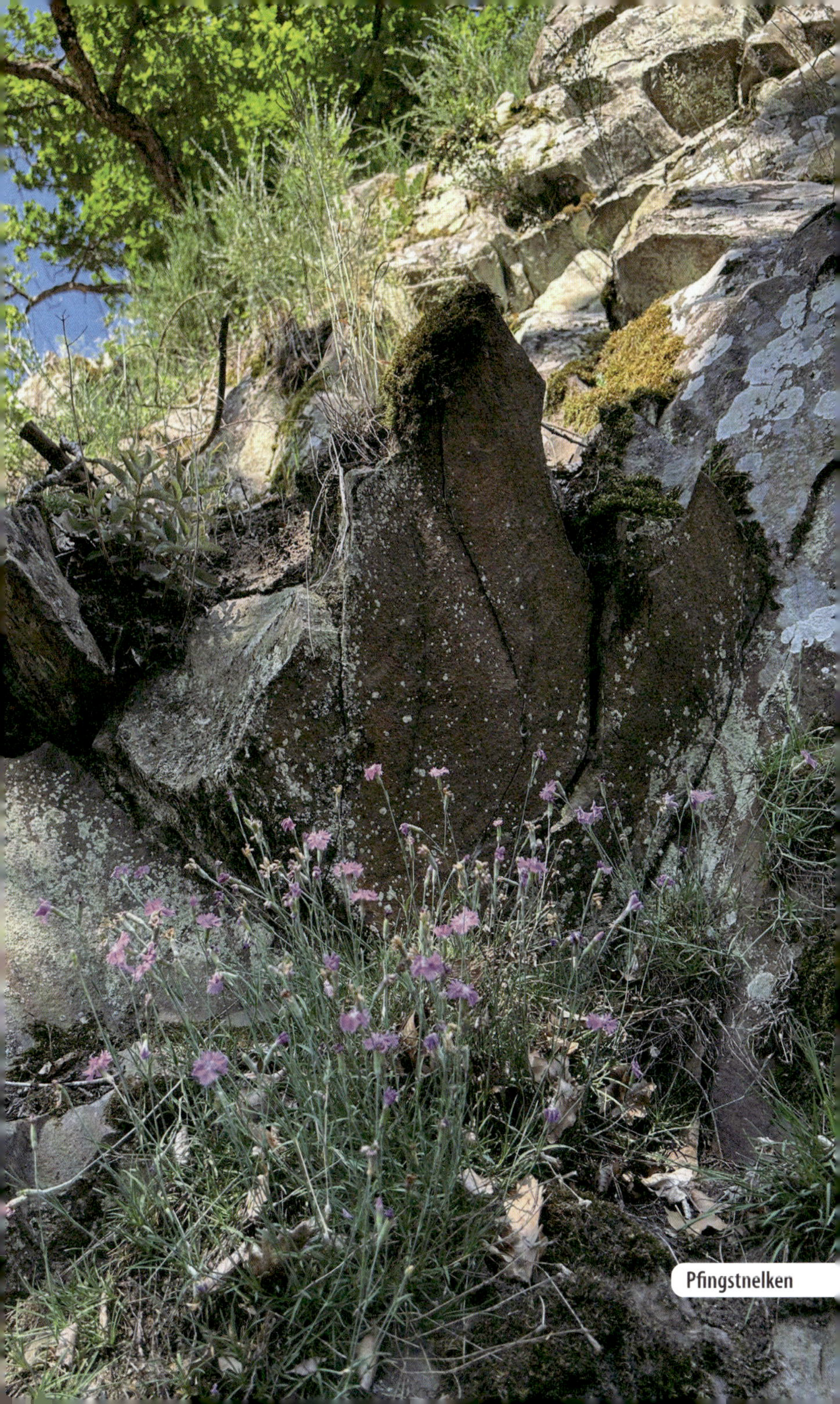

Pfingstnelken

In Zeiten der Trockenheit gibt der Edersee versunkene Siedlungen und Bauwerke frei. Nach der Flutung des Stausees 1913 verschwanden sie unter der Wasseroberfläche und sind seither als geheimnisvolles ***Edersee-Atlantis*** *bei Wasserniedrigstand zu sehen.*

bekannte Weggabelung. Hier geht es geradeaus auf dem breiten Radweg weiter Richtung Asel/Fähre. Nach etwa 1,5 Kilometern erreichen wir Asel-Süd, laufen am Campingplatz vorbei und folgen dem nun asphaltierten Weg hinunter bis zur Fähre. In den Sommermonaten können wir uns auf der **8 Liegewiese Asel-Süd** niederlassen und ein erfrischendes Bad im Edersee nehmen. In den Herbst- und Wintermonaten, wenn der Edersee Niedrigwasser hat, taucht die alte **9 Aseler Ederbrücke** auf und kann begangen werden. Bei gefülltem See liegt sie etwa 10 Meter unter Wasser. Von der Fähre aus folgen wir der Straße den Berg hinauf und kommen zum **Wanderparkplatz,** an dem unsere Rundwanderung begann.

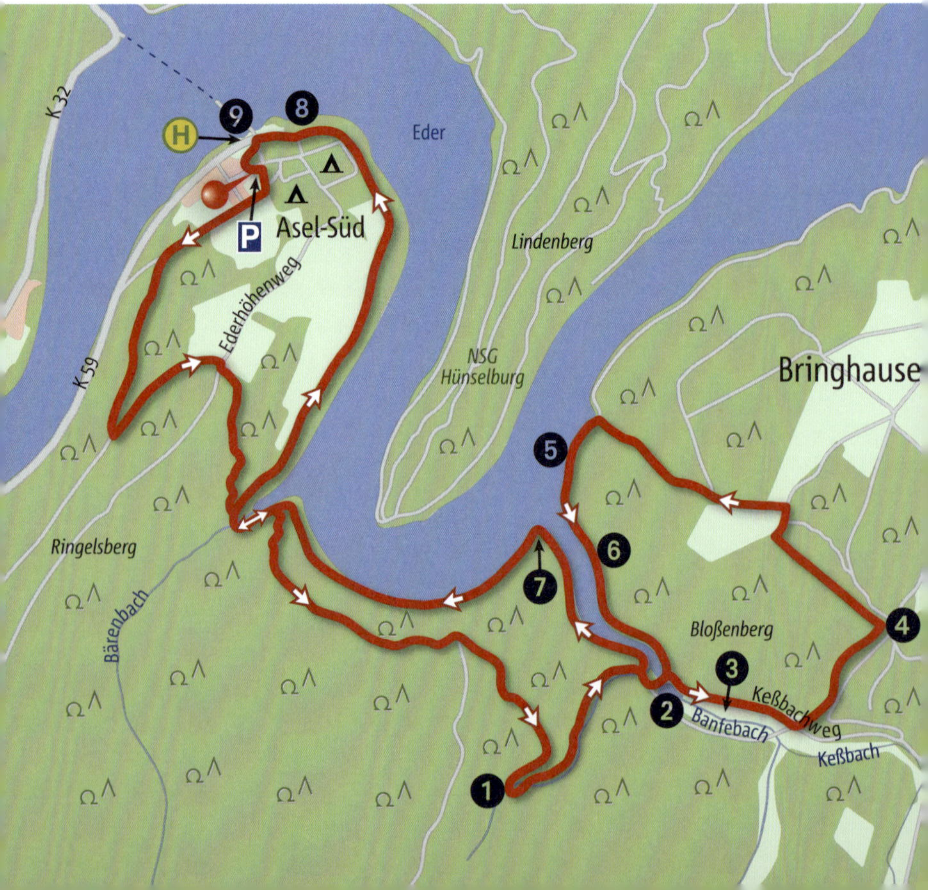

ALLES AUF EINEN BLICK

Entspannung 4/5
Abenteuer 4/5
Vielfalt 4/5

WIE & WANN

Breite Waldwege, schmale Pfade und steile Steige, Wiesenwege, befestigte Schotterwege, innerorts asphaltierte Straßen. Beste Wanderzeit von März bis Oktober, besonders schön zur Blüte der Pfingstnelke von Mai bis Juni und im Herbst, wenn der Blutweiderich blüht.

HIN & WEG

Auto: Wanderparkplatz Ringelsberg-Route, Asel-Süd 1, 34516 Vöhl
ÖPNV: Haltestelle Asel-Süd

ESSEN & ENTSPANNEN

Bitte an Rucksackverpflegung für unterwegs denken.

ENTDECKEN & ERLEBEN

1. **Ruhebank**
2. **Banfeteich (Banfebucht)**
3. **Forsthaus Banfetal**
4. **Windturm**
5. **Skywalk „Die Gedanken sind frei"**
6. **Felshang am Bloßenberg** (Lebensraum der seltenen rosafarbenen Pfingstnelke)
7. **Picknickbank am Edersee**
8. **Liegewiese Asel-Süd**, Stiegmühle 15, 34516 Vöhl
9. **Aseler Ederbrücke** (nur bei Wasserniedrigstand im Herbst/Winter)

Die GPS-Daten zu jeder Tour gibt es auf
www.droste-verlag.de

Konzeption/Satz: Droste Verlag, Düsseldorf
Einbandgestaltung: Britta Rungwerth, Düsseldorf, unter Verwendung von Bildern von © Fotolia.com: Andrey Kuzmin, undrey, dabost, niroworld; © www.stock.adobe.com: lililia
Fotos: Daniela Trauthwein
Textlektorat: Petra Sparrer, Köln
Karten: Angelika Solibieda, Karlsruhe
Druck und Bindung: LUC GmbH, Greven

FSC www.fsc.org
MIX
Papier | Fördert gute Waldnutzung
FSC® C011279

ISBN 978-3-7700-2542-8
www.droste-verlag.de